CMP BOOKS
机工汽车

汽车技术
创新与研究
系列丛书

汽车主动安全
预测控制

王　萍　孙　耀　宫　洵　李梓涵　著

机械工业出版社
CHINA MACHINE PRESS

本书以汽车主动安全控制为背景，层层递进引入预测控制框架下主动安全系统的发展趋势、技术背景及其开发细节，主要介绍了汽车主动安全预测控制相关的理论模型基础、系统设计算法与软硬件实现策略。首先，以先进控制理论为基础，从车辆动力学建模开始介绍了动态安全稳定边界的辨识方法，为汽车操纵稳定性控制提供评估指标；然后，面向冰雪路面条件下的汽车主动安全控制需求，给出了汽车横摆稳定预测控制方案，进一步实现了稳定性与节能性的协同优化；最后，针对冰雪路面条件下汽车侧纵向运动耦合问题，详细介绍了汽车侧纵向主动安全协同控制策略，分别给出分层式和集中式的控制方案，并具体分析每一种控制方案的优缺点。对于以上各个环节，本书详细地介绍了所涉及的技术、开发方法以及相关工具，以帮助读者进行实践。本书适合高等院校自动化、车辆工程及相关专业师生参考阅读，也可作为从事控制系统研发工作的科研人员和工程技术人员的参考工具书。

图书在版编目（CIP）数据

汽车主动安全预测控制 / 王萍等著. -- 北京 : 机械工业出版社，2024. 8. -- (汽车技术创新与研究系列丛书). -- ISBN 978-7-111-76423-6

Ⅰ. U461.91

中国国家版本馆CIP数据核字第2024M60Z34号

机械工业出版社（北京市百万庄大街22号　邮政编码100037）

策划编辑：何士娟　　责任编辑：何士娟　王　婕

责任校对：宋　安　王　延　　封面设计：张　静

责任印制：常天培

固安县铭成印刷有限公司印刷

2024年10月第1版第1次印刷

184mm×260mm · 11印张 · 205千字

标准书号：ISBN 978-7-111-76423-6

定价：118.00元

电话服务

客服电话：010-88361066

010-88379833

010-68326294

网络服务

机　工　官　网：www.cmpbook.com

机　工　官　博：weibo.com/cmp1952

金　　书　　网：www.golden-book.com

机工教育服务网：www.cmpedu.com

前　言

随着汽车科技的不断发展，主动安全技术为驾驶员的行车安全带来了更多的保障，在汽车工程领域也扮演着极其重要的角色。传统的汽车安全侧重被动防护措施，如安全气囊和防撞结构等，然而随着对交通事故预防的关注日益增强，主动安全性能的提升成为当前汽车工业的关键研究趋势。主动安全预测控制通过利用丰富的传感器信息、先进的控制框架和优化控制系统，使车辆能够提前预测潜在的危险并主动采取措施，最大限度地保证车辆稳定，减少事故的发生或者降低事故损失。本书旨在深入探讨主动安全预测控制的理论、方法与实际应用案例，为读者提供全面的视角和深刻的理解。

然而，要实现高效的主动安全预测控制并非易事。汽车运行环境的复杂性、各类交通参与者的多样性以及行驶路况的不确定性使得主动安全技术面临巨大的挑战。同时，汽车智能化、网联化的飞速发展为主动安全技术提供了前所未有的机遇。完备的传感器技术、先进的控制理论方法和强大的芯片算力性能，都为汽车系统提供了更为精准、实时的失稳风险预估与运动控制能力。本书将深入探讨这些挑战与机遇，为读者提供应对未来主动安全控制问题的理论基础和实践指导。

本书将前沿的研究成果与实际应用相结合，通过深入研究主动安全预测控制的原理、模型和算法，为读者提供系统的知识框架，并通过丰富的理论分析与应用验证展示，帮助读者更好地理解和应用这一领域的先进技术。本书创作初衷是为研究人员、工程师以及从事汽车安全领域的专业人士提供全面而深入的参考，推动主动安全技术在未来汽车行业中的持续创新与发展。

本书主要特点如下：

1. 涵盖了车辆主动安全控制技术设计开发的全流程，并且包含先进控制理论基础、车辆动力学基础、硬件平台验证基础课程。因此，对于刚进入车辆运动控制系统开发领域的人员，可以参考这些章节补足知识上的不足。对于相关技术开发人员，也可以加深对于其他环节的了解，扩展知识面。

2. 为了更好地将理论知识转化为实际应用能力，以丰富的车载应用和场景分析为特色。通过对控制系统应用开发的深入剖析，读者将了解主动安全预测控制在冰雪路面条件下的应用，从而更好地理解技术的实际效果和潜在限制。

3. 突出整合了前沿技术和创新方法，在介绍主动安全控制的基础上，特别关注先进控制理论和网联信息融合技术的应用。通过深度融合这些前沿技术，本书为读者展示了利用先进的科技手段提升汽车主动安全性能的方法。

本书由王萍、孙耀、宫洵、李梓涵共同著写。著者要感谢国家杰青陈虹教授及其团队成员胡云峰、张琳、曲婷、许芳等给予的指导，感谢一汽、东风、华为等企业工程师在项目合作过程中给予的启发，也要感谢我们的学生王皆书、路海宽、胡啸、杨博雄、张亦驰、邓杨、黄琼、杨环宁，他们为书稿的整理、内容校正提供了很大的帮助。

由于著者水平有限，书中难免存在错误及不当之处，恳请读者提出宝贵建议，以便修订时予以纠正。

著　者

符号定义

符号	定义	单位
V_x	纵向速度	km/h 或 m/s
V_y	侧向速度	m/s
γ	横摆角速度	rad/s
γ^*	期望横摆角速度	rad/s
β	质心侧偏角	rad
β^*	期望质心侧偏角	rad
α	轮胎侧偏角	rad
ω	车轮转速	rad/s
a_x	纵向加速度	m/s^2
a_y	侧向加速度	m/s^2
λ	轮胎滑移率	—
X	纵向位置	m
Y	侧向位置	m
ϕ	侧倾角	rad
F_x	轮胎纵向力	N
F_y	轮胎侧向力	N
F_z	轮胎垂向力	N
δ	方向盘转角	°或 rad
δ_f	前轮转角	rad
T	电机转矩	N · m
ω	电机转速	r/min
ΔM_z	附加横摆力矩	N · m
$ij \in \{fl, fr, rl, rr\}$	下标，分别代表左前轮、右前轮、左后轮、右后轮	—
m	整备质量	kg
R_e	车轮有效半径	m
d	轮距	m
h_{cg}	质心高度	m

（续）

符号	定义	单位
L_f	质心到前轴距离	m
L_r	质心到后轴距离	m
L	轴距	m
I_z	绕质心的横摆转动惯量	kg · m^2
I_w	车轮转动惯量	kg · m^2
μ	路面附着系数	—
$C_{\lambda i}$	轮胎纵向刚度系数	N/rad
C_i	轮胎侧向侧偏刚度	N/rad
T_t	来自驾驶员指令的总驱动转矩	N · m
g	重力加速度	m/s^2
m_s	簧上质量	kg
h_s	簧上质量重心到侧倾轴线距离	m
K_ϕ	有效扭转刚度	N · m/rad
C_ϕ	有效扭转阻尼	N · m · s/rad
I_x	绕 X 轴的转动惯量	kg · m^2
σ_{0x}	纵向橡胶刚度	1/m
σ_{0y}	侧向橡胶刚度	1/m
σ_{2x}	纵向相对黏性阻尼	s/m
σ_{2y}	侧向相对黏性阻尼	s/m
κ_x	纵向载荷分布系数	—
κ_y	侧向载荷分布系数	—
v_{rx}	轮胎相对纵向速度	m/s
v_{ry}	轮胎相对侧向速度	m/s
v_x	轮胎坐标系下轮心的纵向速度	m/s
v_y	轮胎坐标系下轮心的侧向速度	m/s
μ_x	轮胎接触印迹内纵向摩擦系数	—
μ_y	轮胎接触印迹内侧向摩擦系数	—

目录

第1章 研究背景和控制理论基础

在当今不断演进的汽车科技领域，车辆稳定性控制成为驾驶安全和驾驶体验优化的关键因素之一。车辆稳定性控制不仅是关乎技术创新和工程设计的问题，更是关系到每一位驾驶员的出行安全和驾驶舒适。从最初的概念到如今成为汽车系统性级别、智能化的技术，通过不断引入先进的计算能力、传感器技术和控制理论，车辆稳定性控制技术也取得了从传统的机械系统到电子系统，再到智能化和网联化的显著进展。

先进控制理论在车辆稳定性控制中的应用为提高车辆性能、安全性和驾驶舒适性提供了科学、高效的方法和工具。通过这些理论的引入，车辆稳定性控制系统能够更灵活、智能地适应各种驾驶条件和挑战[1]。车辆动力学是一个非线性、复杂的系统，车辆稳定性控制涉及多个变量，如车速、质心侧偏角、横摆角速度等，而且还需要考虑安全状态以及执行器饱和等多重约束条件，这些都增加了实现高效率、高精度车辆稳定性控制的难度。针对上述多变量、多目标、多约束非线性控制系统，一些非线性控制理论也开启了在车辆运动控制领域中的研究，其中较为典型的模型预测控制方法（Model Predictive Control，MPC），因其基于模型的前向预测-反馈校正的控制架构，以及对多目标多约束优化问题的处理能力，得到了广泛的关注与应用[2]。但是，MPC 中的滚动时域优化求解方式也带来了较大的计算负担，对其在面向车载应用开发的实现也带来了巨大的挑战，于是需要对优化问题的快速求解方法展开研究[3]。综合以上考虑，在本章节中，对模型预测控制的基本原理以及基于最小值原理的最优控制理论进行了介绍，并揭示了车辆稳定性控制中的关键问题，为其在后续章节中的应用提供概念说明以及思路指导。

1.1 模型预测控制

模型预测控制又称为滚动时域控制或后退时域控制，是近年来被广泛关注的一种针对约束系统的反馈控制策略[4]。其机理可描述为：在每一系统采样时刻，将系统测量值作为预测系统未来状态的初始条件，结合系统预测模型，预测系统未来动态，根据优化问题目标函数及系统约束，在线求解有限时域开环优化问题，得到有限时域内的最优控制序列，将控制序列第一个元素作用于系统，在下一采样时刻重复此过程，实现滚动优化，如图 1.1 所示。

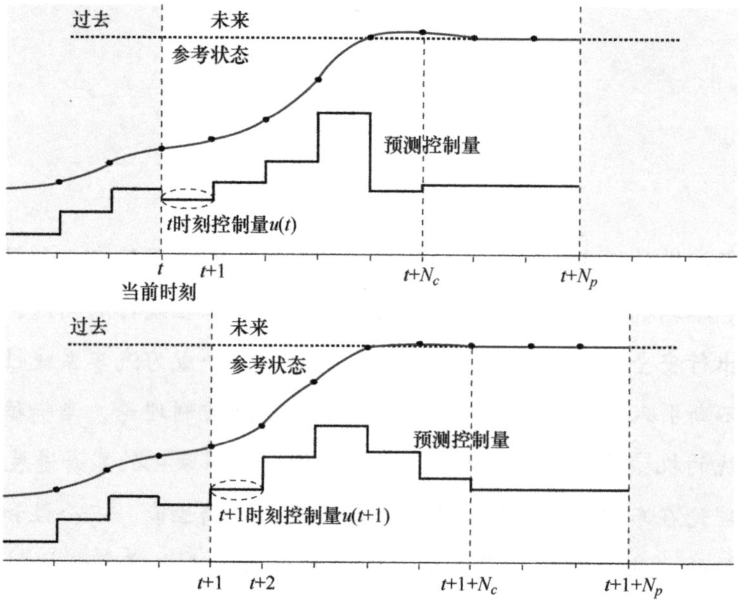

图 1.1　模型预测控制基本原理图

模型预测控制的“滚动时域优化”基本思想主要体现在：将有限时域内最优控制序列的第一个作用于系统，下一时刻重复此过程。这样的控制结构可以利用在每一采样时刻读取的包含系统外部干扰以及模型误差信息的测量值求解优化问题的解，从而改善因为模型精度不够或外部干扰影响导致的系统性能变差甚至失稳的情况。

模型预测控制的基本特点为：

（1）基于模型的预测

在模型预测控制中，模型的作用是根据系统当前信息以及未来控制输入，预测系统未来输出值，因此称这样的模型为预测模型。对于预测模型来说，我们关注的是其预测系统未来动态的功能，而非模型的形式，目前常用的预测模型包括：状态空间模型、传递函数模型、阶跃响应模型、脉冲响应模型、人工神经网络模型等。由于利用模型预测控制来解决优化问题，对预测模型的结构没有严格的要求和限定，因此在利用此优化算法求解以及系统建模时有很大的自由度。

（2）采用滚动优化策略

由于有限时域预测及模型不确定性和外部干扰的影响，将每一采样时刻优化解的第一个分量作用于系统，而非将某时刻的最优解序列直接作用于系统。因此随着时间的推移，预测时域也一直向前推移，也就是说，此优化是反复在线滚动完成而不是一步优化求解得到的。这样的滚动优化的方式可以兼顾补偿外部干扰和模型不确定因素所带来的影响，让优化过程一直建立在系统实际运行状态的基础上，在复杂的非线性以及时变的实际系统应用中更为可靠有效。

（3）具有前馈-反馈控制结构

模型预测控制优化问题解是当前测量值的函数，故可以看出其控制律为反馈控制律，而且预测控制中可以包含基于未来参考输入、可测干扰的前馈补偿，以及基于测量值的反馈补偿。因此说模型预测控制具有前馈-反馈控制结构，这也是其能得到很好的控制效果的原因。

（4）可显式和主动处理约束

模型预测控制是在设计控制器时，通过约束条件形式将满足时域范围的约束条件需求直接表达，而不需做任何变换。这样表达的优点是可以让控制系统充分利用其允许控制，最大限度地提高控制性能，而且由于预测模型的存在，可以主动调节控制动作使系统一直运行于满足约束的区间内。

（5）具有可扩展性

基于模型预测控制的原理，结合实际问题，模型预测控制并非必须采用二次型或正定的目标函数，同时预测模型及目标函数在优化过程中也不一定是不变的。比如说可以通过将执行机构和传感器故障表达为不同的预测模型，在线计算时切换不同的预测模型实现系统容错预测控制。

近些年，针对模型预测控制计算量大的问题，有一系列基于算法层面的研究。目前预测控制研究的目标和发展方向是在实际应用中，针对控制需求，发展有理论保证同时满足实时性要求和应用环境的高效算法，将其应用于模型预测控制中。

1.1.1　线性模型预测控制

在线性模型预测控制（Linear Model Predictive Control，LMPC）中，考虑线性离散时间系统的状态空间模型如下

$$\begin{cases} \boldsymbol{x}(k+1)=\boldsymbol{A}\boldsymbol{x}(k)+\boldsymbol{B}_u\boldsymbol{u}(k)+\boldsymbol{B}_d\boldsymbol{d}(k) \\ \boldsymbol{y}_c(k)=\boldsymbol{C}_c\boldsymbol{x}(k) \\ \boldsymbol{y}_b(k)=\boldsymbol{C}_b\boldsymbol{x}(k) \end{cases} \tag{1-1}$$

式中，k 是当前时刻；$\boldsymbol{x}(k)\in R^{n_x}$ 是状态变量；$\boldsymbol{u}(k)\in R^{n_u}$ 是控制输入变量；$\boldsymbol{y}_c(k)\in R^{n_c}$ 和 $\boldsymbol{y}_b(k)\in R^{n_b}$ 是被控输出变量和约束输出变量；$\boldsymbol{d}(k)\in R^{n_d}$ 是可以测量的外部干扰变量，$\boldsymbol{A}$、$\boldsymbol{B}_u$、$\boldsymbol{B}_d$、$\boldsymbol{C}_c$ 和 $\boldsymbol{C}_b$ 是相应维数的系统矩阵。

定义控制时域为 m，预测时域为 p，一般有控制时域不大于预测时域，即 $m\leqslant p$。由于式（1-1）是线性的，因此，可以推导出预测方程的显式表达式。为了引入积分以减少或消除静态误差，我们采用如下的增量模型进行预测方程的推导

$$\begin{cases}\Delta\boldsymbol{x}(k+1)=\boldsymbol{A}\Delta\boldsymbol{x}(k)+\boldsymbol{B}_u\Delta\boldsymbol{u}(k)+\boldsymbol{B}_d\Delta\boldsymbol{d}(k)\\ \boldsymbol{y}_c(k)=\boldsymbol{C}_c\Delta\boldsymbol{x}(k)+\boldsymbol{y}_c(k-1)\\ \boldsymbol{y}_b(k)=\boldsymbol{C}_b\Delta\boldsymbol{x}(k)+\boldsymbol{y}_b(k-1)\end{cases}\tag{1-2}$$

其中，$\Delta\boldsymbol{x}(k)=\boldsymbol{x}(k)-\boldsymbol{x}(k-1),\Delta\boldsymbol{u}(k)=\boldsymbol{u}(k)-\boldsymbol{u}(k-1),\Delta\boldsymbol{d}(k)=\boldsymbol{d}(k)-\boldsymbol{d}(k-1)$。

式（1-2）中，$\Delta\boldsymbol{x}(k)\in R^{n_x}$ 是状态增量；$\Delta\boldsymbol{u}(k)\in R^{n_u}$ 是控制输入增量；$\Delta\boldsymbol{d}(k)\in R^{n_d}$ 是可以测量的外部干扰增量。定义 p 步被控预测输出、约束预测输出和 m 步控制输入如下

$$\boldsymbol{Y}_{p,c}(k+1\,|\,k)=\begin{bmatrix}\boldsymbol{y}_c(k+1\,|\,k)\\ \boldsymbol{y}_c(k+2\,|\,k)\\ \boldsymbol{y}_c(k+p\,|\,k)\end{bmatrix}_{p\times1},\quad \boldsymbol{Y}_{p,b}(k+1\,|\,k)=\begin{bmatrix}\boldsymbol{y}_b(k+1\,|\,k)\\ \boldsymbol{y}_b(k+2\,|\,k)\\ \vdots\\ \boldsymbol{y}_b(k+p\,|\,k)\end{bmatrix}_{p\times1}\tag{1-3}$$

$$\Delta\boldsymbol{U}(k)=\begin{bmatrix}\Delta\boldsymbol{u}(k)\\ \Delta\boldsymbol{u}(k+1)\\ \vdots\\ \Delta\boldsymbol{u}(k+m-1)\end{bmatrix}_{m\times1}\tag{1-4}$$

式中，$k+1\,|\,k$ 表示 k 时刻对 $k+1$ 时刻的预测，符号"|"后面的 k 表示当前时刻为 k。因此，可以推导出系统未来 p 步被控输出和约束输出的预测方程为

$$\begin{cases}\boldsymbol{Y}_{p,c}(k+1\,|\,k)=\boldsymbol{S}_{x,c}\Delta\boldsymbol{x}(k)+\boldsymbol{I}_c\boldsymbol{y}_c(k)+\boldsymbol{S}_{u,c}\Delta\boldsymbol{U}(k)+\boldsymbol{S}_{d,c}\Delta\boldsymbol{d}(k)\\ \boldsymbol{Y}_{p,b}(k+1\,|\,k)=\boldsymbol{S}_{x,b}\Delta\boldsymbol{x}(k)+\boldsymbol{I}_b\boldsymbol{y}_b(k)+\boldsymbol{S}_{u,b}\Delta\boldsymbol{U}(k)+\boldsymbol{S}_{d,b}\Delta\boldsymbol{d}(k)\end{cases}\tag{1-5}$$

式中，$\boldsymbol{S}_{x,c}$、$\boldsymbol{I}_c$、$\boldsymbol{S}_{u,c}$、$\boldsymbol{S}_{d,c}$、$\boldsymbol{S}_{x,b}$、$\boldsymbol{I}_b$、$\boldsymbol{S}_{u,b}$、$\boldsymbol{S}_{d,b}$ 是相应维数的系统预测矩阵。

我们考虑的控制目标是使得被控输出 $\boldsymbol{y}_c$ 跟踪给定的参考输入 $\boldsymbol{r}$，同时，系统的控制量控制增量和输出量满足下面的约束条件

$$\begin{cases}\boldsymbol{u}_{\min}(k)\leqslant\boldsymbol{u}(k)\leqslant\boldsymbol{u}_{\max}(k),\ \forall k\geqslant0\\ \Delta\boldsymbol{u}_{\min}(k)\leqslant\Delta\boldsymbol{u}(k)\leqslant\Delta\boldsymbol{u}_{\max}(k),\ \forall k\geqslant0\\ \Delta\boldsymbol{u}_{\min}(k)\leqslant\Delta\boldsymbol{u}(k)\leqslant\Delta\boldsymbol{u}_{\max}(k),\ \forall k\geqslant0\end{cases}\tag{1-6}$$

其中 $\Delta \boldsymbol{u}(k)=\boldsymbol{u}(k)-\boldsymbol{u}(k-1)$，控制量和控制增量的约束一般来源于执行机构的饱和以及执行机构的动作不允许过大，输出量的约束一般是为了安全生产要求某个状态如温度或压力不超过极限值，或是为了限制一些变量不得高于一定的阈值。假设系统的全部状态是可以测量的，在 k 时刻，以测量值 $\boldsymbol{x}(k)$、$\boldsymbol{y}_c(k)$、$\boldsymbol{y}_b(k)$ 作为预测系统未来动态的初始条件，根据预测控制的基本原理，约束 MPC 的优化问题可描述为

$$\min_{\Delta \boldsymbol{U}(k)} J(\boldsymbol{x}(k),\Delta \boldsymbol{U}(k)) \tag{1-7}$$

满足系统方程($i=0,1,\cdots,p$)

$$\begin{cases} \Delta \boldsymbol{x}(k+i+1 \mid k)=\boldsymbol{A}\Delta \boldsymbol{x}(k+i \mid k)+\boldsymbol{B}_{\boldsymbol{u}}\Delta \boldsymbol{u}(k+i)+\boldsymbol{B}_{\boldsymbol{d}}\Delta \boldsymbol{d}(k+i) \\ \Delta \boldsymbol{x}(k \mid k)=\Delta \boldsymbol{x}(k) \\ \boldsymbol{y}_c(k+i \mid k)=\boldsymbol{C}_{\boldsymbol{c}}\Delta \boldsymbol{x}(k+i \mid k)+\boldsymbol{y}_c(k+i-1 \mid k) \qquad (i\geqslant 1) \\ \boldsymbol{y}_c(k \mid k)=\boldsymbol{y}_c(k) \\ \boldsymbol{y}_b(k+i \mid k)=\boldsymbol{C}_{\boldsymbol{b}}\Delta \boldsymbol{x}(k+i \mid k)+\boldsymbol{y}_c(k+i-1 \mid k) \qquad (i\geqslant 1) \\ \boldsymbol{y}_b(k \mid k)=\boldsymbol{y}_b(k) \end{cases} \tag{1-8}$$

及系统约束

$$\begin{cases} \boldsymbol{u}_{\min}(k+i)\leqslant \boldsymbol{u}(k+i)\leqslant \boldsymbol{u}_{\max}(k+i),i=0,1,\cdots,m-1 \\ \Delta \boldsymbol{u}_{\min}(k+i)\leqslant \Delta \boldsymbol{u}(k+i)\leqslant \Delta \boldsymbol{u}_{\max}(k+i),i=0,1,\cdots,m-1 \\ \boldsymbol{y}_{\min}(k+i)\leqslant \boldsymbol{y}_b(k+i)\leqslant \boldsymbol{y}_{\max}(k+i),i=1,\cdots,p \end{cases} \tag{1-9}$$

其中

$$J(\boldsymbol{x}(k),\Delta \boldsymbol{U}(k))=\|\boldsymbol{\Gamma}_{\boldsymbol{y}}(\boldsymbol{Y}_{\boldsymbol{p},\boldsymbol{c}}(k+1 \mid k)-\boldsymbol{R}(k+1))\|^2+\|\boldsymbol{\Gamma}_{\boldsymbol{u}}\Delta \boldsymbol{U}(k)\|^2 \tag{1-10}$$

上述优化问题中，$\boldsymbol{R}(k+1)$ 是给定的控制输出参考序列，定义为

$$\boldsymbol{R}(k+1)=\begin{bmatrix} \boldsymbol{r}(k+1) \\ \boldsymbol{r}(k+2) \\ \vdots \\ \boldsymbol{r}(k+p) \end{bmatrix}_{p\times 1} \tag{1-11}$$

控制量增量序列 $\Delta \boldsymbol{U}(k)$ 是约束优化问题的独立变量，$\boldsymbol{\Gamma}_{\boldsymbol{y}}$和 $\boldsymbol{\Gamma}_{\boldsymbol{u}}$是对称正定加权矩阵，定义为

$$\begin{cases} \boldsymbol{\Gamma}_{\boldsymbol{y}}=\operatorname{diag}\{\boldsymbol{\Gamma}_{y,1},\boldsymbol{\Gamma}_{y,2},\cdots,\boldsymbol{\Gamma}_{y,p}\}_{p\times p} \\ \boldsymbol{\Gamma}_{\boldsymbol{u}}=\operatorname{diag}\{\boldsymbol{\Gamma}_{u,1},\boldsymbol{\Gamma}_{u,2},\cdots,\boldsymbol{\Gamma}_{u,m}\}_{m\times m} \end{cases} \tag{1-12}$$

式中，$\boldsymbol{\Gamma}_{y,i}$是在预测时刻 i 对预测被控输出误差的加权因子，加权因子越大，表明我们期望对应的控制输出越接近给定的参考输入；$\boldsymbol{\Gamma}_{u,i}$是在预测时刻 i 对控制增量的加权因子，控制加权因子越大，表明我们期望对应的控制动作变化越小。因此，进行控制器设计时，需要通过调节这两个参数来满足系统控制要求。

由于约束条件［式（1-9）］的存在，上述优化问题［式（1-7）］一般求解不出解析解，因此，需要采用数值优化方法求解约束优化问题［式（1-7）］。因为目标函数是二次型的，预测模型和系统约束条件是线性的，所以问题［式（1-7）］可以转换成如下形式的二次规划（Quadratic Programming，QP）问题进行求解

$$\begin{aligned}&\min_{\Delta\boldsymbol{U}(k)}\ \Delta\boldsymbol{U}(k)^{\mathrm{T}}\boldsymbol{H}\,\Delta\boldsymbol{U}(k)-\boldsymbol{G}(k+1\,|\,k)^{\mathrm{T}}\Delta\boldsymbol{U}(k)\\&\text{s. t.}\quad \boldsymbol{C}_u\Delta\boldsymbol{U}(k)\geqslant\boldsymbol{b}(k+1\,|\,k)\end{aligned}\tag{1-13}$$

其中

$$\boldsymbol{H}=\boldsymbol{S}_{u,c}^{\mathrm{T}}\boldsymbol{\Gamma}_y^{\mathrm{T}}\boldsymbol{\Gamma}_y\boldsymbol{S}_{u,c}+\boldsymbol{\Gamma}_u^{\mathrm{T}}\boldsymbol{\Gamma}_u$$

$$\boldsymbol{G}(k+1\,|\,k)=2\boldsymbol{S}_{u,c}^{\mathrm{T}}\boldsymbol{\Gamma}_y^{\mathrm{T}}\boldsymbol{\Gamma}_y\boldsymbol{E}_p(k+1\,|\,k)$$

$$\boldsymbol{E}_p(k+1\,|\,k)=\boldsymbol{R}(k+1)-\boldsymbol{S}_{x,c}\Delta\boldsymbol{x}(k)-\boldsymbol{I}_c\boldsymbol{y}_c(k)-\boldsymbol{S}_{d,c}\Delta\boldsymbol{d}(k)$$

$$\boldsymbol{C}_u=\begin{bmatrix}-\boldsymbol{T}^{\mathrm{T}} & \boldsymbol{T}^{\mathrm{T}} & -\boldsymbol{L}^{\mathrm{T}} & \boldsymbol{L}^{\mathrm{T}} & -\boldsymbol{S}_{u,b}^{\mathrm{T}} & \boldsymbol{S}_{u,b}^{\mathrm{T}}\end{bmatrix}_{(4m+2p)\times 1}^{\mathrm{T}}$$

$$\boldsymbol{b}(k+1\,|\,k)=\begin{bmatrix}-\Delta\boldsymbol{u}_{\max}(k)\\ \vdots\\ -\Delta\boldsymbol{u}_{\max}(k+m-1)\\ \Delta\boldsymbol{u}_{\min}(k)\\ \vdots\\ \Delta\boldsymbol{u}_{\min}(k+m-1)\\ \boldsymbol{u}(k-1)-\boldsymbol{u}_{\max}(k)\\ \vdots\\ \boldsymbol{u}(k-1)-\boldsymbol{u}_{\max}(k+m-1)\\ \boldsymbol{u}_{\min}(k)-\boldsymbol{u}(k-1)\\ \vdots\\ \boldsymbol{u}_{\min}(k+m-1)-\boldsymbol{u}(k-1)\\ (\boldsymbol{S}_{x,b}\Delta\boldsymbol{x}(k)+\boldsymbol{I}_b\boldsymbol{y}_b(k)+\boldsymbol{S}_{d,b}\Delta\boldsymbol{d}(k))-\boldsymbol{Y}_{\max}(k+1)\\ -(\boldsymbol{S}_{x,b}\Delta\boldsymbol{x}(k)+\boldsymbol{I}_b\boldsymbol{y}_b(k)+\boldsymbol{S}_{d,b}\Delta\boldsymbol{d}(k))+\boldsymbol{Y}_{\min}(k+1)\end{bmatrix}_{(4m+2p)\times 1}$$

式中

$$\boldsymbol{T}=\begin{bmatrix}\boldsymbol{I}_{n_u\times n_u} & \boldsymbol{O} & \cdots & \boldsymbol{O}\\ \boldsymbol{O} & \boldsymbol{I}_{n_u\times n_u} & \cdots & \boldsymbol{O}\\ \vdots & \vdots & & \vdots\\ \boldsymbol{O} & \boldsymbol{O} & \cdots & \boldsymbol{I}_{n_u\times n_u}\end{bmatrix}_{m\times m},\quad \boldsymbol{L}=\begin{bmatrix}\boldsymbol{I}_{n_u\times n_u} & \boldsymbol{O} & \cdots & \boldsymbol{O}\\ \boldsymbol{I}_{n_u\times n_u} & \boldsymbol{I}_{n_u\times n_u} & \cdots & \boldsymbol{O}\\ \vdots & \vdots & & \vdots\\ \boldsymbol{I}_{n_u\times n_u} & \boldsymbol{I}_{n_u\times n_u} & \cdots & \boldsymbol{I}_{n_u\times n_u}\end{bmatrix}_{m\times m}$$

$$\boldsymbol{Y}_{\min}(k+1)=\begin{bmatrix}\boldsymbol{y}_{\min}(k+1)\\ \boldsymbol{y}_{\min}(k+2)\\ \vdots\\ \boldsymbol{y}_{\min}(k+p)\end{bmatrix}_{p\times1},\quad \boldsymbol{Y}_{\max}(k+1)=\begin{bmatrix}\boldsymbol{y}_{\max}(k+1)\\ \boldsymbol{y}_{\max}(k+2)\\ \vdots\\ \boldsymbol{y}_{\max}(k+p)\end{bmatrix}_{p\times1}$$

模型预测控制优化问题到二次规划问题的具体转换推导过程可参见其他相关文献，这里不再赘述。

模型预测控制算法在线的主要计算量体现在求解有不等式约束的二次规划问题中。由于选取的加权矩阵$\boldsymbol{\Gamma}_y>0$、$\boldsymbol{\Gamma}_u>0$，且$\boldsymbol{H}>0$，因此QP问题即式（1-13）有解。通过优化算法求解，将得到的最优解记为$\Delta\boldsymbol{U}^*(k)$。根据模型预测控制的基本原理，将得到的开环控制序列的第一步作用于被控系统。在下一个采样时刻，用新的测量值刷新约束优化问题［式（1-7）］即QP问题［式（1-13）］，并重新求解。因此，约束MPC的闭环控制律定义为

$$\Delta\boldsymbol{u}(k)=[\boldsymbol{I}_{n_u\times n_u}\quad 0\quad \cdots\quad 0]\Delta\boldsymbol{U}^*(k) \tag{1-14}$$

由问题［式（1-13）］可知，如果k固定，则$\boldsymbol{G}(k+1|k)$和$\boldsymbol{b}(k)$是常数，省略掉k并分别简记为$\boldsymbol{g}$和$\boldsymbol{b}$，同时将独立变量$\Delta\boldsymbol{U}(k)$用z替代，记$\boldsymbol{h}(z)=\boldsymbol{b}-\boldsymbol{C}_u z\leqslant0$，则QP问题［式（1-13）］可以改写为二次规划问题：

$$\min_z\quad f(z)=\frac{1}{2}z^{\mathrm{T}}\boldsymbol{H}z+\boldsymbol{g}^{\mathrm{T}}z \tag{1-15}$$
$$\text{s.t.}\quad \boldsymbol{h}(z)\leqslant0$$

1.1.2 非线性模型预测控制

尽管线性化模型被广泛用于控制系统的设计，但是，随着被控系统越来越复杂，大部分的实际系统都存在固有的强非线性特性。在这种情况下，用基于线性化模型的控制系统设计方法往往不能得到好的性能，甚至影响闭环系统的稳定性，线性模型预测控制已不能够满足复杂系统的非线性动态特性。因此，在控制系统设计时，不仅需要考虑系统约束条件，还需要考虑系统的非线性特性。下面给出非线性模型预测控制（Nonlinear Model Predictive Control，NMPC）的约束优化问题的数学描述。

考虑采用如下离散时间模型描述非线性系统：

$$\begin{cases}\boldsymbol{x}(k+1)=\boldsymbol{f}(\boldsymbol{x}(k),\boldsymbol{u}(k))\\ \boldsymbol{y}_c(k)=\boldsymbol{g}_c(\boldsymbol{x}(k),\boldsymbol{u}(k)) & k\geqslant0\\ \boldsymbol{y}_b(k)=\boldsymbol{g}_b(\boldsymbol{x}(k),\boldsymbol{u}(k))\end{cases} \tag{1-16}$$

式中，$\boldsymbol{x}(k)\in R^{n_x}$为状态变量；$\boldsymbol{u}(k)\in R^{n_u}$为控制输入变量；$\boldsymbol{y}_c(k)\in R^{n_c}$为控制输出变量；

$\boldsymbol{y}_b(k)\in R^{n_b}$为约束输出变量。控制量和控制增量约束以及输出约束为

$$\begin{cases}\boldsymbol{u}_{\min}\leqslant\boldsymbol{u}(k)\leqslant\boldsymbol{u}_{\max}\\ \Delta\boldsymbol{u}_{\min}\leqslant\Delta\boldsymbol{u}(k)\leqslant\Delta\boldsymbol{u}_{\max}\qquad\forall k\geqslant 0\\ \boldsymbol{y}_{\min}(k)\leqslant\boldsymbol{y}_b(k)\leqslant\boldsymbol{y}_{\max}(k)\end{cases}\tag{1-17}$$

控制量和控制增量约束一般来源于执行器的饱和，通常上下限为常数。

由于非线性模型预测控制的预测模型是非线性的，因此，不能同线性模型预测控制一样离线推导出预测方程。非线性模型预测控制在每个采样时刻除了需要在线优化求解，还需要通过求解系统状态方程在线预测系统未来动态。因此，NMPC 的在线计算负担远大于 LMPC 的在线计算负担。

同样，本节考虑的控制目标是希望被控输出跟踪参考输入，同时满足系统约束［式（1-17)］。假设系统的全部状态是可以测量的，在 k 时刻，以测量值 $\boldsymbol{x}(k)$ 作为预测系统未来动态的初始条件，根据模型预测控制的基本原理，基于离散非线性模型的 NMPC 优化问题可以描述为

问题 1-1

$$\min_{\boldsymbol{U}_k}\quad J(\boldsymbol{x}(k),\boldsymbol{U}_k)\tag{1-18}$$

满足系统状态方程

$$\begin{cases}\bar{\boldsymbol{x}}(k+i+1)=\boldsymbol{f}(\bar{\boldsymbol{x}}(k+i),\bar{\boldsymbol{u}}(k+i)),0\leqslant i\leqslant N_p,\bar{\boldsymbol{x}}(k)=\boldsymbol{x}(k)\\ \bar{\boldsymbol{y}}_c(k+i)=\boldsymbol{g}_c(\bar{\boldsymbol{x}}(k+i),\bar{\boldsymbol{u}}(k+i))\\ \bar{\boldsymbol{y}}_b(\mathrm{k+i})=\boldsymbol{g}_b(\bar{\boldsymbol{x}}(k+i),\bar{\boldsymbol{u}}(k+i))\end{cases}\tag{1-19}$$

及系统约束条件

$$\boldsymbol{u}_{\min}\leqslant\bar{\boldsymbol{u}}(k+i)\leqslant\boldsymbol{u}_{\max},0\leqslant i<N_c$$

$$\Delta\boldsymbol{u}_{\min}\leqslant\Delta\bar{\boldsymbol{u}}(k+i)\leqslant\Delta\boldsymbol{u}_{\max}$$

$$\boldsymbol{y}_{\min}(k+i)\leqslant\bar{\boldsymbol{y}}_b(k+i)\leqslant\boldsymbol{y}_{\max}(k+i),0\leqslant i\leqslant N_p$$

$$\Delta\bar{\boldsymbol{u}}(k+i)=\bar{\boldsymbol{u}}(k+i)-\bar{\boldsymbol{u}}(k+i-1)$$

$$\Delta\bar{\boldsymbol{u}}(k+i)=0,N_c\leqslant i<N_p$$

其中目标函数为

$$J(\boldsymbol{x}(k),\boldsymbol{U}_k)=\sum_{i=1}^{N_p}\|\bar{\boldsymbol{y}}_c(k+i)-\boldsymbol{r}(k+i)\|_{\boldsymbol{Q}}^2+\sum_{i=0}^{N_c-1}\|\Delta\bar{\boldsymbol{u}}(k+i)\|_{\boldsymbol{S}}^2\tag{1-20}$$

上面的优化问题描述中，N_p和N_c分别是预测时域和控制时域，且满足 $N_c\leqslant N_p$；$\boldsymbol{r}(\cdot)$是期望的控制输出即参考输入；$\boldsymbol{Q}$、$\boldsymbol{S}$ 是对称正定加权矩阵，可以通过调节这两个参数来满足期望的系统控制性能；$\bar{\boldsymbol{y}}_c(\cdot)$ 和 $\bar{\boldsymbol{y}}_b(\cdot)$ 是预测的控制输出和约束输出，通过系

统模型［式（1-19）］预测计算得到；$\boldsymbol{x}(k)$ 是当前时刻系统测量状态值，作为预测模型［式（1-19）］的初始条件，也是预测系统未来动态的起点。应该注意到，由于存在模型不确定性或外部干扰，因此预测的系统变量值与实际的系统变量值是不同的。即使是没有模型不确定性和外部干扰，由于采用有限时域，预测的系统变量值与实际的系统变量值也可能是不同的。因此，为了明确这样的不同，我们在优化问题的描述中将预测系统的变量上面加了“-”。约束条件的最后一项表示在控制时域之外，控制量保持不变。$\overline{\boldsymbol{u}}(\cdot)$ 是预测的控制输入，定义为

$$\overline{\boldsymbol{u}}(k+i)=\overline{\boldsymbol{u}}_i, i=0,1,\cdots,N_c-1 \tag{1-21}$$

其中 $\overline{\boldsymbol{u}}_0$，$\overline{\boldsymbol{u}}_1$，…，$\overline{\boldsymbol{u}}_{N_c-1}$构成了优化问题的独立变量，记为 $\boldsymbol{U}_k$如下：

$$\boldsymbol{U}_k=\begin{bmatrix}\overline{\boldsymbol{u}}_0\\ \overline{\boldsymbol{u}}_1\\ \vdots\\ \overline{\boldsymbol{u}}_{N_c-1}\end{bmatrix} \tag{1-22}$$

优化问题 1-1 是一类非线性规划问题，通常需要求解哈密顿-雅可比-贝尔曼（Hamilton-Jacobi-Bellman，HJB）方程，但是对于有约束的非线性系统，无法通过直接求取系统的 HJB 方程获得其精确解析解，即这类问题的解析解一般是不存在的，所以需要采用数值求解方法。通过非线性优化求解算法，可以求解出约束优化问题 1-1 的最优解，记为

$$\boldsymbol{U}_k^*=\begin{bmatrix}\overline{\boldsymbol{u}}_0^*\\ \overline{\boldsymbol{u}}_1^*\\ \vdots\\ \overline{\boldsymbol{u}}_{N_c-1}^*\end{bmatrix} \tag{1-23}$$

则根据模型预测控制的基本原理，优化解的第一个元素作用于系统，即定义当前时刻的控制量为

$$\boldsymbol{u}(k)=\overline{\boldsymbol{u}}_0^* \tag{1-24}$$

非线性模型预测控制的约束优化问题 1-1 可以简记为如下一般非线性优化问题的表达形式

$$\begin{aligned}&\min_{z}\quad \boldsymbol{f}(\boldsymbol{z})\\ &\text{s. t.}\quad \boldsymbol{h}(\boldsymbol{z})\leqslant 0\end{aligned} \tag{1-25}$$

式中，$\boldsymbol{f}(\boldsymbol{z})$ 为优化问题 1-1 中的目标函数 J。

由式（1-15）和式（1-25）式可知，模型预测控制的二次规划问题和非线性规划问

题都可以简记为

问题 1-2

$$\begin{aligned}&\min_{z}\quad \boldsymbol{f}(z)\\&\text{s. t.}\quad \boldsymbol{h}_i(z)\leqslant 0, i\in \boldsymbol{I}=\{1,\cdots,l\}\end{aligned} \tag{1-26}$$

式中，$\boldsymbol{f}(z)$ 是式（1-15）或者是优化问题 1-1 中的目标函数 J，同时也是粒子群算法中的适应度函数；l 是约束条件的个数；$\boldsymbol{h}_i$是对应的第 i 个约束条件。式（1-26）中约束条件的表达形式没有限制，例如，如果 $\boldsymbol{h}_i(z)>0$，则可表示为$-\boldsymbol{h}_i(z)\leqslant 0$；如果 $\boldsymbol{h}_i(z)=0$，则可表示为 $\boldsymbol{h}_i(z)\leqslant 0$ 并且$-\boldsymbol{h}_i(z)\leqslant 0$。

1.2 基于极小值原理的最优控制

最优控制理论是现代控制理论的重要组成部分，其形成和发展奠定了整个现代控制理论的基础。极小值原理是在古典变分法成果的基础上所提出的，已成为控制向量受约束时求解最优控制问题的有效工具，最初应用于连续系统，后又推广于离散系统。其求解原理也可与其他先进控制方法相结合，能够更全面地理解系统的最优性质，更灵活地应对复杂的控制问题。本节将对连续系统和离散系统的极小值原理进行介绍。

1.2.1 连续系统的极小值原理

定理 1-1 对于如下定常系统、末值型性能指标、末端自由、控制受约束的最优控制问题：

$$\begin{aligned}&\min_{\boldsymbol{u}(t)\in\Omega} J(\boldsymbol{u})=\varphi[\boldsymbol{x}(t_f)]\\&\text{s. t.}\ \dot{\boldsymbol{x}}(t)=f(\boldsymbol{x},\boldsymbol{u}),\quad \boldsymbol{x}(t_0)=x_0,\quad t\in[t_0,t_f]\end{aligned} \tag{1-27}$$

式中，$\boldsymbol{x}(t)\in R^n$为系统状态向量；Ω 为容许控制域；$\boldsymbol{u}(t)\in R^m$为系统控制向量，是在 Ω 内取值的任何分段连续函数；末端时刻 t_f 未知；末态 $\boldsymbol{x}(t_f)$ 自由。假设：①函数$f(\boldsymbol{x},\boldsymbol{u})$ 和 $\varphi(\boldsymbol{x})$ 都是其自变量的连续函数；②函数 $f(\boldsymbol{x},\boldsymbol{u})$ 和 $\boldsymbol{\varphi}(\boldsymbol{x})$ 对于 x 是连续可微的，即$\partial f/\partial \boldsymbol{x}^{\mathrm{T}}$ 和 $\partial \boldsymbol{\varphi}/\partial \boldsymbol{x}$ 存在且连续；③函数 $f(\boldsymbol{x},\boldsymbol{u})$ 在任意有界集上对变量 $\boldsymbol{x}$ 满足李卜希茨条件：当 $\Omega_1\in\Omega$ 为有界集时，存在常数 $a>0$，使得只要 $\boldsymbol{x}^1$、$\boldsymbol{x}^2\in\boldsymbol{x}$，对于任意 $u\in\Omega_1$，有

$$|f(\boldsymbol{x}^1,\boldsymbol{u})-f(\boldsymbol{x}^2,\boldsymbol{u})|\leqslant a|\boldsymbol{x}^1-\boldsymbol{x}^2| \tag{1-28}$$

则对于最优解 $\boldsymbol{u}^*(t)$ 和 t_f^*，以及相应的最优轨线 $\boldsymbol{x}^*(t)$，必存在非零的 n 维向量函数 $\boldsymbol{\lambda}(t)$，使得：

① $\boldsymbol{x}(t)$ 及 $\boldsymbol{\lambda}(t)$ 满足下述正则方程：

$$\begin{cases}\dot{\boldsymbol{x}}(t)=\dfrac{\partial \boldsymbol{H}}{\partial \boldsymbol{\lambda}}\\[2ex]\dot{\boldsymbol{\lambda}}(t)=-\dfrac{\partial \boldsymbol{H}}{\partial \boldsymbol{x}}\end{cases}\tag{1-29}$$

式中，哈密顿函数为

$$\boldsymbol{H}(\boldsymbol{x},\boldsymbol{\lambda},\boldsymbol{u},t)=\boldsymbol{\lambda}^{\mathrm{T}}(t)f(\boldsymbol{x},\boldsymbol{u},t)\tag{1-30}$$

② $\boldsymbol{x}(t)$ 及 $\boldsymbol{\lambda}(t)$ 满足边界条件：

$$\begin{cases}\boldsymbol{x}(t_0)=\boldsymbol{x}_0\\[2ex]\boldsymbol{\lambda}(t_f)=\dfrac{\partial \boldsymbol{\varphi}}{\partial \boldsymbol{x}(t_f)}\end{cases}\tag{1-31}$$

③ 哈密顿函数相对最优控制取绝对极小值：

$$\boldsymbol{H}(\boldsymbol{x}^*,\boldsymbol{\lambda},\boldsymbol{u}^*)=\min_{\boldsymbol{u}(t)\in\Omega}\boldsymbol{H}(\boldsymbol{x}^*,\boldsymbol{\lambda},\boldsymbol{u}^*)\tag{1-32}$$

④ 哈密顿函数沿最优轨线保持为常数：

当 t_f 固定时：

$$\boldsymbol{H}[\boldsymbol{x}^*(t),\boldsymbol{u}^*(t),\boldsymbol{\lambda}(t)]=\boldsymbol{H}[\boldsymbol{x}^*(t_f),\boldsymbol{u}^*(t_f),\boldsymbol{\lambda}(t_f)]=\text{const}\tag{1-33}$$

当 t_f 自由时：

$$\boldsymbol{H}[\boldsymbol{x}^*(t_f),\boldsymbol{u}^*(t_f),\boldsymbol{\lambda}(t_f)]=0\tag{1-34}$$

由条件③可知，当控制无约束时，相应条件为 $\partial \boldsymbol{H}/\partial \boldsymbol{u}=0$，即哈密顿函数 $\boldsymbol{H}$ 对最优控制 $\boldsymbol{u}^*(t)$ 取驻值；当控制有约束时，$\partial \boldsymbol{H}/\partial \boldsymbol{u}=0$ 不再成立，而代之为

$$\boldsymbol{H}[\boldsymbol{x}^*(t),\boldsymbol{u}^*(t),\boldsymbol{\lambda}(t)]\leqslant \boldsymbol{H}[\boldsymbol{x}^*(t),\underset{\boldsymbol{u}(t)\in\Omega}{\boldsymbol{u}(t)},\boldsymbol{\lambda}(t)]\tag{1-35}$$

即对所有 $t\in[t_0,t_f]$，$\boldsymbol{u}(t)$ 取遍 Ω 中的所有点，$\boldsymbol{u}^*(t)$ 使 $\boldsymbol{H}$ 为绝对极小值。因而庞特里亚金原理一般称为极小值原理。

上述定理 1-1 是针对定常系统、末值型性能指标导出的，但许多常见的最优控制问题都不可化为这种形式，于是可将极小值原理推广成各种便于应用的具体形式，如时变问题和积分型问题等。

如果描述最优控制问题的一些函数，如 $\boldsymbol{f}$ 和 $\boldsymbol{\varphi}$ 等显含时间 t 或 t_f 则称为时变问题。通过引入新状态变量的方法，可以将时变问题化为等价定常问题，然后应用定理 1-1 的结论，得到时变系统的极小值原理。

定理 1-2　对于如下时变系统、末值型性能指标、末端自由、控制受约束的最优控制问题：

$$\min_{\boldsymbol{u}(t)\in\Omega}J(\boldsymbol{u})=\boldsymbol{\varphi}[\boldsymbol{x}(t_f),t_f]$$

$$\text{s.t.}\quad \dot{\boldsymbol{x}}(t)=\boldsymbol{f}(\boldsymbol{x},\boldsymbol{u},t),\boldsymbol{x}(t_0)=x_0,t\in[t_0,t_f],t_f\text{未知} \tag{1-36}$$

假设同定理 1-1。若 $\boldsymbol{u}^*(t)$ 和 t_f^* 是使性能指标取最小值的最优解，$\boldsymbol{x}^*(t)$ 为相应的最优轨线，则必存在 n 维向量函数 $\boldsymbol{\lambda}(t)$，使得 $\boldsymbol{u}^*(t)$、$\boldsymbol{x}^*(t)$、t_f^* 和 $\boldsymbol{\lambda}(t)$ 满足如下必要条件：

① $\boldsymbol{x}(t)$ 及 $\boldsymbol{\lambda}(t)$ 满足下述正则方程：

$$\begin{cases}\dot{\boldsymbol{x}}(t)=\dfrac{\partial \boldsymbol{H}}{\partial \boldsymbol{\lambda}}\\ \dot{\boldsymbol{\lambda}}(t)=-\dfrac{\partial \boldsymbol{H}}{\partial \boldsymbol{x}}\end{cases} \tag{1-37}$$

式中，哈密顿函数为

$$\boldsymbol{H}(\boldsymbol{x},\boldsymbol{\lambda},\boldsymbol{u},t)=\boldsymbol{\lambda}^{\mathrm{T}}(t)\boldsymbol{f}(\boldsymbol{x},\boldsymbol{u},t) \tag{1-38}$$

② $\boldsymbol{x}(t)$ 及 $\boldsymbol{\lambda}(t)$ 满足边界条件：

$$\begin{cases}\boldsymbol{x}(t_0)=\boldsymbol{x}_0\\ \boldsymbol{\lambda}(t_f)=\dfrac{\partial\boldsymbol{\varphi}[\boldsymbol{x}(t_f),t_f]}{\partial\boldsymbol{x}(t_f)}\end{cases} \tag{1-39}$$

③ 哈密顿函数相对最优控制为极小值：

$$\boldsymbol{H}[\boldsymbol{x}^*(t),\boldsymbol{\lambda}(t),\boldsymbol{u}^*(t),t]=\min_{\boldsymbol{u}(t)\in\Omega}\boldsymbol{H}[\boldsymbol{x}^*(t),\boldsymbol{\lambda}(t),\boldsymbol{u}^*(t),t] \tag{1-40}$$

④ 在最优轨线末端哈密顿函数应满足：

$$\boldsymbol{H}[\boldsymbol{x}^*(t_f^*),\boldsymbol{\lambda}(t_f^*),\boldsymbol{u}^*(t_f^*),t_f^*]=-\frac{\partial\boldsymbol{\varphi}[\boldsymbol{x}^*(t_f^*),t_f^*]}{\partial t_f} \tag{1-41}$$

⑤ 沿最优轨线哈密顿函数变化律：

$$\boldsymbol{H}[\boldsymbol{x}^*(t),\boldsymbol{\lambda}(t),\boldsymbol{u}^*(t),t]=\boldsymbol{H}[\boldsymbol{x}^*(t_f),\boldsymbol{\lambda}(t_f),\boldsymbol{u}^*(t_f),t_f]-\int_t^{t_f}\frac{\partial\boldsymbol{H}(\boldsymbol{x},\boldsymbol{\lambda},\boldsymbol{u},\tau)}{\partial\tau}\mathrm{d}\tau \tag{1-42}$$

比较定理 1-2 与定理 1-1 可见，时变性并没有改变极小值原理中的正则方程、横截条件及极小值条件，但却改变了哈密顿函数在最优轨线末端的值以及沿最优轨线的变化律。当 t_f 自由时，定常系统的哈密顿函数在最优轨线末端的值为零；当 t_f 固定时，定常系统哈密顿函数沿最优轨线的变化律保持为常数。

应当指出，哈密顿函数的上述结论是一个重要性质，在求最优解过程中经常使用，但还不是最优控制的必要条件。具体来说，对于定常系统，当 t_f 自由时，定理 1-1 中的前三个结论和结论④中的式（1-34）是必要条件；当 t_f 固定时，定理 1-1 中的前三个结论才是必要条件；结论④中的式（1-33）可作为验算方程。对于时变系统，当 t_f 自由时，定理 1-2 中的前四个结论是必要条件；当 t_f 固定时，定理 1-2 中的前三个结论是必要条件，结论⑤也仅作为验算方程。

定理 1-3 对于如下定常系统、积分型性能指标、末端自由、控制受约束的最优控制问题：

$$\min_{\boldsymbol{u}(t)\in\Omega} J(\boldsymbol{u})=\int_{t_0}^{t_f} \boldsymbol{L}[\boldsymbol{x}(t),\boldsymbol{u}(t)]\mathrm{d}t$$

$$\text{s. t. } \dot{\boldsymbol{x}}(t)=\boldsymbol{f}(\boldsymbol{x},\boldsymbol{u}),\boldsymbol{x}(t_0)=\boldsymbol{x}_0,t\in[t_0,t_f],t_f\text{未知} \tag{1-43}$$

假设同定理 1-1。若 t_f^* 是使性能指标取最小值的最优解，$\boldsymbol{x}^*(t)$ 为相应的最优轨线，则必存在 n 维向量函数 $\boldsymbol{\lambda}(t)$，使得 $\boldsymbol{u}^*(t)$、$\boldsymbol{x}^*(t)$、t_f^* 和 $\boldsymbol{\lambda}(t)$ 满足如下必要条件：

① $\boldsymbol{x}(t)$ 和 $\boldsymbol{\lambda}(t)$ 满足下述正则方程：

$$\begin{cases}\dot{\boldsymbol{x}}(t)=\dfrac{\partial \boldsymbol{H}}{\partial \boldsymbol{\lambda}}\\ \dot{\boldsymbol{\lambda}}(t)=-\dfrac{\partial \boldsymbol{H}}{\partial \boldsymbol{x}}\end{cases} \tag{1-44}$$

式中，哈密顿函数为

$$\boldsymbol{H}(\boldsymbol{x},\boldsymbol{\lambda},\boldsymbol{u})=\boldsymbol{L}(\boldsymbol{x},\boldsymbol{u})+\boldsymbol{\lambda}^{\mathrm{T}}(t)\boldsymbol{f}(\boldsymbol{x},\boldsymbol{u}) \tag{1-45}$$

② $\boldsymbol{x}(t)$ 和 $\boldsymbol{\lambda}(t)$ 满足边界条件：

$$\boldsymbol{x}(t_0)=\boldsymbol{x}_0,\boldsymbol{\lambda}(t_f)=0 \tag{1-46}$$

③ 哈密顿函数相对最优控制取绝对极小值：

$$\boldsymbol{H}[\boldsymbol{x}^*(t),\boldsymbol{\lambda}(t),\boldsymbol{u}^*(t)]=\min_{\boldsymbol{u}(t)\in\Omega}\boldsymbol{H}[\boldsymbol{x}^*(t),\boldsymbol{\lambda}(t),\boldsymbol{u}(t)] \tag{1-47}$$

④ 在最优轨线末端哈密顿函数应满足：

当 t_f 固定时：

$$\boldsymbol{H}[\boldsymbol{x}^*(t),\boldsymbol{\lambda}(t),\boldsymbol{u}^*(t)]=\boldsymbol{H}[\boldsymbol{x}^*(t_f),\boldsymbol{\lambda}(t_f),\boldsymbol{u}^*(t_f)]=\text{const} \tag{1-48}$$

当 t_f 自由时：

$$\boldsymbol{H}[\boldsymbol{x}^*(t_f^*),\boldsymbol{\lambda}(t_f^*),\boldsymbol{u}^*(t_f^*)]=0 \tag{1-49}$$

比较定理 1-3 与定理 1-1 可知，若在性能指标中包含末值项 $\boldsymbol{\varphi}[\boldsymbol{x}(t_f)]$，则相应的横截条件应为

$$\boldsymbol{\lambda}(t_f)=\frac{\partial\boldsymbol{\varphi}[\boldsymbol{x}(t_f)]}{\partial\boldsymbol{x}(t_f)} \tag{1-50}$$

否则

$$\boldsymbol{\lambda}(t_f)=0 \tag{1-51}$$

因此，末值项虽不影响哈密顿函数的形式，却会影响横截条件的形式，且由定理 1-2 知，在时变情况下，末值项还会影响哈密顿函数在最优轨线末端的值。

1.2.2 离散系统的极小值原理

定理 1-4 设离散系统状态方程:

$$\boldsymbol{x}(k+1)=\boldsymbol{f}[\boldsymbol{x}(k),\boldsymbol{u}(k),k],\boldsymbol{x}(0)=\boldsymbol{x}_0,(k=0,1,2,\cdots,N-1) \tag{1-52}$$

性能指标:

$$J=\boldsymbol{\varphi}[\boldsymbol{x}(N),N]+\sum_{k=1}^{N-1}\boldsymbol{L}[\boldsymbol{x}(k),\boldsymbol{u}(k),k] \tag{1-53}$$

式中，$\boldsymbol{f}(\cdot)$、$\boldsymbol{\varphi}(\cdot)$ 和 $\boldsymbol{L}(\cdot)$ 都是其自变量的连续可微函数；$\boldsymbol{x}(k)\in R^n$；$\boldsymbol{u}^*(k)\in R^m$。存在不等式约束：$\boldsymbol{u}(k)\in\Omega$，$\Omega$ 为容许控制域。末端状态受下列等式约束限制：

$$\boldsymbol{\phi}[\boldsymbol{x}(N),N]=0 \tag{1-54}$$

式中，$\boldsymbol{\phi}(\cdot)\in R^r+r\leqslant n$。若 $\boldsymbol{u}^*(k)$ 是使性能指标［式（1-53）］为最小的最优控制序列，$\boldsymbol{x}^*(t)$ 是相应的最优状态序列，则必存在 r 维非零常向量 $\boldsymbol{\gamma}$ 和 n 维向量函数 $\boldsymbol{\lambda}(k)$，使得 $\boldsymbol{u}^*(k)$、$\boldsymbol{x}^*(t)$ 和 $\boldsymbol{\lambda}(k)$ 满足如下必要条件：

① $\boldsymbol{x}(k)$ 和 $\boldsymbol{\lambda}(k)$ 满足下列差分方程：

$$\boldsymbol{x}(k+1)=\frac{\partial\boldsymbol{H}(k)}{\partial\boldsymbol{\lambda}(k+1)},\boldsymbol{\lambda}(k)=\frac{\partial\boldsymbol{H}(k)}{\partial\boldsymbol{x}(k)} \tag{1-55}$$

式中，离散哈密顿函数为

$$\begin{aligned}\boldsymbol{H}(k)&=\boldsymbol{H}[\boldsymbol{x}(k),\boldsymbol{u}(k),\boldsymbol{\lambda}(k+1),k]\\&=\boldsymbol{L}[\boldsymbol{x}(k),\boldsymbol{u}(k),k]+\boldsymbol{\lambda}^{\mathrm{T}}(k+1)\boldsymbol{f}[\boldsymbol{x}(k),\boldsymbol{u}(k),k]\end{aligned} \tag{1-56}$$

② $\boldsymbol{x}(k)$ 和 $\boldsymbol{\lambda}(k)$ 满足边界条件：

$$\begin{cases}\boldsymbol{x}(0)=\boldsymbol{x}_0\\ \boldsymbol{f}[\boldsymbol{x}(N),N]=0\\ \boldsymbol{\lambda}(N)=\dfrac{\partial\boldsymbol{\varphi}[\boldsymbol{x}(N),N]}{\partial\boldsymbol{x}(N)}+\dfrac{\partial\boldsymbol{f}^{\mathrm{T}}[\boldsymbol{x}(N),N]}{\partial\boldsymbol{x}(N)}\gamma\end{cases} \tag{1-57}$$

③ 离散哈密顿函数对最优控制 $\boldsymbol{u}^*(k)$ 取极小值：

$$\boldsymbol{H}[\boldsymbol{x}^*(k),\boldsymbol{u}^*(k),\boldsymbol{\lambda}(k+1),k]=\min_{\boldsymbol{u}(k)\in\Omega}\boldsymbol{H}[\boldsymbol{x}^*(k),\boldsymbol{u}(k),\boldsymbol{\lambda}(k+1),k] \tag{1-58}$$

若控制变量不受约束，即 $\boldsymbol{u}(k)$ 可以在整个控制空间 R^m 中取值，则极值条件为

$$\frac{\partial\boldsymbol{H}(k)}{\partial\boldsymbol{u}(k)}=0 \tag{1-59}$$

若离散系统末端状态自由，则离散极小值定理形式如下，其证明过程与定理 1-4类似。

定理 1-5 设离散系统状态方程:

$$\boldsymbol{x}(k+1)=\boldsymbol{f}[\boldsymbol{x}(k),\boldsymbol{u}(k),k],\boldsymbol{x}(0)=\boldsymbol{x}_0,(k=0,1,2,\cdots,N-1) \tag{1-60}$$

性能指标：

$$\boldsymbol{J}=\boldsymbol{\varphi}[\boldsymbol{x}(N),N]+\sum_{k=1}^{N-1}\boldsymbol{L}[\boldsymbol{x}(k),\boldsymbol{u}(k),k] \tag{1-61}$$

式中，$\boldsymbol{f}(\cdot)$、$\boldsymbol{\varphi}(\cdot)$ 和 $\boldsymbol{L}(\cdot)$ 都是其自变量的连续可微函数；$\boldsymbol{x}(k)\in R^n$；$\boldsymbol{u}^*(k)\in R^m$。存在不等式约束：$\boldsymbol{u}(k)\in\Omega$，$\Omega$ 为容许控制域。末端状态 $\boldsymbol{x}(N)$ 自由，若 $\boldsymbol{u}^*(k)$ 是使性能指标为极小的最优控制序列，$\boldsymbol{x}^*(k)$ 为相应的最优状态序列，则必存在 n 维向量函数 $\boldsymbol{\lambda}(k)$，使得 $\boldsymbol{u}^*(k)$，$\boldsymbol{x}^*(k)$ 和 $\boldsymbol{\lambda}(k)$ 满足如下必要条件：

① $\boldsymbol{x}(k)$ 和 $\boldsymbol{\lambda}(k)$ 满足下列差分方程：

$$\boldsymbol{\xi}(k+1)=\frac{\partial\boldsymbol{H}(k)}{\partial\boldsymbol{\lambda}(k+1)},\boldsymbol{\lambda}(k)=\frac{\partial\boldsymbol{H}(k)}{\partial\boldsymbol{x}(k)} \tag{1-62}$$

式中，离散哈密顿函数为

$$\begin{aligned}\boldsymbol{H}(k)&=\boldsymbol{H}[\boldsymbol{x}(k),\boldsymbol{u}(k),\boldsymbol{\lambda}(k+1),k]\\&=\boldsymbol{L}[\boldsymbol{x}(k),\boldsymbol{u}(k),k]+\boldsymbol{\lambda}^{\mathrm{T}}(k+1)\boldsymbol{f}[\boldsymbol{x}(k),\boldsymbol{u}(k),k]\end{aligned} \tag{1-63}$$

② $\boldsymbol{x}(k)$ 和 $\boldsymbol{\lambda}(k)$ 满足边界条件：

$$\begin{cases}\boldsymbol{x}(0)=\boldsymbol{x}_0\\ \boldsymbol{\lambda}(N)=\dfrac{\partial\boldsymbol{\varphi}[\boldsymbol{x}(N),N]}{\partial\boldsymbol{x}(N)}+\dfrac{\partial\boldsymbol{\varphi}^{\mathrm{T}}[\boldsymbol{x}(N),N]}{\partial\boldsymbol{x}(N)}\boldsymbol{\gamma}\end{cases} \tag{1-64}$$

③ 离散哈密顿函数对最优控制 $\boldsymbol{u}^*(k)$ 取极小值：

$$\boldsymbol{H}[\boldsymbol{x}^*(k),\boldsymbol{u}^*(k),\boldsymbol{\lambda}(k+1),k]=\min_{\boldsymbol{u}(k)\in\Omega}\boldsymbol{H}[\boldsymbol{x}^*(k),\boldsymbol{u}(k),\boldsymbol{\lambda}(k+1),k] \tag{1-65}$$

若控制变量不受约束，则有：

$$\frac{\partial\boldsymbol{H}(k)}{\partial\boldsymbol{u}(k)}=0 \tag{1-66}$$

上述离散极小值原理表明，离散系统最优化问题归结为求解一个离散两点边值问题。而对离散极小值原理的理解，与连续极小值原理一样，使离散性能泛函为极小与使离散哈密顿函数为极小是等价的。综上，连续极小值原理与离散极小值原理的具体比较见表1.1。

表1.1 连续与离散极小值原理比较

项目	连续极小值原理	离散极小值原理
系统	$\dot{\boldsymbol{x}}(t)=\boldsymbol{f}[\boldsymbol{x}(t),\boldsymbol{u}(t),t]$	$\boldsymbol{x}(k+1)=\boldsymbol{f}[\boldsymbol{x}(k),\boldsymbol{u}(k),k],k=0,1,\cdots,N-1$
初始条件	$\boldsymbol{x}(t_0)=x_0$	$\boldsymbol{x}(0)=\boldsymbol{x}_0$
性能指标	$J=\boldsymbol{\varphi}[\boldsymbol{x}(t_f),t_f]+\int_{t_0}^{t_f}\boldsymbol{L}(\boldsymbol{x},\boldsymbol{u},t)\mathrm{d}t$	$J=\boldsymbol{\varphi}[\boldsymbol{x}(N),N]+\sum_{k=0}^{N-1}\boldsymbol{L}[\boldsymbol{x}(k),\boldsymbol{u}(k),k]$

（续）

项目	连续极小值原理	离散极小值原理
极值问题	求 $\boldsymbol{u}^*(t)$，使 $J=\min$	求 $\boldsymbol{u}^*(k)$，使 $J=\min, k=0,1,\cdots,N-1$
方法特点	引入协态向量 $\boldsymbol{\lambda}(t)$	引入协态向量序列 $\boldsymbol{\lambda}(k), k=1,2,\cdots,N$
哈密顿函数	$\boldsymbol{H}(\boldsymbol{x},\boldsymbol{u},\boldsymbol{\lambda},t)=\boldsymbol{L}(\boldsymbol{x},\boldsymbol{u},t)+\boldsymbol{\lambda}^{\mathrm{T}}\boldsymbol{f}(\boldsymbol{x},\boldsymbol{u},t)$	$\boldsymbol{H}(k)=\boldsymbol{L}[\boldsymbol{x}(k),\boldsymbol{u}(k),k]+$ $\boldsymbol{\lambda}^{\mathrm{T}}(k+1)\boldsymbol{f}[\boldsymbol{x}(k),\boldsymbol{u}(k),k], k=0,1,\cdots,N-1$
正则方程	$\dot{\boldsymbol{x}}(t)=\dfrac{\partial \boldsymbol{H}}{\partial \boldsymbol{\lambda}}, \boldsymbol{\lambda}(t)=-\dfrac{\partial \boldsymbol{H}}{\partial \boldsymbol{x}}$	$\boldsymbol{x}(k+1)=\dfrac{\partial \boldsymbol{H}(k)}{\partial \boldsymbol{\lambda}(k+1)}, \boldsymbol{\lambda}(k)=-\dfrac{\partial \boldsymbol{H}(k)}{\partial \boldsymbol{x}(k)}$
横截条件	$\boldsymbol{\lambda}(N)=\dfrac{\partial \boldsymbol{\varphi}[\boldsymbol{x}(N),N]}{\partial \boldsymbol{x}(N)}$ $\boldsymbol{\varphi}[\boldsymbol{x}(N),N]=0$ 时，$\boldsymbol{\lambda}(N)=0$	$\boldsymbol{\lambda}(t_f)=\dfrac{\partial \boldsymbol{\varphi}[\boldsymbol{x}(t_f),t_f]}{\partial \boldsymbol{x}(t_f)}$ $\boldsymbol{\varphi}[\boldsymbol{x}(t_f),t_f]=0$ 时，$\boldsymbol{\lambda}(t_f)=0$
极值条件	$\dfrac{\partial \boldsymbol{H}}{\partial \boldsymbol{u}}=0$	$\dfrac{\partial \boldsymbol{H}(k)}{\partial \boldsymbol{u}(k)}=0, k=0,1,\cdots,N-1$
极小值条件	$\boldsymbol{H}(\boldsymbol{x}^*,\boldsymbol{u}^*,\boldsymbol{\lambda},t)=\min\limits_{\boldsymbol{u}\in\Omega}\boldsymbol{H}(\boldsymbol{x}^*,\boldsymbol{u},\boldsymbol{\lambda},t)$	$\boldsymbol{H}[\boldsymbol{x}^*(k),\boldsymbol{u}^*(k),\boldsymbol{\lambda}(k+1),k]=$ $\min\limits_{\boldsymbol{u}(k)\in\Omega}\boldsymbol{H}[\boldsymbol{x}^*(k),\boldsymbol{u}(k),\boldsymbol{\lambda}(k+1),k]$

1.3 汽车稳定性控制的关键问题

针对汽车稳定性控制，本书对其关键问题进行了提炼与剖析，可总结为以下几个方面：

（1）高精度动力学模型建立

建立高精度的动力学模型可以准确地描述车辆的运动特性，包括转向、加速、制动等方面。对于描述车辆运动的动力学方程，应考虑到车辆的质量、受力情况以及外部环境因素（如路面摩擦力、风力等），通常采用牛顿运动定律来描述车辆的运动状态；轮胎是车辆与地面之间唯一的接触点，其特性对车辆的动力学行为影响巨大，需要考虑到轮胎力的非线性特性，并将其与地面的接触情况相结合；建立动力学模型后，需要进行实验验证和模型验证，以确保模型的准确性和可靠性，可为车辆稳定性控制系统的设计、优化提供模型基础，是实现精准、高效控制的关键因素；并可用于高精度仿真平台的开发进行系统验证，有效降低开发成本、提高开发效率。

（2）动态安全稳定边界辨识

动态安全稳定边界辨识是指在汽车动态行驶过程中，确定车辆可接受的安全稳定性边界的过程。这个过程通常涉及对车辆在各种工况下的动态响应进行分析和评估，以确定车辆的临界工作状态，即最大的可接受工况，以确保车辆在此工况下仍能保持稳定性和安全性。确定用于评估车辆稳定性的指标，通常包括质心侧偏角、横摆角速度、侧向加速度等。通过实时监测车辆的状态与环境条件，根据当前的路况、车速、侧向速度等因素，基于稳定性分析理论辨识出不同驾驶条件下的动态安全稳定边界。车辆稳定性控制系统可基于实时的边界信息制定相应的控制策略，更及时地做出精准有效的控制响应，从而帮助提高车辆的驾驶安全性和稳定性。

（3）低附着路面条件下横摆稳定控制

在低附着路面上行驶的车辆，很容易出现失控、打滑或甩尾的情况，其可操纵性很难保证，从而引发车辆失稳并偏离预期行驶轨迹，因此需要快速而有效地采取控制措施来调整车辆运动姿态，提高车辆在冰雪、湿滑等路面条件下的机动能力。利用先进控制算法处理保证车辆稳定行驶的多目标多约束非线性优化问题，通过转矩矢量控制方法独立控制各个车轮的电机转矩，从而改善车辆的转向特性，提高横摆稳定性；在控制系统中，需要使用高效的优化算法来快速求解最优控制策略，尤其针对低附着路面条件，更需要保证控制系统的快速响应能力和控制精度间的平衡，由此开发能够满足车载应用的快速优化求解方法也是汽车稳定性控制的关键问题之一。

（4）整车侧-纵向稳定协同控制

整车侧-纵向稳定协同控制能够使车辆更好地应对侧滑甩尾、纵向滑移等各种驾驶挑战，因此提高驾驶安全性和操控性已成为现代汽车稳定性控制系统中的重要组成部分。分析车辆侧-纵向动力学、轮胎力间的耦合非线性，建立准确的整车动态模型，描述车辆在侧向和纵向方向上的运动特性；设计整车侧-纵向稳定协同一体化控制策略，对侧-纵向稳定协同控制目标进行集成优化控制，从而有效地避免控制目标冲突与执行机构干涉；通过调节电机转矩，实现在保证车辆侧向稳定和操纵性能的同时抑制车辆甩尾与轮胎抱死等危险行为，从整车综合安全的层面提高车辆在高速行驶、紧急转向和特殊路面条件下的稳定性能。

（5）能量管理与效能优化

驱动电机作为电动汽车的动力来源，其能量管理和效能优化直接影响着车辆的性能、驾驶感受和能源利用效率。能量管理系统可以根据驾驶需求和路况变化智能地调节动力的分配，确保每个车轮得到适当的驱动力和制动力，以满足驾驶员的需求并保证车辆的安全性；不同工况下，轮毂电机的效率特性可能有所不同，根据实时驾驶情况调整电机的转速和转矩输出，最大限度地提高电机效率，使其处于效率最高的工作点，以减少能量损失。通过优化电机效率和动力系统的运行状态，可以提高车辆的动力输出效率和响应能力，以改善车辆的动态性能，从而进一步提高电动汽车的整体安全性能和能源利用效率。

第 2 章 车辆动力学

车辆动力学是研究车辆在行驶过程中运动特性和行为表现的学科，是车辆领域的基础学科，涵盖了车辆理论、车辆构造以及发动机原理等多门课程的内容。它涉及车辆的加速、制动、操纵稳定性以及乘坐舒适性等方面，是现代汽车工程设计、分析和优化中不可或缺的部分。其研究范围包括车辆轮胎、纵向动力学特性、研究车辆转向与侧偏特性的侧向动力学以及有关汽车悬架与振动分析的垂向动力学等。车辆动力学模型可以准确模拟车辆的运动规律，广泛应用于控制器和估计器开发设计中，对于车辆状态准确获取，确保车辆稳定性以及提升自动驾驶技术等具有十分重要的意义。轮胎模型可以为车辆的动态控制与状态估计提供必要信息，实现不同路况下对车辆的准确调节。通过分析轮胎与路面之间的互动，能够使控制器准确计算出控制车辆所需的转矩等信息，并且能帮助估计器实现车辆状态的实时估计，对 ADAS 和自动驾驶具有十分重要的意义。此外，对于新能源汽车，车辆动力学模型和轮胎模型还可以优化能源利用并且提升性能。因此，车辆动力学具有十分重要的意义。

在本章中，围绕车辆动力学知识先后介绍了常见的轮胎模型、车辆动力学模型并进行了模型验证。首先在 2.1 节中介绍了 Dugoff 轮胎模型、Pacejke 轮胎模型、Burckhardt 轮胎模型、UniTire 轮胎模型、LuGre 轮胎模型和 Fiala 轮胎模型的具体原理，并对其特性进行了相应的分析。其次在 2.2 节中介绍了车辆的二自由度动力学模型、三自由度动力学模型、七自由度动力学模型和八自由度动力学模型，描述了车辆在行驶过程中纵向、侧向、侧倾和横摆等方向运动与车辆所受作用力之间的关系，并且介绍了四轮轮毂驱动电动汽车动力学模型，说明了其相对于传统汽车的优势并给出了控制量。最后在 2.3 节中以七自由度动力学模型和 Burckhardt 轮胎模型为例，利用实车数据验证了上述提出的模型的有效性。

2.1 轮胎模型

轮胎是汽车系统最具有代表性的非线性部件，其行为十分复杂。作为汽车与路面的支承和传递单元，它的力学特性直接影响汽车的运动性能。除空气作用力和重力外，几乎所有其他影响地面汽车运动的力和力矩皆通过滚动的轮胎作用于地面产生。因此，轮胎模型的建立对于汽车的操纵稳定性、制动安全性以及行驶平顺性都具有十分重要的意义。

目前，轮胎建模方法主要分为理论方法与经验或半经验方法两种方法。理论方法通过对轮胎结构和形变机制的描述建立轮胎模型，得到轮胎力与轮胎参数之间的关系，计算过程较为复杂，但是可以对轮胎的各个部分进行详细描述。经验或半经验方法通过对大量表征轮胎力特性的实验数据进行分析，拟合出符合经验的公式，不需要深入理解轮胎的内部机理，建模过程相对简单，但是模型的通用性和可移植性较差。多年来广泛的研究学者提出了多种适用于不同工况的轮胎模型，在本节中，先后给出 Dugoff 轮胎模型、Pacejke 轮胎模型、Burckhardt 轮胎模型、UniTire 轮胎模型、LuGre 轮胎模型和 Fiala 轮胎模型。

2.1.1 Dugoff 轮胎模型

Dugoff 模型是 H. Dugoff 等人提出的一种描述轮胎纵滑侧偏特性的理论轮胎模型，即假定轮胎与路面的接触区近似为矩形，根据接触区弹性变形得到轮胎纵向力和侧向力随纵向滑移率和侧偏角的变化过程。Dugoff 轮胎模型的轮胎纵向力 F_{xij}和侧向力 F_{yij}计算公式为

$$F_{xij}=\frac{C_{\sigma ij}\lambda_{ij}}{1+\lambda_{ij}}f(\eta_{ij}),ij\in\{fl,fr,rl,rr\} \tag{2-1}$$

$$F_{yij}=\frac{C_{\alpha ij}\tan\alpha_{ij}}{1+\lambda_{ij}}f(\eta_{ij}),ij\in\{fl,fr,rl,rr\} \tag{2-2}$$

η_{ij}和$f(\eta_{ij})$ 的公式如下：

$$\eta_{ij}=\frac{\mu F_{zij}(1+\lambda_{ij})}{2\sqrt{(C_{\sigma ij}\lambda_{ij})^2+(C_{\alpha ij}\tan\alpha_{ij})^2}} \tag{2-3}$$

$$f(\eta_{ij})=\begin{cases}1, & \eta_{ij}\geqslant 1\\(2-\eta_{ij})\eta_{ij}, & \eta_{ij}<1\end{cases} \tag{2-4}$$

摩擦系数公式为

$$\mu=\mu_0(1-A_s V\sqrt{\lambda^2+\tan^2\alpha}) \tag{2-5}$$

轮胎侧偏角计算公式如下：

$$\alpha_{fl}=\arctan\left(\frac{V_y+L_f\gamma}{V_x-\frac{d}{2}\gamma}\right)-\delta_f,\alpha_{fr}=\arctan\left(\frac{V_y+L_f\gamma}{V_x+\frac{d}{2}\gamma}\right)-\delta_f$$

$$\alpha_{rl}=\arctan\left(\frac{V_y-L_r\gamma}{V_x-\frac{d}{2}\gamma}\right),\alpha_{rr}=\arctan\left(\frac{V_y-L_r\gamma}{V_x+\frac{d}{2}\gamma}\right)$$

垂直载荷计算公式如下：

$$\begin{cases}F_{zfl}=\dfrac{mgL_r}{2(L_f+L_r)}-\dfrac{ma_x h_{cg}}{2(L_f+L_r)}-\dfrac{ma_y h_{cg}L_r}{(L_f+L_r)B_f}\\F_{zfr}=\dfrac{mgL_r}{2(L_f+L_r)}-\dfrac{ma_x h_{cg}}{2(L_f+L_r)}+\dfrac{ma_y h_{cg}L_r}{(L_f+L_r)B_f}\\F_{zrl}=\dfrac{mgL_f}{2(L_f+L_r)}+\dfrac{ma_x h_{cg}}{2(L_f+L_r)}-\dfrac{ma_y h_{cg}L_f}{(L_f+L_r)B_r}\\F_{zrr}=\dfrac{mgL_f}{2(L_f+L_r)}+\dfrac{ma_x h_{cg}}{2(L_f+L_r)}+\dfrac{ma_y h_{cg}L_f}{(L_f+L_r)B_r}\end{cases} \tag{2-6}$$

轮胎滑移率的计算公式如下：

$$\lambda=\frac{(\omega R_e-V_x)}{\max(\omega R_e,V_x)} \tag{2-7}$$

由式（2-1）可以看出，当 $\lambda=1$ 时无意义，但是 Dugoff 模型针对该情况，可以通过求解 $\lambda\to1$ 得到结果。为分析 Dugoff 模型适用性，设参数 $C_\sigma=50\text{kN/m}$、$C_\alpha=30\text{kN/m}$ 和 $A_s=0.015$ 进行仿真研究。

设置参数 $V_x=10\text{m/s}$，$\alpha=8°$，$F_z=4\text{kN}$，$\lambda=0.2$，仿真不同路面摩擦状况下纵向力和侧向力随纵向滑移率和侧偏角的变化，结果如图 2.1 所示。纵向力和侧向力随路面摩擦系数的增大逐渐增大，这与理论上摩擦系数增大则摩擦力增大的结果一致。因此，Dugoff 模型可以反映纵向力和侧向力随路面摩擦状况的变化。

设置参数 $V_x=10\text{m/s}$，$\alpha=8°$，$\mu_0=1.26$，$\lambda=0.2$，仿真不同载荷下纵向力和侧向力随纵向滑移率和侧偏角的变化，结果如图 2.2 所示。随着载荷增大，纵向力和侧向力逐步增大，这可以从载荷增大，轮胎与路面接触紧密程度增加，从而摩擦力增大的理论得到解释，因此 Dugoff 模型可以反映纵向力和侧向力随载荷的变化。

设置参数 $V_x=10\text{m/s}$，$\mu_0=1.26$，$F_z=4\text{kN}$，仿真不同侧偏角下纵向力随纵向滑移率

的变化和仿真不同纵向滑移率下侧向力随侧偏角的变化，结果如图 2. 3 所示。

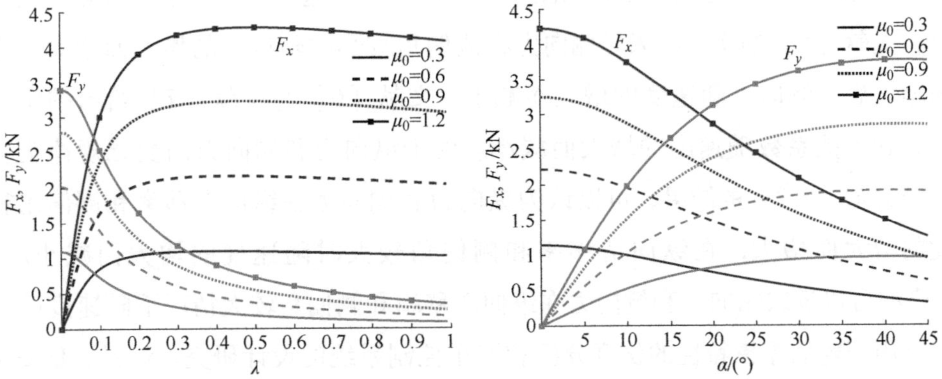

a) 随纵向滑移率的变化　　b) 随侧偏角的变化

图 2. 1　Dugoff 模型不同路面摩擦状况下的纵向力和侧向力

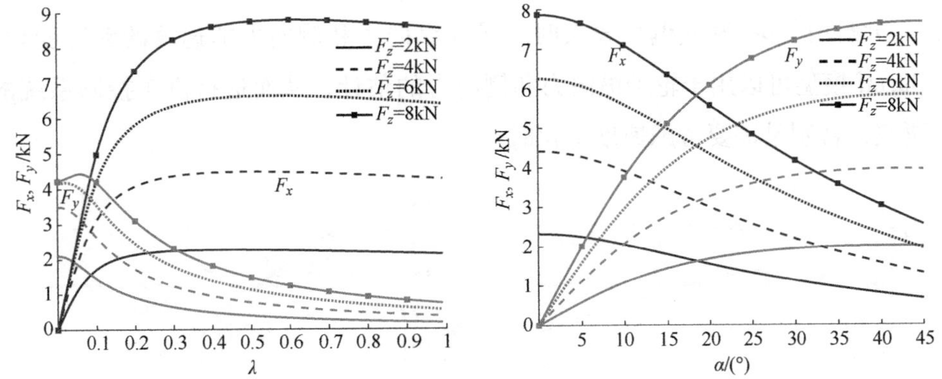

a) 随纵向滑移率的变化　　b) 随侧偏角的变化

图 2. 2　Dugoff 模型不同载荷下的纵向力和侧向力

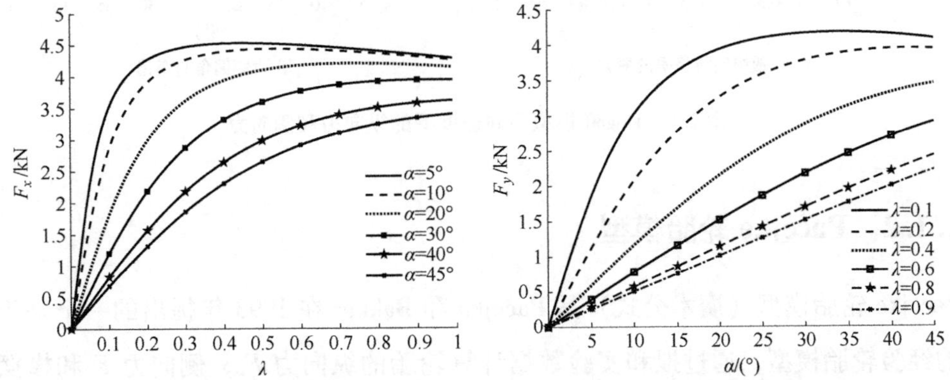

a) 随纵向滑移率的变化　　b) 随侧偏角的变化

图 2. 3　Dugoff 模型不同侧偏角下的纵向力和不同纵向滑移率下的侧向力

设置参数 $\mu_0=1.26$，$\alpha=8°$，$F_z=4\text{kN}$，$\lambda=0.2$，仿真不同速度下纵向力和侧向力随纵向滑移率和侧偏角的变化，结果如图 2.4 所示。随着速度增大，纵向力和侧向力都逐渐减小，文献［5］的实验结果是侧向力在侧偏角较小时随速度的增大而增大，在侧偏角逐渐增大后，侧向力随速度的增大而减小；文献［6］与文献［7］给出的实验结果是纵向力和摩擦系数随速度的增大而减小。由于纵向力和侧向力的变化规律类似，因此，综合文献［5-7］的结果，可以认为纵向力和侧向力在纵向滑移率和侧偏角较小时随速度的增大而增大，在纵向滑移率和侧偏角较大时随速度的增大而减小。因此，Dugoff 模型可以反映纵向力和侧向力在纵向滑移率和侧偏角较大情况下随速度的动态变化，可以用于轮胎摩擦特性的仿真分析和汽车控制系统的设计研究。但是，Dugoff 模型没有反映路面接地区长度和回正力矩的变化。

综上所述，Dugoff 模型可用于纯纵滑、纯侧偏和纵滑侧偏联合工况的纵向力和侧向力求解；可研究轮胎纵向力和侧向力随路面摩擦状况、载荷、侧偏角和纵向滑移率的变化特性；当纵向滑移率和侧偏角较大时，研究纵向力和侧向力随速度的动态变化特性。另外，Dugoff 模型可以用于轮胎纵向力和侧向力的估计，从而进行汽车控制系统的设计和仿真研究，特别是需要考虑速度变化时。

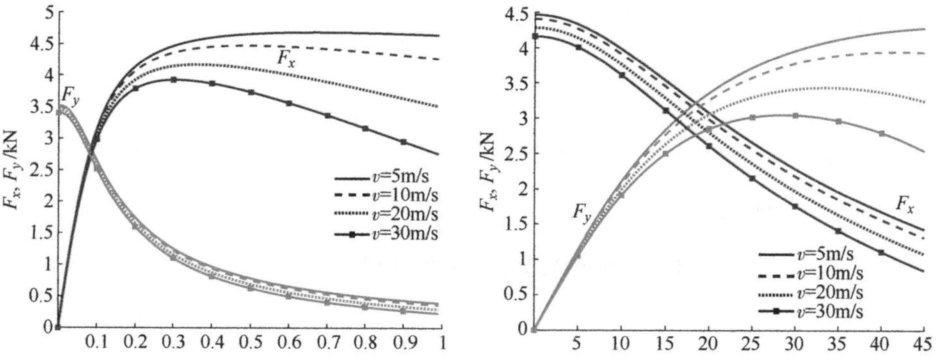

a) 随纵向滑移率的变化　　b) 随侧偏角的变化

图 2.4　Dugoff 模型不同速度下的纵向力和侧向力

2.1.2　Pacejke 轮胎模型

Pacejke 轮胎模型（魔术公式）是 Pacejka 和 Bakker 在 1993 年提出的一个基于实验数据的经验轮胎模型，通过拟和实验数据计算轮胎的纵向力 F_x、侧向力 F_y 和横摆力矩 M_z。魔术公式轮胎模型对轮胎力学特性的表达式单一，拟合精度高，适用于产品设计、汽车动态模拟以及实验对比等要求精确描述轮胎力学特性的领域，是目前汽车操纵动力学研究中最为流行的经验公式之一。

Pacejke 轮胎模型是利用三角函数来表达稳态条件下的轮胎特性参数，即侧向力、纵向力和回正力矩是轮胎侧偏角的函数，能够精确描述稳态下轮胎的六个分力。

Pacejke 轮胎模型利用特殊正弦函数建立轮胎纵向力、侧向力和回正力矩的数学模型，其一般表达式为

$$Y(X)=D\sin\{C\arctan\{Bx-E[Bx-\arctan(Bx)]\}\} \tag{2-8}$$

式中，$Y(X)$ 可以是侧向力，也可以是纵向力和回正力矩；自变量 x 可以在不同的情况下分别表示轮胎的侧偏角或纵向滑移率；系数 B、C、D 依次由轮胎的垂直载荷和外倾角来确定，系数符号的具体物理意义见表 2.1。

表 2.1 Pacejke 轮胎模型中符号意义

符号	物理意义
Y	纵向力 F_x、侧向力 F_y 或横摆力矩 M_z
x	侧偏角 α 或纵向滑移率 λ
B	刚度因子
C	形状因子
D	巅因子
E	曲率因子

Pacejke 轮胎模型依据一般表达式中的系数取值方式不同，计算出相应的轮胎纵向力、侧向力或者回正力矩，其系数取值方式详细信息参照表 2.2。

表 2.2 Pacejke 轮胎模型

计算项	系数	取值
轮胎纵向力	组合自变量	$X_1=(\lambda+S_h)$
	刚度因子	$B=BCD/(C\times D)$
	形状因子	$C=B_0$
	巅因子	$D=B_1F_z^2+B_2F_z$
	纵向力零点处的纵向刚度	$BCD=(B_3F_z^2+B_4F_z)\times e^{-B_5F_z}$
	曲率因子	$E=B_6F_z^2+B_7F_z+B_8$
	水平方向漂移	$S_h=B_9F_z+B_{10}$
	垂直方向漂移	$S_v=0$
轮胎侧向力	组合自变量	$X_1=(\alpha+S_h)$
	刚度因子	$B=BCD/(C\times D)$

（续）

计算项	系数	取值
轮胎侧向力	形状因子	$C=A_0$
	巅因子	$D=A_1F_z^2+A_2F_z$
	侧向力零点处的侧向刚度	$BCD=A_3\sin[2\arctan(F_z/A_4)]\times(1-A_5\|\gamma\|)$
	曲率因子	$E=A_6F_z+A_7$
	水平方向漂移	$S_h=A_9F_z+A_{10}+A_8\gamma$
	垂直方向漂移	$S_v=A_{11}F_z\gamma+A_{12}F_z+A_{13}$
轮胎回正力矩	组合自变量	$X_1=(\alpha+S_h)$
	刚度因子	$B=BCD/(C\times D)$
	形状因子	$C=C_0$
	巅因子	$D=C_1F_z^2+C_2F_z$
	回正力矩零点处的扭转刚度	$BCD=(C_3F_z^2+C_4F_z)\times(1-C_6\|\gamma\|)\times e^{-C_5F_z}$
	曲率因子	$E=(C_7F_z^2+C_8F_z+C_9)\times(1-C_{10}\|\gamma\|)$
	水平方向漂移	$S_h=C_{11}\gamma+C_{12}F_z+C_{13}$
	垂直方向漂移	$S_v=\gamma(C_{14}F_z^2+C_{15}F_z)+C_{16}F_z+C_{17}$

魔术公式 $Y(X)$ 输出的曲线通过原点，且当 x 较大时趋近于水平的一条渐近线，如图 2.5 所示。系数 D 代表轮胎力的最大值，BCD 的乘积为原点处斜率，y_s 表示当 x 较大时输出 y 接近的值，形状因子 C 决定曲线的形状，因子 B 影响原点处的斜率，因此称为刚度因子，E 不会改变峰值大小但可以决定在峰值处滑移率 x_m 的大小。

为了深入分析魔术公式模型特性，对不同情况下的纵向力、侧向力和回正力矩进行仿真，μ 可由式（2-5）进行求解。设定参数 $V_x=10\text{m/s}$，$\alpha=8°$，$F_z=4\text{kN}$，$\lambda=0.2$，仿真不同路面摩擦状况下纵向力、侧向力随纵向滑移率和侧偏角的变化，结果如图 2.6 所示。

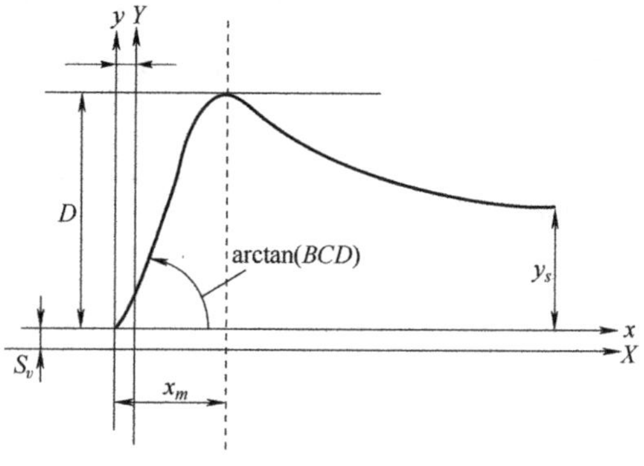

图 2.5　魔术公式输出曲线

由图 2.6 可知，不同路面摩擦状况下的纵向力和侧向力不同，并且随着路面摩擦系数的增大，都逐渐增大，这与理论上摩擦力随摩擦系数的增加而增大的结果一致，因此，魔术公式模型可以反映纵向力和侧向力随路面摩擦状况的变化。

设置参数 $\mu_0=1.26$，$\alpha=8°$，$V_x=10\text{m/s}$，$\lambda=0.2$，仿真不同载荷下纵向力、侧向力随纵向滑移率和侧偏角的变化，结果如图 2.7 所示。由图 2.7 可知，除了在纵向滑移率

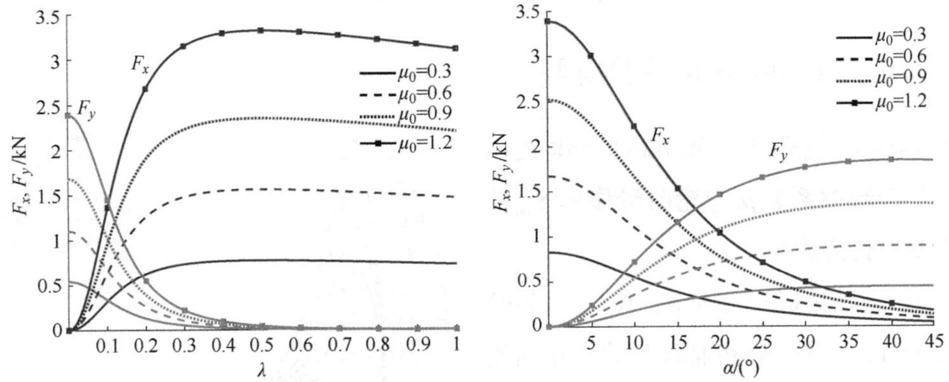

a) 随纵向滑移率的变化　　b) 随侧偏角的变化

图 2.6　魔术公式模型不同路面摩擦状况下的纵向力和侧向力

较小和载荷较大情况下侧向力不随载荷增大而增大外，其他情况下纵向力和侧向力都随载荷的增大而增大，证明了魔术公式模型可以正确反映纵向滑移率较大情况下纵向力和侧向力随载荷的变化。

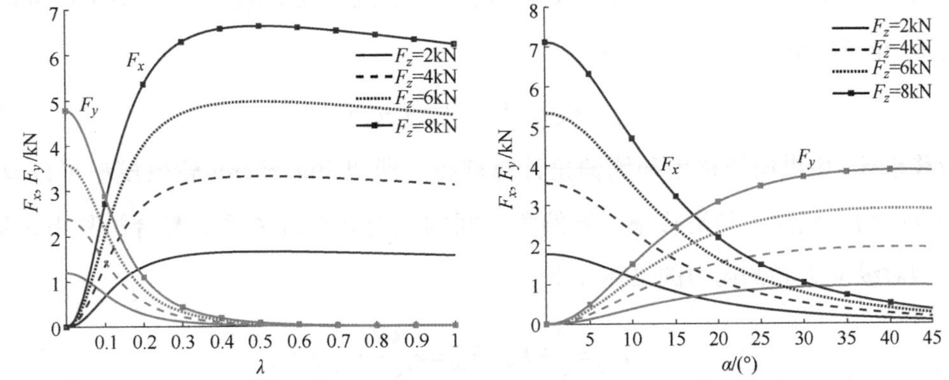

a) 随纵向滑移率的变化　　b) 随侧偏角的变化

图 2.7　魔术公式模型不同载荷下的纵向力和侧向力

设置参数 $V_x=10\text{m/s}$，$\alpha=8°$，$\mu_0=1.26$，$\lambda=0.2$，仿真不同载荷下回正力矩随侧偏角的变化，结果如图 2.8 所示。由图可知，当侧偏角较小时，回正力矩随载荷增大而增大，当侧偏角较大时，回正力矩随载荷增大而减小。

由于魔术公式模型参数较多，并且参数具有明确的物理意义，可以反映较多的轮胎状态信息，通用性强，而且随着实验数据的增多，H. B. Pacejka 不断修正原来的模型，因此，魔术公式模型已成为目前进行轮胎特性分析和仿真最准确的轮胎模型。但是魔术公式模型不能反映轮胎接地区长度变化对纵向力、侧向力和回正力矩的影响，而且魔术公式是非线性函数，模型参数太多，因此根据实验数据进行参数拟合估计非常困难，难以将魔术公式模型用于汽车控制系统设计中。

2.1.3 Burckhardt 轮胎模型

Burckhardt 模型是由 M. Burckhardt 提出的一种关于摩擦系数 μ 与轮胎滑移率 S_{resi} 的关系模型，其公式为

$$\mu=\left[c_1\left(1-\mathrm{e}^{-c_2 s_{resi}}\right)-c_3 S_{resi}\right]\mathrm{e}^{-c_4 v} \tag{2-9}$$

其中 $c_i(i=1,\cdots,4)$ 随路面状况的变化而发生变化，可以通过实验测试数据拟合获得，合成滑移率为 $S_{resi}=\sqrt{\lambda_{ij}^2+\tan\alpha_{ij}^2}$，$\mathrm{e}^{-c_4 v}$ 反应速度变化引起的摩擦系数变化。若忽略速度变化影响，Burckhardt 模型简化为

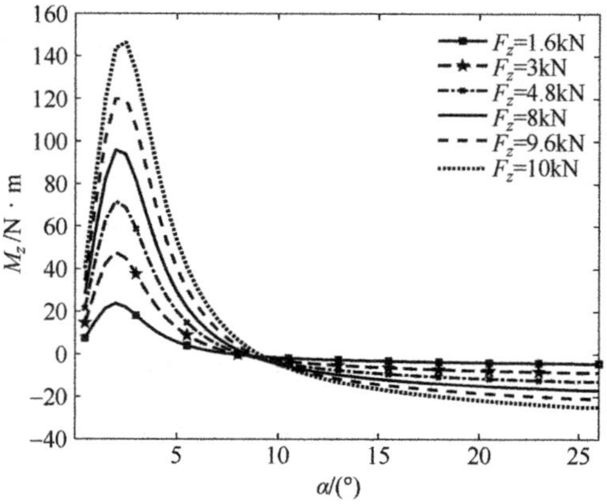

图 2.8 魔术公式模型不同载荷下的回正力矩

$$\mu=c_1\left(1-\mathrm{e}^{-c_2 s_{resi}}\right)-c_3 S_{resi} \tag{2-10}$$

参数 $c_i(i=1,\cdots,3)$ 在不同路面状态下的典型取值见表 2.3。由式（2-10）可以获得轮胎力 F_{tij} 和滑移率 S_{resi} 之间的关系

$$F_{tij}=F_{zij}c_1\left(1-\mathrm{e}^{-c_2 s_{resi}}\right)-c_3 S_{resi} \tag{2-11}$$

由于滑移率 S_{resi} 由纵向滑移率和侧偏角计算获得，所以 Burckhardt 轮胎模型可以有效描述轮胎纵向力、侧向力与滑移率、侧偏角之间的耦合非线性关系。复合滑移 Burckhardt 轮胎模型对纵向力和侧向力的描述如下：

$$F_{xij}=\frac{\lambda_{ij}}{S_{resi}}F_{tij},F_{yij}=k_s\frac{\alpha_{ij}}{S_{resi}}F_{tij}$$

其中 k_s 是侧向修正参数。每个车轮轮胎的纵向滑移率为

$$\lambda_{ij}=\frac{R_e\omega_{ij}-V_x}{\max\left(V_x,R_e\omega_{ij}\right)} \tag{2-12}$$

轮胎侧偏角可由式（2-13）~式（2-16）或式（2-17）~式（2-18）计算获得。

$$\alpha_{fl}=\arctan\left(\frac{V_y+L_f\gamma}{V_x-\dfrac{d}{2}\gamma}\right)-\delta_f \tag{2-13}$$

$$\alpha_{fr}=\arctan\left(\frac{V_y+L_f\gamma}{V_x+\dfrac{d}{2}\gamma}\right)-\delta_f \tag{2-14}$$

$$\alpha_{rl}=\arctan\left(\frac{V_y-L_r\gamma}{V_x-\frac{d}{2}\gamma}\right) \tag{2-15}$$

$$\alpha_{rr}=\arctan\left(\frac{V_y-L_r\gamma}{V_x+\frac{d}{2}\gamma}\right) \tag{2-16}$$

$$\alpha_{fl}=\alpha_{fr}=\alpha_f=\beta+\frac{L_f}{V_x}\gamma-\delta_f \tag{2-17}$$

$$\alpha_{rl}=\alpha_{rr}=\alpha_r=\beta-\frac{L_r}{V_x}\gamma \tag{2-18}$$

为了分析 Burckhardt 轮胎模型特性，利用表 2.3 的参数仿真不同路面状况下纵向、侧向摩擦系数随纵向滑移率和侧偏角的变化，其结果如图 2.9 所示。

表 2.3 不同路面状况下 Burckhardt 轮胎模型各参数的典型值

路面	c_1	c_2	c_3
干沥青	1.28	23.99	0.52
湿沥青	0.857	33.82	0.35
干鹅卵石	1.371	6.46	0.67
湿鹅卵石	0.4	33.71	0.12
雪	0.195	94.13	0.06
冰	0.05	306.39	0

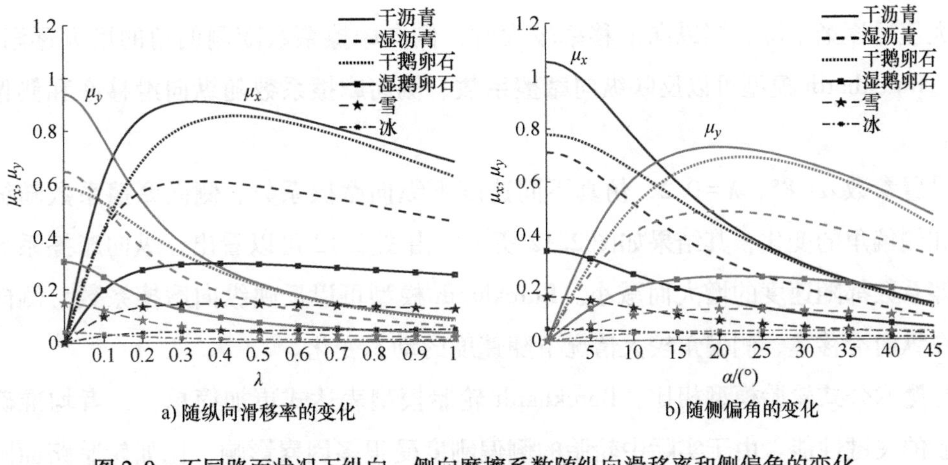

a) 随纵向滑移率的变化　　b) 随侧偏角的变化

图 2.9 不同路面状况下纵向、侧向摩擦系数随纵向滑移率和侧偏角的变化

由图 2.9 可以看出，不同路面状况下纵向摩擦系数和侧向摩擦系数不同，因此

Burckhardt 模型可以反映这二者在不同路面状况下的变化。

设置参数 $c_1=1.28$，$c_2=23.99$，$c_3=0.52$，利用仿真获得不同侧偏角下纵向摩擦系数随纵向滑移率的变化和不同纵向滑移率下侧向摩擦系数随侧偏角的变化，分别如图 2.10 和图 2.11 所示。

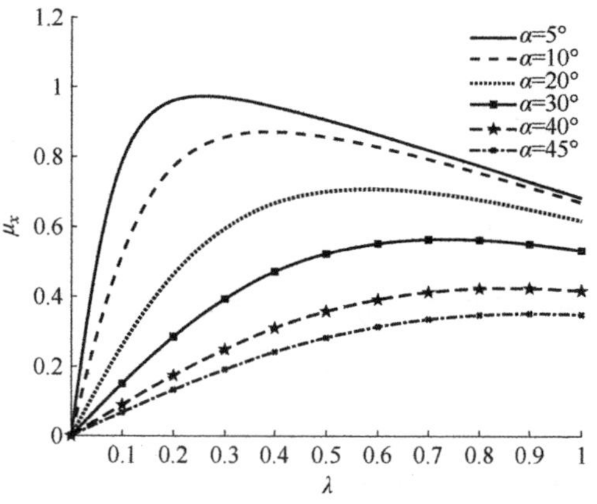

图 2.10 不同侧偏角下纵向摩擦系数随纵向滑移率的变化

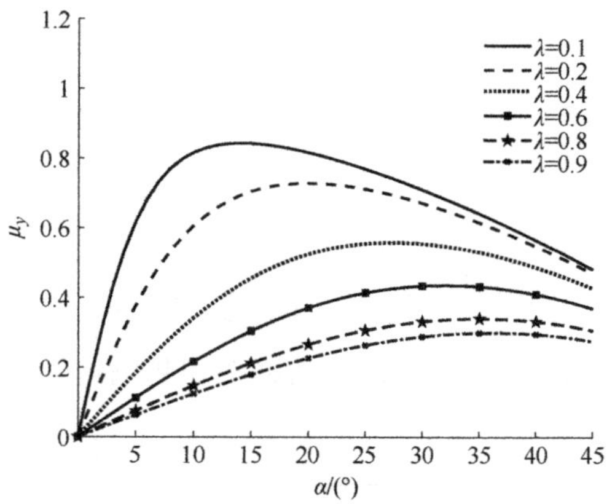

图 2.11 不同纵向滑移率下侧向摩擦系数随侧偏角的变化

由图 2.10 和图 2.11 可以看出，随着侧偏角增大，纵向摩擦系数逐渐减小；随着纵向滑移率增大，侧向摩擦系数逐渐减小，这与理论上纵向摩擦系数和侧向摩擦系数相互制约一致。图 2.10 显示，当侧偏角较小时，纵向摩擦系数随纵向滑移率的增大而增大，达到饱和后逐渐减小；当侧偏角较大时，纵向摩擦系数随纵向滑移率的增大逐渐增大。由图 2.11 可以看出，当纵向滑移率较小时，侧向摩擦系数随侧偏角的增大而增大，达到最大值后逐渐下降；当纵向滑移率较大时，侧向摩擦系数随侧偏角的增大逐渐增大。因此，Burckhardt 模型可以反映纵向摩擦系数、侧向摩擦系数随纵向滑移率和侧偏角的变化。

设置参数 $\alpha=8°$，$\lambda=0.2$，仿真不同速度下纵向摩擦系数、侧向摩擦系数随纵向滑移率和侧偏角的变化，其结果如图 2.12 所示。由图 2.12 可以看出，纵向摩擦系数和侧向摩擦系数都随速度的增大而减小。Burckhardt 模型可以反映纵向摩擦系数、侧向摩擦系数在纵向滑移率、侧偏角较大情况下随速度的动态变化。

与魔术公式轮胎模型相比，Burckhardt 轮胎模型表达式更加简单，二者均准确捕捉了轮胎的关键性能。由于实际中轮胎的侧偏刚度受很多因素影响，比如轮胎路面附着系数、轮胎垂直载荷、车轮纵向滑移、轮胎充气压力、轮胎磨损等，Burckhardt 轮胎模型并非在所有情况下都准确，但调教简单方便，可实现实时仿真。

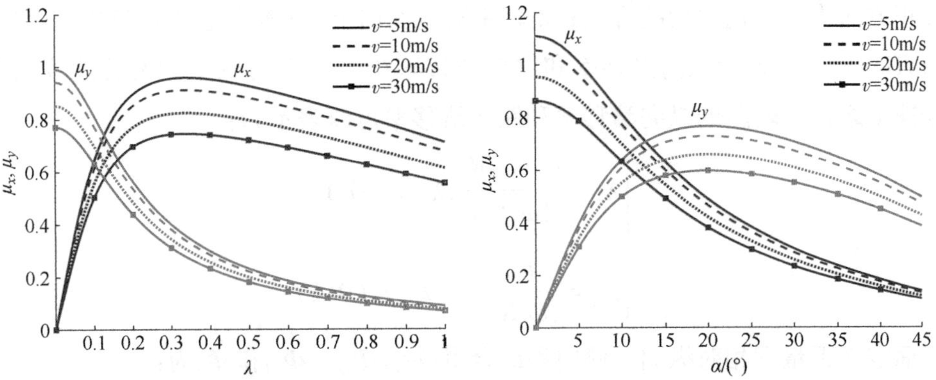

a) 随纵向滑移率的变化　　b) 随侧偏角的变化

图 2.12　不同速度下纵向摩擦系数、侧向摩擦系数随纵向滑移率和侧偏角的变化

2.1.4　纵滑-侧偏联合工况 UniTire 轮胎模型

统一半经验轮胎（UniTire）模型是一种适应强、精度高的半经验轮胎模型。该模型用于车辆动力学仿真和控制的非线性非稳态轮胎模型，能够准确描述轮胎在复杂工况下的力学特性。UniTire 模型以理论模型为基础，采用无量纲的表达形式，具有统一的滑移率定义、统一的无量纲印迹压力分布表达、统一的各向轮胎力无量纲建模、统一的各向摩擦系数表达、无量纲边界条件的统一满足、不同速度下轮胎模型的统一表达、稳态与非稳态特性的统一、侧倾/转偏作用与侧偏特性的统一。不仅能够对各种工况下的轮胎力学特性进行高精度的表达，还具有良好的外推能力和预测能力，能够对复合工况、不同路面和不同速度下的轮胎特性进行准确的预测。

UniTire 模型可描述纵滑-侧偏-侧倾-转偏全工况下的轮胎特性。其包含了轮胎侧倾和偏转的影响，以及轮胎松弛的概念。考虑因素充足使得 UniTire 轮胎模型精度很高，但使得结构过于复杂。考虑到轮胎侧偏、转偏、松弛特性对于轮胎力的影响较小，本书介绍简化后的 UniTire 轮胎模型，忽略次要影响因素，形成纵滑-侧偏联合工况下的 UniTire 轮胎模型，其具有高精度的表达能力。

为了统一地表示轮胎的纵向和侧向滑移率，UniTire 轮胎模型采用印迹接触过程（Contact Process，CP）坐标系，如图 2.13 所示。

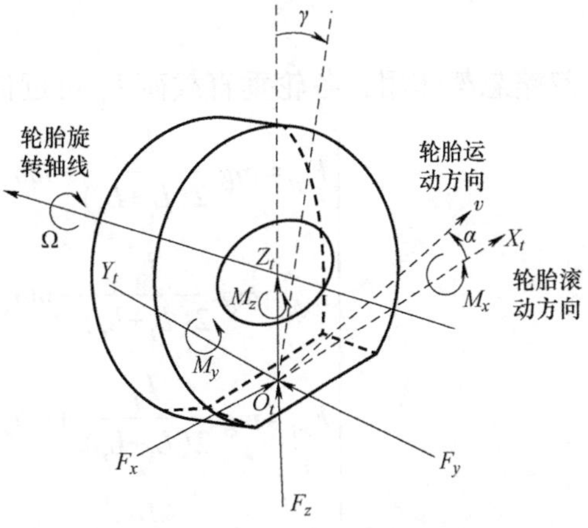

图 2.13　UniTire 轮胎印迹坐标系

其中，O_t为轮胎印迹坐标系原点，定义在接地印迹中心；X_t轴为车轮平面与地平面的交

线，其正方向为沿车轮滚动的方向；Z_t轴垂直地面向上；Y_t轴的正方向遵循右手定则。

UniTire 轮胎模型的纵向滑移率和侧向滑移率统一定义为轮胎的滑移速度与印记接触更新速度之比。轮胎的纵向滑移率和侧向滑移率可以表示为：

$$\begin{cases}\lambda_{xij}=\dfrac{v_{xij}-\omega_{ij}R_e}{|\omega_{ij}R_e|},\lambda_{xij}\in(0,1)\\ \lambda_{yij}=\dfrac{v_{yij}}{|\omega_{ij}R_e|},\quad \lambda_{yij}\in(0,1)\end{cases} \tag{2-19}$$

下面定义无量纲相对纵向、侧向和综合滑移率 Φ_{xij}、Φ_{yij}和 Φ_{ij}为：

$$\begin{cases}\Phi_{xij}=-\dfrac{C_{\lambda ij}\lambda_{xij}}{\mu_{xij}F_{zij}}\\ \Phi_{yij}=-\dfrac{C_i\lambda_{yij}}{\mu_{yij}F_{zij}}\\ \Phi_{xij}=\sqrt{\Phi_{xij}^2+\Phi_{yij}^2}\end{cases} \tag{2-20}$$

轮胎 ij 的纵向刚度系数刚度 $C_{\lambda ij}$和侧偏刚度 C_i为：

$$\begin{cases}C_{\lambda ij}=\dfrac{F_{zij}}{l_1+l_2F_{znij}+l_3F_{znij}^2}\\ C_i=\dfrac{F_{zij}}{s_3+s_4F_{znij}+s_5F_{znij}^2}\end{cases} \tag{2-21}$$

μ_{xij}和 μ_{yij}分别是轮胎接触印迹内的纵向摩擦系数和侧向摩擦系数：

$$\begin{cases}\mu_{xij}=l_4+l_5F_{znij}+l_6F_{znij}^2\\ \mu_{yij}=s_6+s_7F_{znij}+s_8F_{znij}^2\end{cases} \tag{2-22}$$

F_{znij}的计算公式为：

$$F_{znij}=\frac{F_{zij}}{F_{zij0}} \tag{2-23}$$

忽略悬架作用，各轮垂直载荷 F_{zij}可近似为：

$$\begin{cases}F_{zfl}=mg\dfrac{L_r}{2(L_f+L_r)}-ma_x\dfrac{h_{cg}}{2(L_f+L_r)}-\dfrac{K_{f\Phi}}{K_{f\Phi}+K_{r\Phi}}ma_y\dfrac{h_{cg}}{(L_f+L_r)/2}\\ F_{zfr}=mg\dfrac{L_r}{2(L_f+L_r)}-ma_x\dfrac{h_{cg}}{2(L_f+L_r)}+\dfrac{K_{f\Phi}}{K_{f\Phi}+K_{r\Phi}}ma_y\dfrac{h_{cg}}{(L_f+L_r)/2}\\ F_{zrl}=mg\dfrac{L_f}{2(L_f+L_r)}+ma_x\dfrac{h_{cg}}{2(L_f+L_r)}-\dfrac{K_{f\Phi}}{K_{f\Phi}+K_{r\Phi}}ma_y\dfrac{h_{cg}}{(L_f+L_r)/2}\\ F_{zrr}=mg\dfrac{L_f}{2(L_f+L_r)}+ma_x\dfrac{h_{cg}}{2(L_f+L_r)}+\dfrac{K_{f\Phi}}{K_{f\Phi}+K_{r\Phi}}ma_y\dfrac{h_{cg}}{(L_f+L_r)/2}\end{cases} \tag{2-24}$$

在简化的纵滑-侧偏联合工况下，轮胎 ij 所受的无量纲总切力 $\overline{F}_{ij}$定义为：

$$\overline{F}_{ij}=1-\mathrm{e}^{-\Phi_{ij}-E_{1ij}\Phi_{ij}^2-\left(E_{1ij}^2+\frac{1}{12}\right)\Phi_{ij}^3} \tag{2-25}$$

E_{1ij}是与轮胎特性相关的系数，随着垂直载荷变化，定义为：

$$E_{1ij}=\frac{1}{2+s_1^2\exp\left(-\frac{F_{znij}}{s_2^2}\right)} \tag{2-26}$$

在简化的纵滑-侧偏联合工况下，轮胎 ij 所受的无量纲纵向力 $\overline{F}_{xij}$和无量纲侧向力 $\overline{F}_{yij}$，通过无量纲滑移率按照比例进行分配，可表示为：

$$\begin{cases}\overline{F}_{xij}=\overline{F}_{ij}\dfrac{\Phi_{xij}}{\Phi_{ij}}\\[2ex]\overline{F}_{yij}=\overline{F}_{ij}\dfrac{\Phi_{yij}}{\Phi_{ij}}\end{cases} \tag{2-27}$$

将式（2-27）进行整理可得基于 UniTire 轮胎模型推导的轮胎 ij 所受的纵向力 F_{xij}和侧向力 F_{yij}：

$$\begin{cases}F_{xij}=\overline{F}_{xij}\mu_{xij}F_{zij}\\F_{yij}=\overline{F}_{yij}\mu_{yij}F_{zij}\end{cases} \tag{2-28}$$

为分析纵滑-侧偏联合工况 UniTire 轮胎模型特性，且方便与其他轮胎模型相对比，现给出侧向滑移率和侧偏角的转化关系。当车辆驱动时，侧向滑移率为

$$\lambda_{yij}=(1-\lambda_{xij})\tan\alpha_{ij} \tag{2-29}$$

当车辆制动时，侧向滑移率为

$$\lambda_{yij}=\tan\alpha_{ij} \tag{2-30}$$

设置 $F_{z0}=4.85\mathrm{kN}$，$s_1=14$，$s_2=0.08942$，$s_3=0.06$，$s_4=2.22\mathrm{e}^{-14}$，$s_5=2.22\mathrm{e}^{-14}$，$s_6=0.9364$，$s_7=-0.04069$，$s_8=-0.004589$，$l_1=-0.03494$，$l_2=-0.002908$，$l_3=-0.0009949$，$l_4=0.9459$，$l_5=-0.4241$，$l_6=-0.004653$，进行不同载荷下纵向力和侧向力随纵向滑移率和侧偏角变化的仿真验证，结果如图 2.14 所示。

由图 2.14 可以看出，随着载荷增加，纵向力和侧向力都逐渐增大，这与理论上载荷增大则摩擦力增大的结果一致。因此，纵滑-侧偏联合工况 UniTire 轮胎模型可以反映轮胎纵向力和侧向力随载荷的变化。设置 $F_z=4\mathrm{kN}$，其他参数同上，仿真不同侧偏角下纵向力随纵向滑移率的变化与不同纵向滑移率下侧向力随侧偏角的变化，其结果分别如图 2.15 和图 2.16 所示。

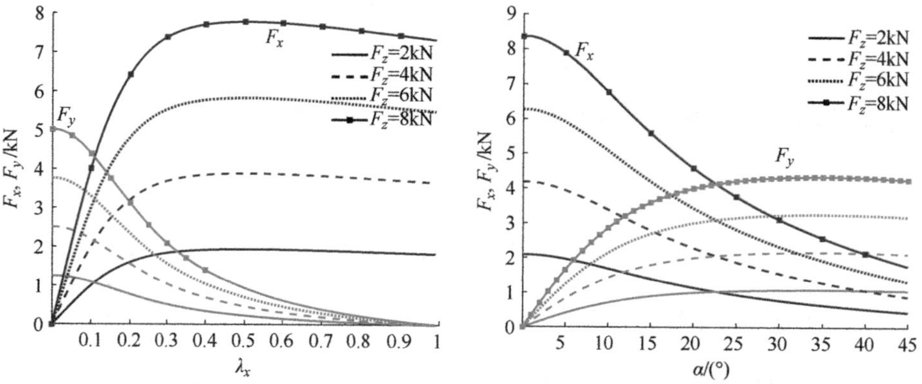

a) 随纵向滑移率的变化　　b) 随侧偏角的变化

图 2. 14　纵滑-侧偏联合工况 UniTire 轮胎模型不同载荷下的纵向力和侧向力

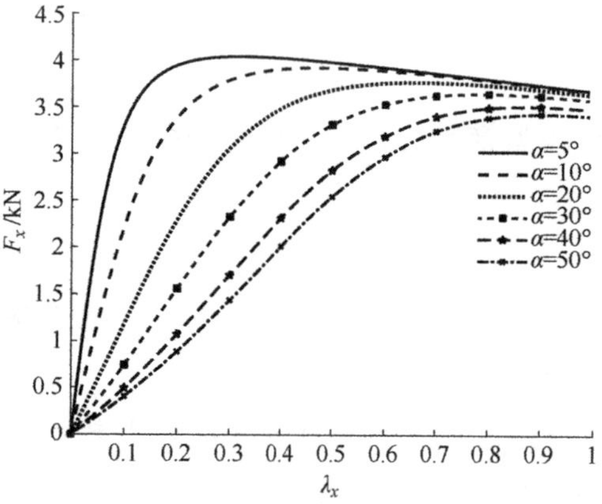

图 2. 15　纵滑-侧偏联合工况 UniTire 轮胎模型不同侧偏角下的纵向力

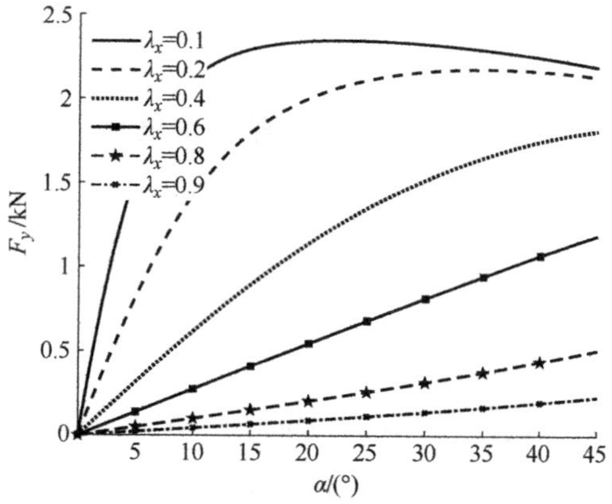

图 2. 16　纵滑-侧偏联合工况 UniTire 轮胎模型不同纵向滑移率下的侧向力

由图 2. 15 和图 2. 16 可以看出，随着侧偏角的增大，纵滑-侧偏联合工况 UniTire 轮胎模型计算出来的纵向力减小，随着纵向滑移率的增大，侧向力减小，与上述其他轮胎模型得到的结果相符合。因此，纵滑-侧偏联合工况 UniTire 模型可以反映纵向力与侧向力随纵向滑移率和侧偏角的变化。此外，依据上述参数，仿真不同速度下纵向力和侧向力随纵向滑移率和侧偏角的变化，结果如图 2. 17 所示。

由图 2. 17 可知，随着速度增加，纵向力和侧向力逐渐减小，与 Dugoff 轮胎模型得到的结果一致，因此纵滑-侧偏联合工况 UniTire 轮胎模型可以反映纵向滑移率和侧偏角较大情况下速度对纵向力与侧向力的影响。

综上所述，纵滑-侧偏联合工况 UniTire 模型形式简单，计算精度高，可用于轮胎纵向力和侧向力的求解，从而进行汽车控制系统的设计和仿真研究。

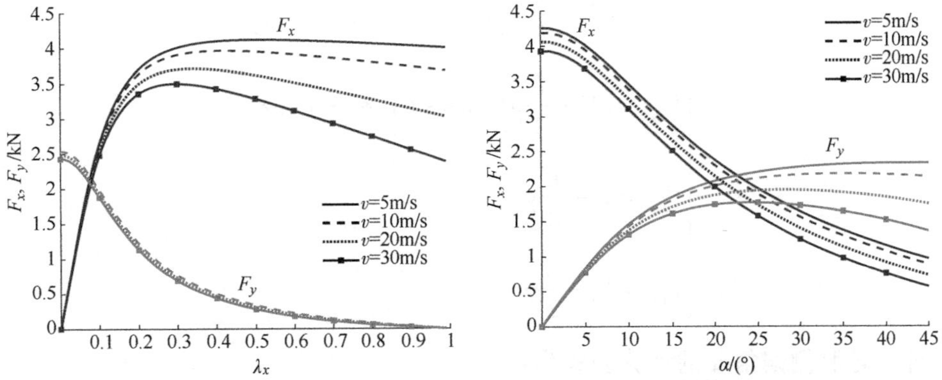

a) 随纵向滑移率的变化　　b) 随侧偏角的变化

图 2.17　纵滑-侧偏联合工况 UniTire 轮胎模型不同速度下的纵向力和侧向力

2.1.5　LuGre 轮胎模型

LuGre 轮胎模型是根据轮胎与路面接触变形的物理过程进行模拟分析和研究而建立的模型，该模型对轮胎与路面摩擦力产生机理给出了物理解释，并且能够精确描述轮胎摩擦环节的动态和静态特性。基于复合滑移 LuGre 轮胎模型的轮胎纵向力和轮胎侧向力具体计算形式如下：

$$\begin{cases} F_x(v_{rx},v_{ry})=\left(\dfrac{\sigma_{0x}}{\dfrac{\sigma_{0x}\|v_r\|}{\mu g(v_r)}+\kappa_x R_e|\omega|}+\sigma_{2x}\right)v_{rx}F_z \\ F_y(v_{rx},v_{ry})=\left(\dfrac{\sigma_{0y}}{\dfrac{\sigma_{0y}\|v_r\|}{\mu g(v_r)}+\kappa_y R_e|\omega|}+\sigma_{2y}\right)v_{ry}F_z \end{cases} \tag{2-31}$$

其中$\|v_r\|=\sqrt{v_{rx}^2+v_{ry}^2}$，$v_{rx}$和 v_{ry}分别是轮胎的相对纵向速度和相对侧向速度，分别表征轮胎的纵向和侧向滑移量，其计算也分别与轮胎的滑移率和侧偏角有关，具体计算如下：

$$v_{rx}=R_e\omega-V_{wx}=\lambda\max(R_e\omega,V_{wx}) \tag{2-32}$$

$$v_{ry}=V_{wx}\alpha \tag{2-33}$$

从式（2-32）可以看出，v_{rx}实则为计算轮胎滑移率时的分子部分，代表了轮胎的纵向滑移程度。利用车轮轮心的纵向速度 V_{wx}对侧纵向滑移量进行更准确地计算，对于各个车轮的轮心纵向速度计算公式如下：

$$\begin{cases} V_{wxfl}=\left(V_x-\dfrac{L}{2}\gamma\right)\cos\delta_f+(V_y+L_f\gamma)\sin\delta_f \\ V_{wxfr}=\left(V_x+\dfrac{L}{2}\gamma\right)\cos\delta_f+(V_y+L_f\gamma)\sin\delta_f \\ V_{wxrl}=V_x-\dfrac{L}{2}\gamma \\ V_{wxrr}=V_x+\dfrac{L}{2}\gamma \end{cases} \tag{2-34}$$

另外，轮胎侧偏角 α 的计算公式为：

$$\begin{cases} \alpha_{fj}=\delta_f-\arctan\dfrac{V_y+L_f\gamma}{V_x+k_j\gamma\dfrac{L}{2}} \\ \alpha_{rj}=-\arctan\dfrac{V_y-L_f\gamma}{V_x+k_j\gamma\dfrac{L}{2}} \end{cases} \tag{2-35}$$

其中 $j\in\{l,r\}$，l 代表前轮，r 代表后轮，$k_j\in\{k_l,k_r\}$，$k_l=1$，$k_r=-1$。在式（2-31）中，$g(v_r)$ 为关于轮胎侧纵向滑移的 Stribeck 方程，其具体计算形式如下：

$$g(v_r)=\mu_c+(\mu_s-\mu_c)\mathrm{e}^{-\left(\frac{\|v_r\|}{V_s}\right)^{0.5}} \tag{2-36}$$

将式（2-36）进行简化，按照轮胎驱动或制动情况分别计算如下：

$$g(v_r)=\begin{cases} C_1-\dfrac{C_2}{R_e\omega}v_{rx}-\dfrac{C_3V_x}{R_e\omega}\alpha, v_{rx}\geqslant 0 \\ C_1-\dfrac{C_2}{V_x}v_{rx}-\dfrac{C_3R_e\omega}{V_x}\alpha, v_{rx}<0 \end{cases} \tag{2-37}$$

对于式（2-31）轮胎力计算中的垂直载荷，其计算考虑了车辆纵向和侧向运动的动态载荷转移，具体形式为：

$$\begin{cases} F_{zfl}=m\left(\dfrac{L_rg-h_{cg}a_x}{L_f+L_r}\right)\left(\dfrac{1}{2}-\dfrac{h_{cg}a_y}{gL}\right) \\ F_{zfr}=m\left(\dfrac{L_rg-h_{cg}a_x}{L_f+L_r}\right)\left(\dfrac{1}{2}+\dfrac{h_{cg}a_y}{gL}\right) \\ F_{zrl}=m\left(\dfrac{L_fg-h_{cg}a_x}{L_f+L_r}\right)\left(\dfrac{1}{2}-\dfrac{h_{cg}a_y}{gL}\right) \\ F_{zrr}=m\left(\dfrac{L_fg-h_{cg}a_x}{L_f+L_r}\right)\left(\dfrac{1}{2}+\dfrac{h_{cg}a_y}{gL}\right) \end{cases} \tag{2-38}$$

综上，根据式（2-31）~式（2-38），轮胎的纵向力和侧向力可以基于车辆的状态实时计算，其中的轮胎及摩擦特性需要根据实车及轮胎测试数据进行辨识。

由式可知，LuGre 轮胎模型求解纵向力和侧向力时相互独立，因此 LuGre 轮胎模型不能正确描述轮胎在纵滑侧偏联合状况下的纵向力和侧向力变化，只能描述轮胎在纯纵滑或纯侧偏情况下的变化[8]。

为了分析 LuGre 轮胎模型特性，对不同情况下的纵向力进行仿真。设置 $\sigma_{0x}=280$，$\sigma_{2x}=0.01$，$\sigma_{0y}=280$，$\sigma_{2y}=0.001$，$\kappa_x=5.1$，$\kappa_y=8.3$，$C_1=1.6$，$C_2=1.08$，$C_3=0.25$，$V_x=10\text{m/s}$，$F_z=4\text{kN}$，仿真不同路面附着系数状况下纵向力随纵向滑移率和侧向力随侧偏角的变化，结果如图 2.18 所示。

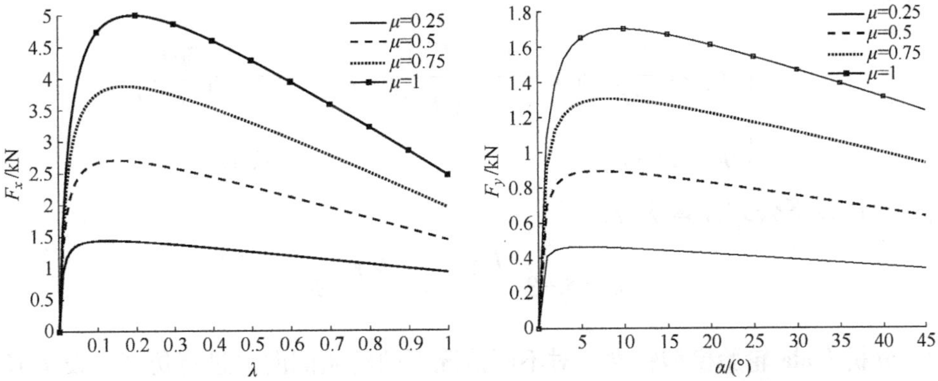

a) 随纵向滑移率的变化　　b) 随侧偏角的变化

图 2.18　LuGre 轮胎模型不同路面摩擦状况下的纵向力和侧向力

由图 2.18 可知，随着路面附着系数增加，轮胎纵向力和侧向力增加。维持其他参数相同的情况下，设置 $\mu=1$，仿真不同载荷情况下纵向力随纵向滑移率和侧向力随侧偏角的变化，结果如图 2.19 所示。结果显示，随着载荷增加，轮胎纵向力和侧向力增加，与 Dugoff 轮胎模型相同。

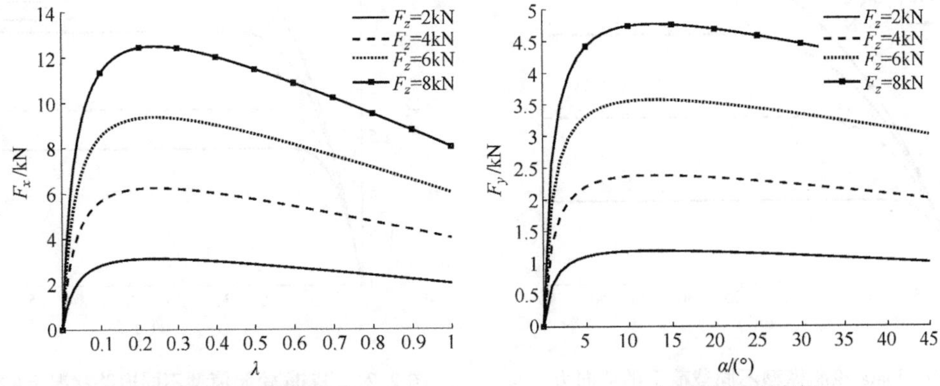

a) 随纵向滑移率的变化　　b) 随侧偏角的变化

图 2.19　LuGre 轮胎模型不同载荷状况下的纵向力及侧向力

LuGre 模型可用于纯纵滑工况的纵向力求解、纯侧偏工况的侧向力求解。但由于 LuGre 模型参数太多，难以进行实时估计，因此也难以用于汽车控制系统的设计，目前的文献在基于 LuGre 模型进行路面摩擦状况估计仿真时，都是在假定参数已知情况下进行，对于实际的汽车控制系统，每个参数都是特定的，需要根据需要进行估计，并且估计的参数也难以保证是唯一解，因此仿真结果很难应用于实际控制系统中。

2.1.6 Fiala 轮胎模型

Fiala 轮胎模型是一种对侧向力进行描述的高精度非线性轮胎模型，将轮胎侧偏角当作中间变量来计算侧向力。当侧偏角较小时，可以近似得到 $\tan\alpha\approx\alpha$，简化后的 Fiala 模型如下所示：

$$F_y=\begin{cases}-C_\alpha\alpha+\dfrac{C_\alpha^2}{3\mu F_z}|\alpha|\alpha-\dfrac{1}{3}\dfrac{C_\alpha^3}{(3\mu F_z)^2}\alpha^3, & |\alpha|<\arctan\left(\dfrac{3\mu F_z}{C_\alpha}\right)\\ -\mu F_z\mathrm{sgn}\alpha, & \text{其他}\end{cases}\tag{2-39}$$

侧偏角 α 可由以下公式计算获得：

$$\alpha_f=\delta_f-\beta-\frac{L_f\gamma}{V_x},\quad \alpha_r=\frac{L_f\gamma}{V_x}-\beta$$

为了分析 Fiala 轮胎模型特性，对不同情况下的轮胎侧向力进行仿真。设置 $C_\alpha=30$，$\mu=0.85$ 仿真不同载荷状况下侧向力随侧偏角的变化，结果如图 2.20 所示。结果显示，载荷越大，相同侧偏角计算出的侧向力越大。设置 $C_\alpha=30$，$F_z=4\text{kN}$，仿真不同道路状况下侧向力随侧偏角的变化，结果如图 2.21 所示。路面附着系数越大，侧向力越大，符合轮胎特性。

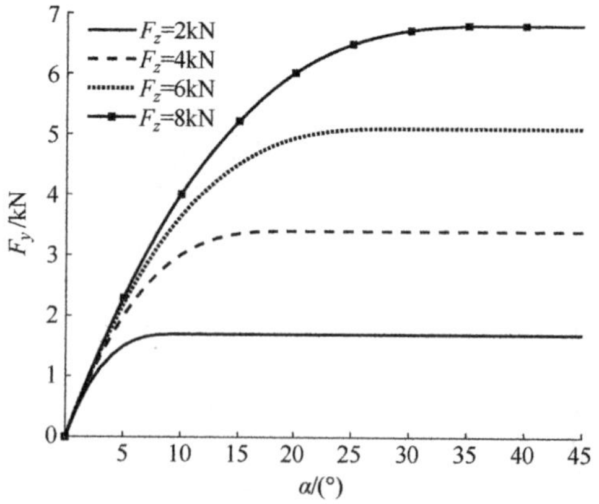

图 2.20 Fiala 轮胎模型不同载荷下的侧向力

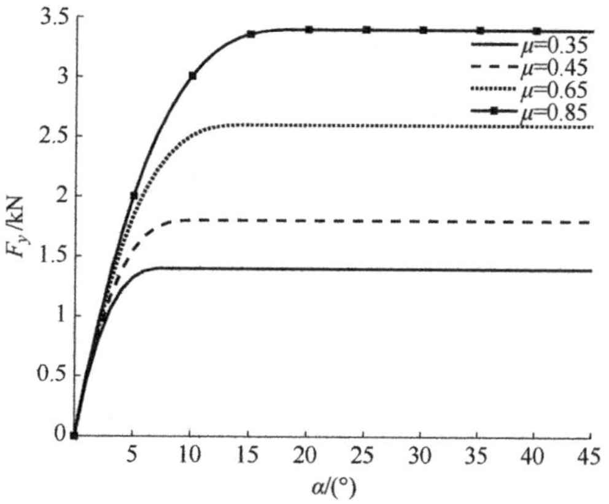

图 2.21 Fiala 轮胎模型不同道路状况下的侧向力

2.2　车辆动力学模型

车辆动力学模型是用来描述和分析车辆在不同行驶条件下的运动特性和行为表现的数学模型。其不仅考虑了车辆的多个自由度和力矩，包括纵向、侧向、垂向和横摆运动，还考虑了车辆受到的各种力，如驱动力、制动力、滚动阻力、侧风力等。随着汽车工业的发展以及对车辆领域研究的深入，人们对车辆动力学的研究也从一开始建立线性的少自由度的模型逐渐发展到应用领域更广泛、更准确地描述车辆真实运动状态的非线性多自由度模型，模型复杂程度的增加使得所建立的模型能够体现车辆的综合性能。自1920年前后美国通用的 Maurice Olley 等研究学者因提出了汽车侧向动力学中不足转向、中性转向和过多转向等概念从而建立了操纵动力学的基础理论开始，二自由度车辆动力学模型、三自由度车辆动力学模型乃至更高自由度的车辆动力学模型相继被提出，并且在学术领域和实际生产中都获得了广泛应用。在本节中，先后给出了车辆的二自由度车辆动力学模型、三自由度车辆动力学模型、七自由度车辆动力学模型、八自由度车辆动力学模型和四轮轮毂驱动电动汽车动力学模型，用于后续章节的控制器设计。

2.2.1　二自由度车辆动力学模型

二自由度车辆模型又称“自行车模型”，只考虑了横摆和侧向两个自由度，忽略了悬架及侧倾的影响，存在以下假设：

1）忽略空气阻力。

2）忽略轮胎特性中由于垂向载荷而引起的变化。

3）不考虑转向系统的影响，前轮转角、后轮转角直接作为系统输入。

4）不考虑车辆在 Z 轴上的垂直位移、绕 Y 轴的俯仰运动和绕 X 轴的侧倾运动，假定车辆只做平行于地面的平面运动。

根据以上简化条件，建立二自由度车辆模型，如图 2.22 所示。根据牛顿第二定律以及力矩平衡原理对车辆运动学方程进行推导，得到车辆沿 y 轴方向的外力合力以及绕质心的力矩和：

$$\begin{cases}\sum F_y = F_{yf}\cos\delta_f + F_{yr} \\ \sum M_z = L_f F_{yf}\cos\delta_f - L_r F_{yr}\end{cases} \tag{2-40}$$

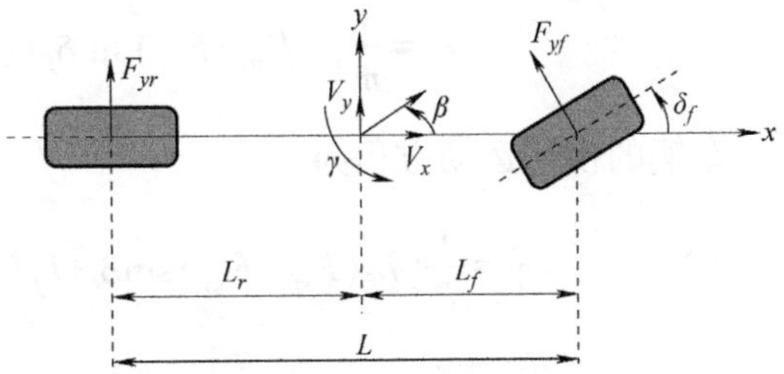

图 2.22　二自由度车辆模型

考虑到前轮转角 δ_f较小，即 $\cos\delta_f=1$，式（2-40）可写作

$$\begin{cases}\sum F_y=F_{yf}+F_{yr}\\ \sum M_z=L_fF_{yf}-L_rF_{yr}\end{cases} \tag{2-41}$$

故二自由度车辆运动微分方程可以表示为

$$\begin{cases}F_{yf}+F_{yr}=mV_x(\dot{\beta}+\gamma)\\ L_fF_{yf}-L_rF_{yr}=I_z\dot{\gamma}\end{cases} \tag{2-42}$$

2.2.2 三自由度车辆动力学模型

为了更好地估计出纵向速度和侧向速度，在具有横摆和侧向的两自由度模型上加入纵向自由度，将模型变为三自由度的车辆模型，如图 2.23 所示。固定在车辆上的一个 xoy 坐标系原点与车辆重心重合，x 轴为车辆纵轴（正向为正），y 轴为车辆侧轴（从右向左为正），忽略了车辆的侧倾、俯仰、垂直运动、悬架系统以及空气动力学的影响。

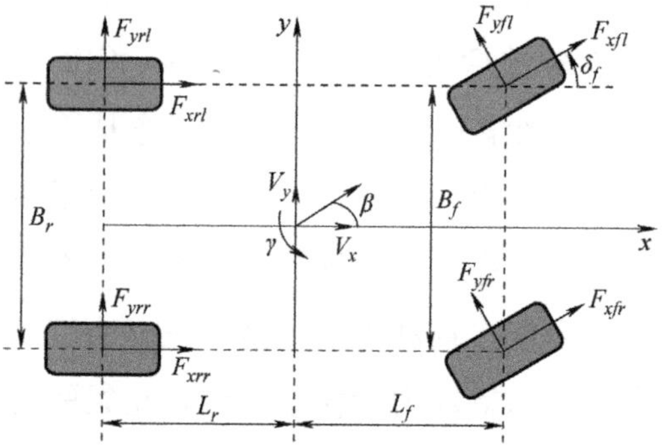

图 2.23 三自由度车辆模型

通过分析三自由度汽车模型的动力学特性，将车身动力学方程描述为

$$\dot{V}_x=a_x+V_y\gamma \tag{2-43}$$

$$\dot{V}_y=a_y-V_x\gamma \tag{2-44}$$

$$\dot{\gamma}=M_z/I_z \tag{2-45}$$

根据车辆行驶过程中质心处力平衡，可以推导出车辆的纵向运动方程为

$$a_x=\frac{1}{m}[(F_{xfl}+F_{xfr})\cos\delta_f-(F_{yfl}+F_{yfr})\sin\delta_f+F_{xrl}+F_{xrr}] \tag{2-46}$$

车辆的侧向运动方程为

$$a_y=\frac{1}{m}[(F_{xfl}+F_{xfr})\sin\delta_f+(F_{yfl}+F_{yfr})\cos\delta_f+F_{yrl}+F_{yrr}] \tag{2-47}$$

车辆的横摆运动方程为

$$\begin{aligned}\dot{\gamma}=\frac{1}{I_z}[&L_f(F_{xfl}+F_{xfr})\sin\delta_f+L_f(F_{yfl}+F_{yfr})\cos\delta_f-L_r(F_{yrl}+F_{yrr})-\\ &\frac{d}{2}(F_{xfl}-F_{xfr})\cos\delta_f+\frac{d}{2}(F_{yfl}-F_{yfr})\sin\delta_f-\frac{d}{2}(F_{xrl}-F_{xrr})]\end{aligned} \tag{2-48}$$

2.2.3　七自由度车辆动力学模型

七自由度车辆运动学模型用来表征车辆的纵向运动、侧向运动、横摆运动以及四个车轮的转动，其模型示意图如图 2.24 所示。

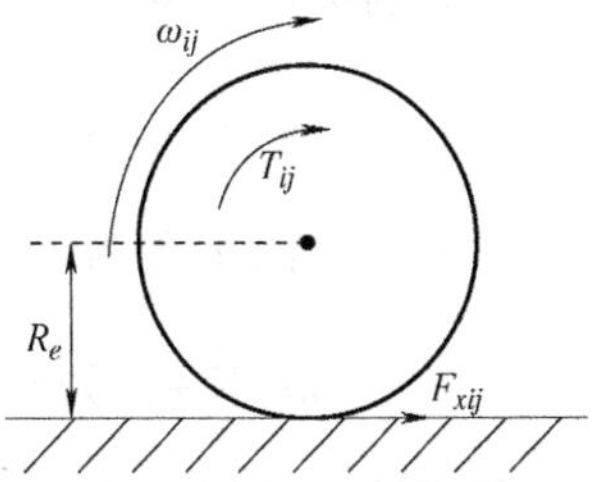

图 2.24　车轮转动模型

根据车辆行驶过程中质心处力平衡，可以推导出车辆的纵向运动方程为

$$a_x=\frac{1}{m}[(F_{xfl}+F_{xfr})\cos\delta_f-(F_{yfl}+F_{yfr})\sin\delta_f+F_{xrl}+F_{xrr}] \tag{2-49}$$

车辆的侧向运动方程为

$$a_y=\frac{1}{m}[(F_{xfl}+F_{xfr})\sin\delta_f+(F_{yfl}+F_{yfr})\cos\delta_f+F_{yrl}+F_{yrr}] \tag{2-50}$$

车辆的横摆运动方程为

$$\begin{aligned}\dot{\gamma}=\frac{1}{I_z}[&L_f(F_{xfl}+F_{xfr})\sin\delta_f+L_f(F_{yfl}+F_{yfr})\cos\delta_f-L_r(F_{yrl}+F_{yrr})-\\&\frac{d}{2}(F_{xfl}-F_{xfr})\cos\delta_f+\frac{d}{2}(F_{yfl}-F_{yfr})\sin\delta_f-\frac{d}{2}(F_{xrl}-F_{xrr})]\end{aligned} \tag{2-51}$$

车轮转动方程为

$$I_\omega\dot{\omega}_{ij}=-F_{xij}R_e+T_{ij},(ij=fl、fr、rl、rr) \tag{2-52}$$

2.2.4　八自由度车辆动力学模型

八自由度车辆模型在上述七自由度车辆模型的基础上加入侧倾运动，即包含纵向运动、侧向运动、横摆运动、侧倾运动和四个车轮的转动，其动力学模型如图 2.25 所示。

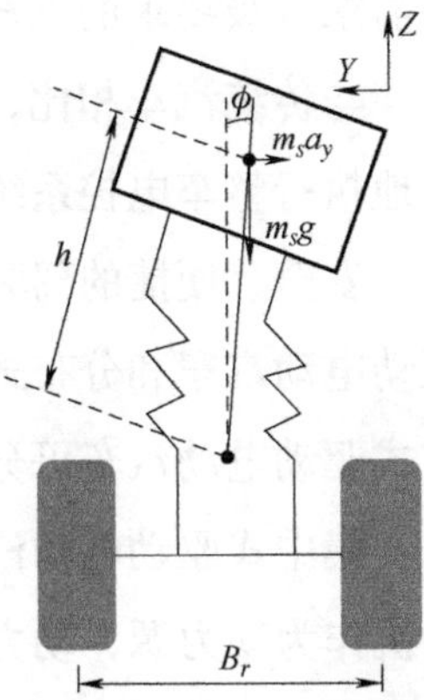

图 2.25　车辆侧倾运动模型

对车辆模型做如下假设：

1）假设路面相对光滑，不存在车辆在垂直方向上的垂直运动和俯仰运动。

2）假定在车辆上的运动坐标系原点与车辆的质心重合。

3）忽略轮胎运动过程中的滚动阻力和空气阻力。

4）假设每个轮胎具有相同的力学特性。

5）在转向过程中，假定同一轴上的轮胎角度相同。

车辆的纵向运动为

$$m(\dot{V}_x - V_y\gamma) = (F_{xfl}+F_{xfr})\cos\delta_f - (F_{yfl}+F_{yfr})\sin\delta_f + F_{xrl} + F_{xrr} + m_s h_s \ddot{\phi} \tag{2-53}$$

车辆的侧向运动为

$$m(\dot{V}_y + V_x\gamma) = (F_{xfl}+F_{xfr})\sin\delta_f + (F_{yfl}+F_{yfr})\cos\delta_f + F_{yrl} + F_{yrr} - m_s h_s \dot{\phi}\gamma \tag{2-54}$$

车辆的横摆运动为

$$\begin{aligned} I_z\dot{\gamma} = & I_{xz}\dot{\phi} + L_f(F_{xfl}+F_{xfr})\sin\delta_f + L_f(F_{yfl}+F_{yfr})\cos\delta_f - L_r(F_{yrl}+F_{yrr}) - \\ & \frac{d}{2}(F_{xfl}-F_{xfr})\cos\delta_f + \frac{d}{2}(F_{yfl}-F_{yfr})\sin\delta_f - \frac{d}{2}(F_{xrl}-F_{xrr}) \end{aligned} \tag{2-55}$$

车辆的侧倾运动为

$$I_x\ddot{\phi} = -K_\phi\phi - C_\phi\phi + m_s g h_s \sin\delta_f + m_s h_s(\dot{V}_y + V_x\gamma) \tag{2-56}$$

车辆的车轮转动为

$$I_\omega \dot{\omega}_{ij} = -F_{xij}R_e + T_{ij}, (ij = fl、fr、rl、rr) \tag{2-57}$$

2.2.5 四轮轮毂驱动电动汽车动力学模型

随着内燃机汽车大规模普及，能源安全、大气污染、气候变化等问题日益突出，迫切要求动力系统加速向清洁低碳化方向转型升级。在这种大背景下，汽车动力系统产品结构逐步由传统内燃机占绝对主导的格局，进入诸多技术并存的动力多元化时代；新能源汽车逐步成为汽车市场主流产品，而纯电动汽车成为低碳化发展的主线。同时，安全、高效、便捷、经济、绿色出行逐渐成为人们消费需求升级的主要方向，开发满足消费需求升级要求的汽车产品成为纯电动技术发展的关键要求。

与传统汽车相比，纯电动汽车动力系统采用电机作为动力源，能够快速、精确、稳定地执行整车电控系统控制指令，实现更优的性能与安全目标，从而给用户带来更加舒适、安全、便捷的驾驶体验。纯电动汽车根据动力系统布置形式的差异，可分为集中式驱动电动汽车和分布式驱动电动汽车两种类型；根据动力系统电机布置位置的不同，分布式驱动电动汽车可分为轮边驱动电动汽车和轮毂驱动电动汽车两种类型。

集中式驱动电动汽车，如图 2.26a 和 b 所示，动力系统采用单电机或双电机取代发动机作为动力源，动力通过减速器、差速器、传动轴等传动装置传递到车轮上。由于动力传递链路较长，系统传动效率降低，且传动链路存在共振风险。

如图 2.26c 所示，轮边驱动电动汽车动力系统电机布置在车轮外部，通过电机输出轴联结减速器驱动车轮运动，对整车空间布置有较高要求。由于簧下质量较高，影响舒

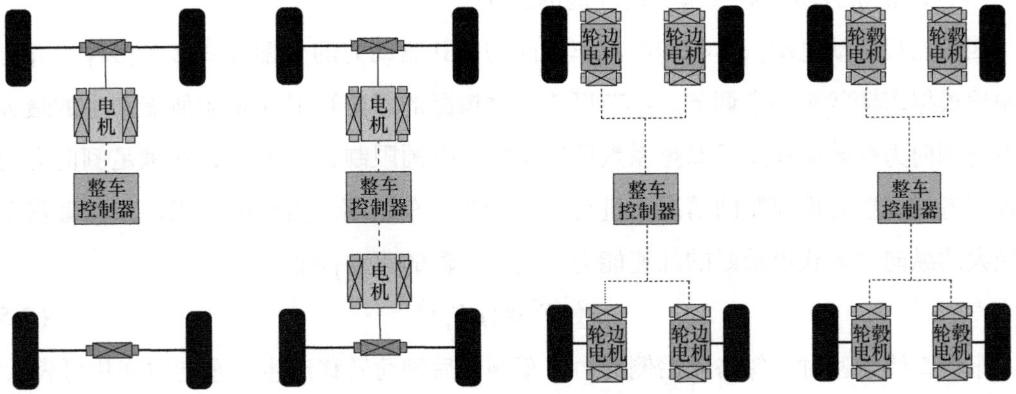

a) 集中式两驱　b) 集中式四驱　c) 轮边驱动　d) 轮毂驱动

图 2.26　纯电动汽车动力系统构型分类

适性，目前轮边电机在客车上应用较多。

轮毂驱动电动汽车，如图 2.26d 和图 2.27 所示，动力系统驱动电机安装在车轮内部，动力直接作用于车轮，动力传递路径短，传递效率更高；缩短传动链可更好地避免传动链共振。由于车辆前机舱内部没有动力源机械系统，可以有效地进行储物、乘员空间拓展（应用轮毂电机可将前悬占车长比例降低 5%），对于小型乘用车来说，这个优势尤其明显和重要。由于动力总成布置位置下降，整车重心高度降低，车辆的稳定性更好。轮毂驱动电动汽车由于没有半轴的约束，能够实现 U 形转向、90°停车等独特功能，进而增加整车的商品竞争力。

a) 轮毂电机底盘平台总成　b) 轮毂电机与底盘集成结构

图 2.27　轮毂驱动电动汽车

相比于传统燃油车和集中式驱动电动汽车，四轮轮毂驱动电动汽车具有车轮端转矩独立可控，以及执行端轮毂电机转矩、转速响应更准确、更快的优势，因此对于提升整车经济性、稳定性有更高的潜力，成为行业研究的热点[9]。下面将从机理上分析四轮轮毂驱动电动汽车转矩优化分配对汽车驱动性能、操纵稳定性以及经济性的提升效果。

（1）四轮轮毂驱动对汽车驱动性能的影响

四轮轮毂驱动电动汽车与传统汽车不同的是其驱动力的分配方式多种多样，并可以方便地根据车辆状态动态调节。本节以轮胎摩擦圆的理论知识（轮胎所能产生的最大纵向力与侧向力受载荷和路面摩擦系数所决定的摩擦圆限制）为基础，在满足侧向力的要求且不考虑横摆力矩控制的情况下进行前后轴四个车轮驱动力分配，以此来保证汽车拥有最大的纵向力来获得最好的加速能力，提高车辆的驱动性能。

$$F_x^2+F_y^2 \leqslant (\mu F_z)^2 \tag{2-58}$$

车辆直线加速时，忽略轮胎侧向力，车辆前后轴荷转移产生的垂向力变化可表示为

$$\Delta F_z=(F_{x,f}+F_{x,r})\frac{h_{cg}}{L} \tag{2-59}$$

直线加速时，车辆前、后轮分别达到附着极限时的运动方程为

$$\begin{cases} {F_{x,f}}^2=[\mu(F_{z,f}-\Delta F_z)]^2 \\ {F_{x,r}}^2=[\mu(F_{z,r}+\Delta F_z)]^2 \end{cases} \tag{2-60}$$

将式（2-59）代入式（2-60）可以得到在已知μ的情况下，四轮轮毂电动汽车在前后轴分别先达到附着极限时的驱动力分配关系：

$$F_{x,r}=f_1(\mu,F_{x,f}) \tag{2-61}$$

$$F_{x,r}=f_2(\mu,F_{x,f}) \tag{2-62}$$

式（2-61）是前轴达到附着极限前轴和后轴的驱动力分配关系，式（2-62）是后轴达到附着极限的前轴和后轴的驱动力分配关系，将μ代入式（2-61）和式（2-62）得到车辆前后轴在不同路面附着系数下分别达到附着极限时的驱动力分配曲线，连接曲线的交点得到理想的前后轴驱动力分配关系曲线，如图 2.28 所示。

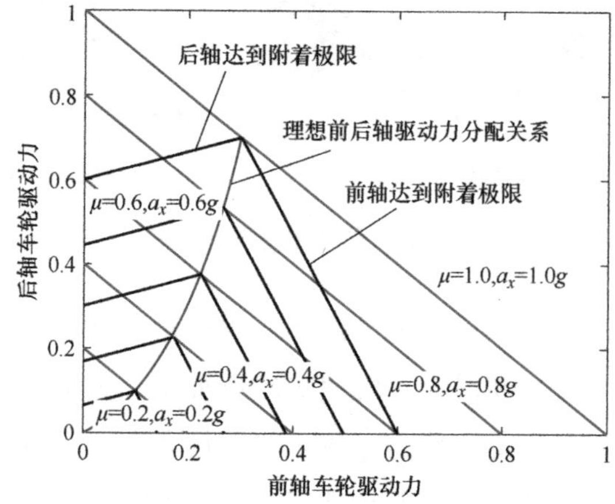

图 2.28　不同路面附着系数下的理想前后轴驱动力关系曲线

图 2.28 中红色曲线为不同路面附着条件下最佳的前后轴驱动力分配关系，可使前后轴同时达到滑转工况点。如红色曲线所示，随着路面附着的增加，趋向于使后轴获得更大的驱动力分配比。这为四轮轮毂驱动电动汽车改善纵向驱动性能提供了思路：在不同的路面附着系数下根据理想驱动力分配关系来动态调整前后轴的驱动力分配比例，从而提高车辆的驱动性能。

（2）四轮轮毂驱动对汽车经济性的影响

四轮轮毂驱动电动汽车转矩优化分配直接影响驱动系统效率与损耗，如何合理分配纵向驱动力，实现驱动系统效率最优，是提升整车经济性的重要手段。文献［10］根据轮毂电机、轮边电机和减速器的效率场分布特性，提出前后轮间转矩分配的优化控制策略，以提高驱动系统综合效率，从而实现降低行驶能耗，增加续驶里程的目的。文献［11］基于电机驱动效率特性提出了转矩节能优化分配算法，相比于后轴驱动和平均分配整车能耗效率有所提高。文献［12］采用效率最大化方法优化确定了转矩分配系数矩阵作为最优转矩分配控制策略核心，提高了四轮驱动电动车的能效。综上所述，以上转矩分配方法研究成果都以电机工作在驱动效率尽可能高的点为控制目标，使得四轮轮毂驱动电动汽车的经济性有所改善，这说明了在汽车实际行驶的过程中，以提升驱动系统效率为目标，合理地进行四轮轮毂转矩分配，有利于降低整车电耗。

同时，由于本节所使用的轮毂电机为永磁同步电机，如图 2.29 所示，轮毂电机在随转过程中存在随转损耗并且损耗随转速升高而逐渐提高，因此在进行转矩优化分配时，应尽量避免单轴随转的分配方法，降低转矩分配对整车经济性的影响。

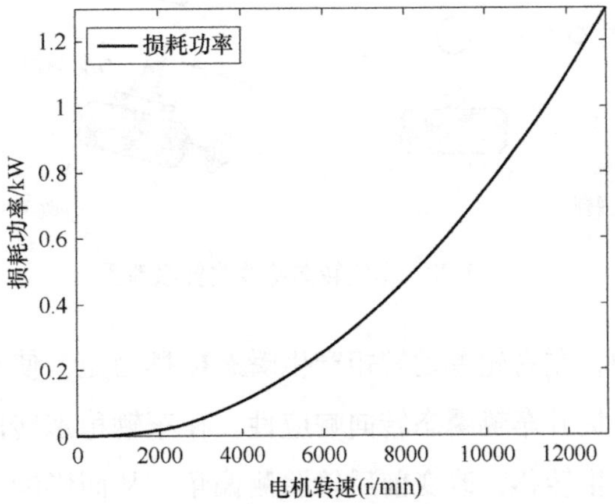

图 2.29　电机随转损耗功率

此外，在进行转矩优化分配算法开发时，如果单纯考虑经济性最优的驱动力分配，在低附加速工况或强牵引力坡起加速工况，容易使得单轮率先接近路面附着极限，导致频繁触发驱动防滑功能或ABS功能而影响整车的驱动性能和舒适性；而单纯考虑稳定性转矩优化分配算法，在高车速加速度等稳定驱动工况下，会因为驱动系统长期未工作在最佳效率区间内，导致整车电耗加大，续驶里程缩短，因此在进行转矩优化分配方法设计时要兼顾经济性与稳定性，同时制定合理的切换时机，实现不同优化模式间的平滑过渡。

（3）四轮轮毂驱动对汽车操纵稳定性的影响

相比于配置分动器、转矩矢量差速器等部件的传统四驱汽车，由于四轮轮毂驱动电动汽车转矩控制范围更大、转矩控制精度和响应性更好，因而车辆稳定性提升效果更好。通过优化四轮轮毂纵向驱动力分配，可有效提高路面附着条件的利用程度，提升车辆的纵向驱动稳定性；通过优化四轮轮毂驱动力分配，便于实现更精准的转矩矢量控制，有效提升车辆转向的操纵稳定性；同时，通过优化四轮轮毂驱动力分配，快速精确地消除车辆过度滑转，有效改善极限失稳工况下车辆纵向驱动稳定性。

如图2.30所示，四轮轮毂驱动电动汽车可通过单独控制车轮驱动转矩或制动转矩来产生直接横摆力矩，改善整车的转向响应性和稳定性[13]。与传统ESC等控制功能相比，通过四轮轮毂驱动力分配实现的直接横摆力矩控制功能，不但可以避免车轮抱死或打滑，还不会损失车辆的动力性；不仅扩展了对车辆操纵稳定性控制的作用区域，对轮胎非线性区的操纵稳定性能也具有明显的改善作用。具体分析为：

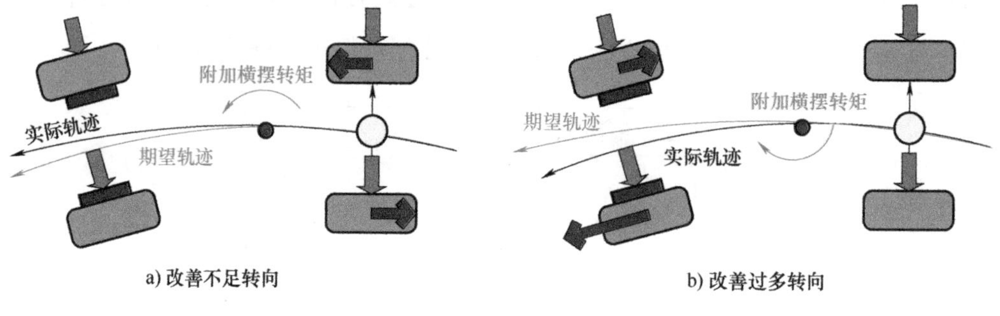

图2.30　车辆转向特性改善原理图

在车辆瞬态转向中，左右轮差动转矩产生瞬态横摆力矩，使车辆横摆角速度迅速响应驾驶员的转向操作，提升车辆瞬态转向响应性。在车辆稳态转向中，左右轮差动转矩使车辆前后轴侧向力发生转移，改变前后轮胎侧偏角，从而影响车辆稳态转向特性。在车辆加速转向中，当前轴出现侧向力能力不足时，通过差动转矩分配降低前轴侧向力需求，在改善不足转向特性的同时，提升车辆加速过弯能力。在车辆紧急转向避障中，驾驶员反转向操作导致后轴出现侧向力不足和车辆侧滑甩尾现象，通过左右轮转矩分配，可降低后轴侧向力需求，减少后轴侧偏角，同时产生抑制车辆侧滑的附加横摆力矩，从而改善车辆过多转向特性，实现稳定过弯行驶。作用于前轴左右侧车轮的电机转矩差，不仅可使车身产生附加横摆力矩，还会对驾驶员转向盘手力和车辆转向回正性能产生影响。车辆转向时，当前轴左右轮转矩差产生的附加横摆力矩与转向方向一致时，可明显降低驾驶员转向盘操舵力，同时有利于车辆转向；当前轴左右轮转矩差产生的附加横摆力矩与转向方向相反时，可增加驾驶员转向盘操舵力，同时不利于车辆转向，严重影响车辆的转向轻便和转向回正等性能；因此四轮轮毂驱动力分配需要考虑对车辆转向轻便性和回正性的影响。

通过以上分析可知，通过四轮轮毂驱动力分配可以从车辆转向性和弯道行驶方向保持性以及弯道行驶动态稳定性三个方面有效改善整车操稳性能。四轮轮毂驱动汽车作被控对象时控制框图如图 2.31 所示，控制量常为 $\boldsymbol{u}=[\Delta T_{fl}\quad \Delta T_{fr}\quad \Delta T_{rl}\quad \Delta T_{rr}]^{\mathrm{T}}$。

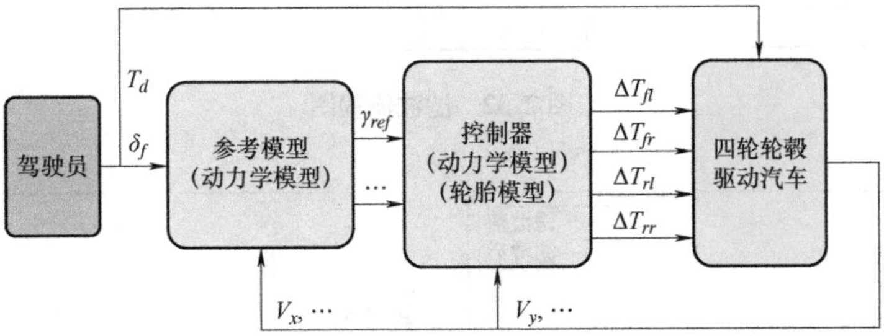

图 2.31 四轮轮毂驱动汽车控制器框图

2.3 整车模型实车数据验证

针对上述提出的车辆动力学模型和轮胎模型，本节以七自由度动力学模型和 Burckhardt 轮胎模型为例进行实车数据模型验证，验证工况为匀速双移线、滑行双移线、直线制动和对接制动。首先说明数据处理过程，该过程包含解决零漂问题和数据滤波，其次通过实车数据辨识出 Burckhardt 轮胎模型的模型参数，最后通过实车数据验证了七自由度动力学模型和 Burckhardt 轮胎模型的有效性。上述其余模型的验证过程在本书中不作阐述。

2.3.1 数据信号处理

采集实车数据后对其进行数据处理，对其完整性和合理性做出判断，观察其中是否存在 NaN、零漂等现象的存在。惯导采集侧向数据和 CAN 总线采集方向盘转角时容易出现零漂的问题，因此对侧向速度、横摆角速度、方向盘转角进行了归 0 操作，即将每一组数据减去第一个初值。随后，针对惯导所采集数据波动性大、噪声多、不利于辨识的问题，采用巴特沃斯低通滤波器进行滤波。首先设置截止频率，决定保留的最小频率，其次确定阶数，与截止频率相对应，截止频率越大阶数越大，最后由于巴特沃斯低通滤波器会导致相位差，因此对滤除后的数据进行相位的平移。通过对数据的观察，发现侧向加速度、横摆角速度、侧向速度、纵向加速度波动较大影响后续结果，因此对这四个量进行滤波，其流程如图 2. 32 所示。滤波前后的效果对比图如图 2. 33 和图 2. 34 所示。

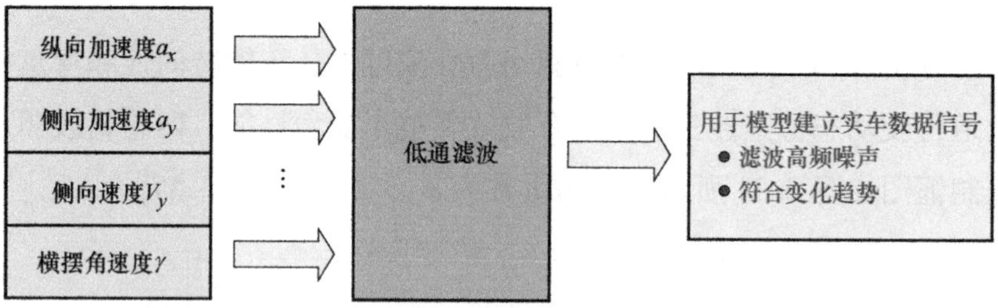

图 2. 32　滤波流程图

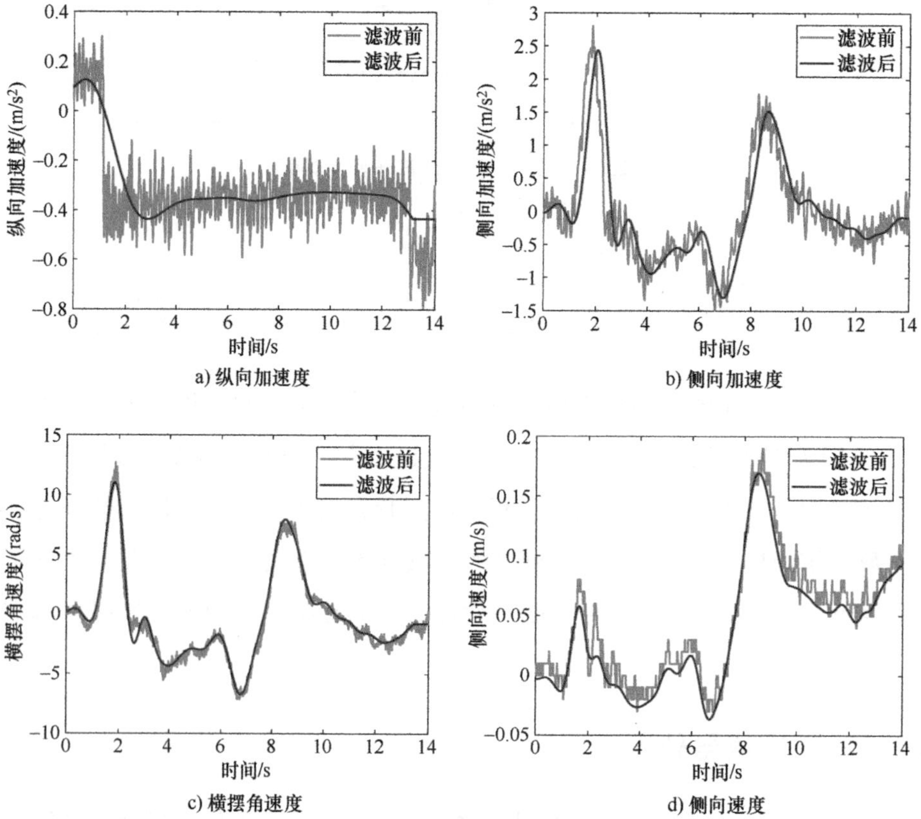

图 2. 33　50km/h 压实雪面滑行双移线滤波效果对比图

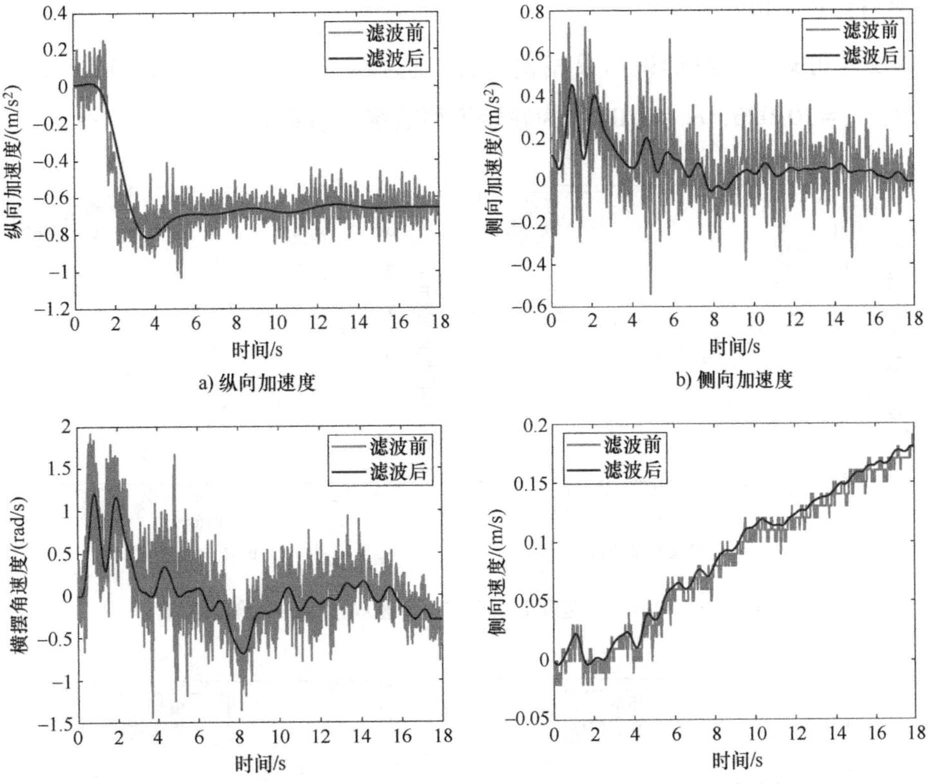

a) 纵向加速度　b) 侧向加速度

c) 横摆角速度　d) 侧向速度

图 2.34　开度 30% 60km/h 直线制动滤波效果对比图

2.3.2　轮胎模型参数辨识

由上述介绍可知，Burckhardt 轮胎模型需要识别的参数为 c_1，c_2，c_3，其中 c_3对于轮胎模型的影响十分有限，此处默认取值为 0.01。本节以使车辆的侧向加速度和横摆角加速度最小为优化目标，采用非线性最小二乘方法辨识参数前后车轮的 c_1和 c_2取值，优化目标公式为

$$J=\sum_{i=1}^{n}(a_{yi}^{model}-a_{yi}^{data})^2+(\dot{\gamma}_i^{model}-\dot{\gamma}_i^{data})^2 \tag{2-63}$$

式中，a_{yi}^{model}和 a_{yi}^{data}分别是第 i 时刻车辆模型的侧向加速度和车辆实际的侧向加速度；$\dot{\gamma}_i^{model}$和$\dot{\gamma}_i^{data}$分别是第 i 时刻车辆模型的横摆角加速度和车辆实际的横摆角加速度；n 是总数据量。

该辨识方法所设置参数的初值的范围对辨识结果有很大影响。下面将展示几组辨识结果，设置轮胎参数初值为 $C_0=[2.3;14;8;6]$，侧向修正参数 k_s取值为 0.9，优化目标横摆角加速度和侧向加速度的对比曲线如图 2.35、图 2.36 和图 2.37 所示，表 2.4 为这几组数据的参数辨识结果。

由表 2.4 可知，各组辨识结果相差不大，选择 $c_{1f}=0.48$，$c_{2f}=17.56$，$c_{3f}=0.02$ 和 $c_{1r}=1.29$，$c_{2r}=10.026$，$c_{3r}=0.02$ 作为轮胎模型的统一参数。

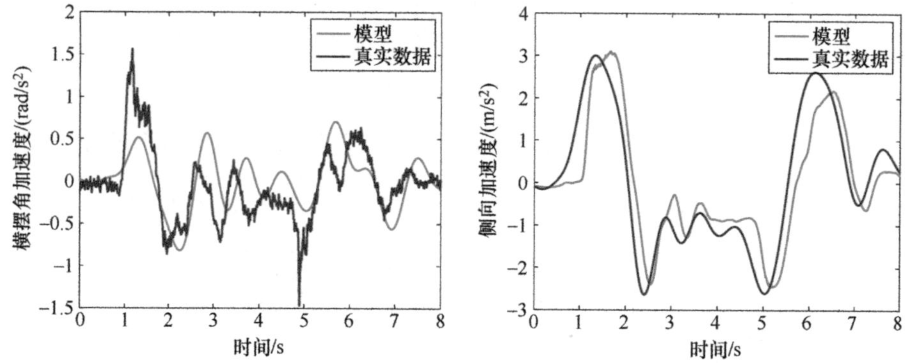

a) 横摆角加速度　　b) 侧向加速度

图 2.35　46km/h 速度下压实雪面匀速双移线工况验证结果

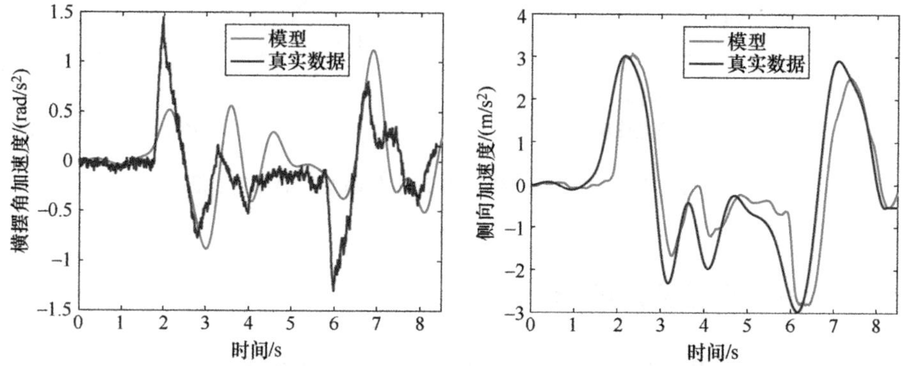

a) 横摆角加速度　　b) 侧向加速度

图 2.36　55km/h 速度下压实雪面匀速双移线工况验证结果

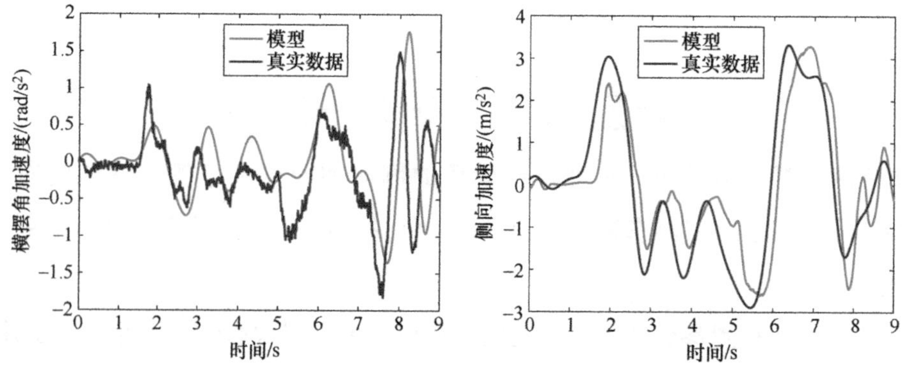

a) 横摆角加速度　　b) 侧向加速度

图 2.37　60km/h 速度下压实雪面匀速双移线工况验证结果

表 2.4 辨识结果

分组	c_{1f}	c_{2f}	c_{1r}	c_{2r}
第一组	0.62	15.5	1.09	9.76
第二组	0.60	15.6	1.07	9.76
第三组	0.62	15.3	1.06	9.67

2.3.3 模型验证及分析

本节利用实车数据验证七自由度车辆动力学模型和 Burckhardt 轮胎模型，其逻辑框图如图 2.38 所示。以方向盘转角、制动力矩和驱动力矩为输入，侧向速度、纵向速度、横摆角速度、四个车轮轮速为输出。下述是七自由度车辆动力学模型和 Burckhardt 轮胎模型在低附路面匀速双移线工况、对接路面制动工况下的验模结果。

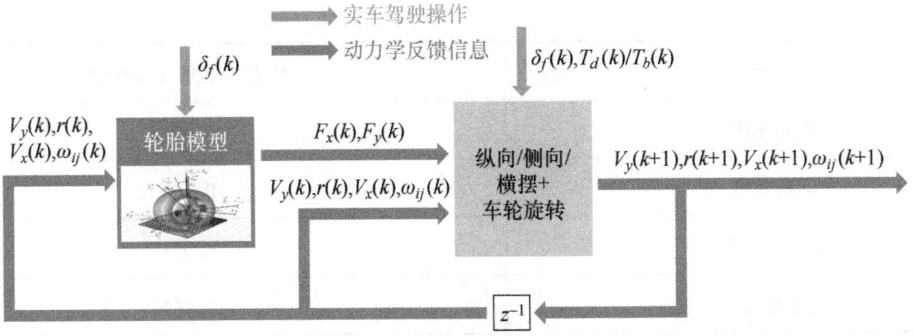

图 2.38 动力学模型验证逻辑框图

(1) 工况一

以 65km/h 的速度在压实雪面上进行匀速双移线工况，外部输入如图 2.39a 和 b 所示，轮胎力如图 2.39c 和 d 所示，图 2.40 是模型输出对比图，表 2.5 是模型输出均方根误差（RMSE）。

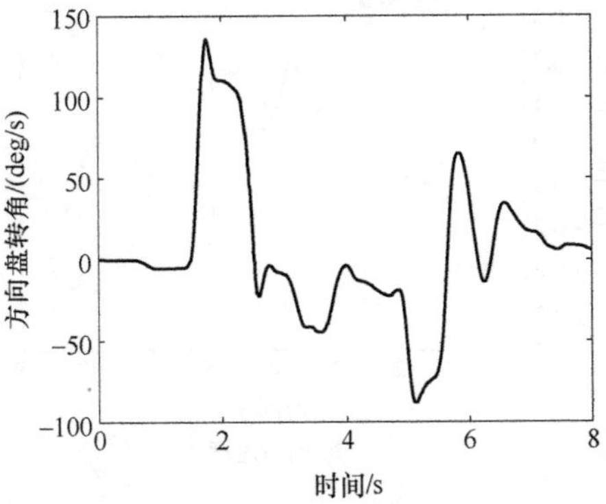

a) 方向盘转角

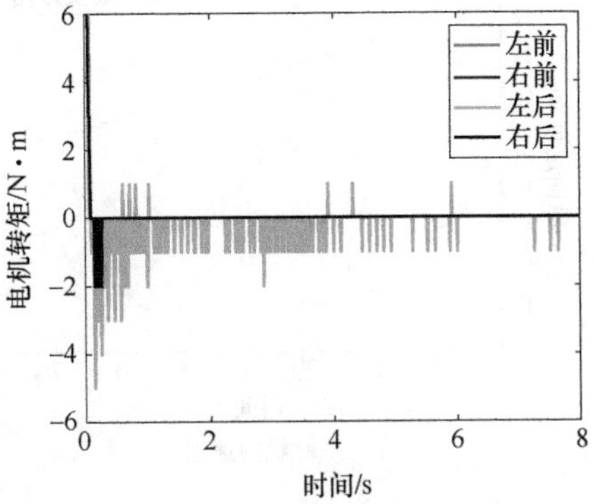

b) 电机转矩

图 2.39 65km/h 速度下压实雪面滑行双移线工况外部输入与轮胎力计算

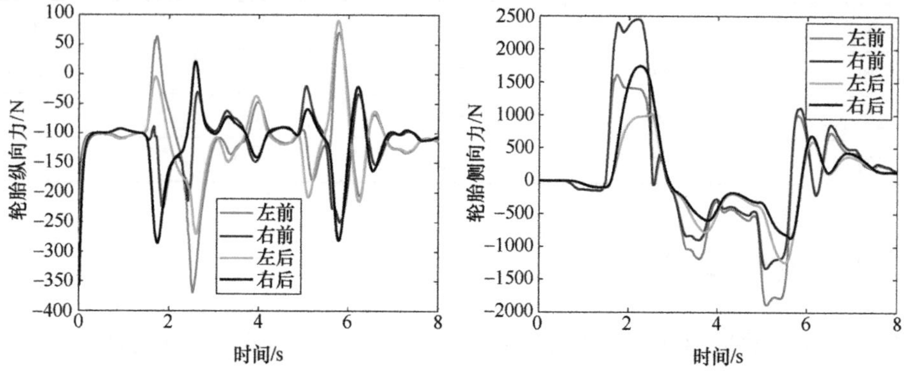

c) 轮胎纵向力　　　　d) 轮胎侧向力

图 2.39　65km/h 速度下压实雪面滑行双移线工况外部输入与轮胎力计算（续）

表 2.5　65km/h 速度下压实雪面滑行双移线工况误差

评价指标	均方根误差（RMSE）
纵向速度	0.097
侧向速度	0.133
横摆角速度	0.033
左前轮转速	0.161
右前轮转速	0.165
左后轮转速	0.151
右后轮转速	0.147

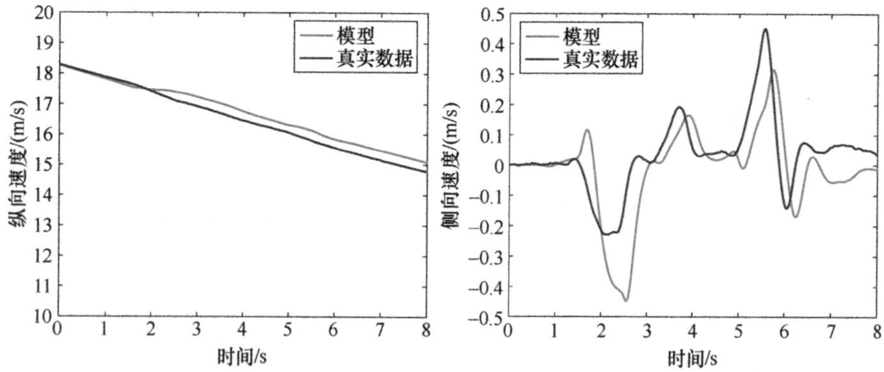

a) 纵向速度　　　　b) 侧向速度

图 2.40　65km/h 速度下压实雪面滑行双移线工况模型验证对比图

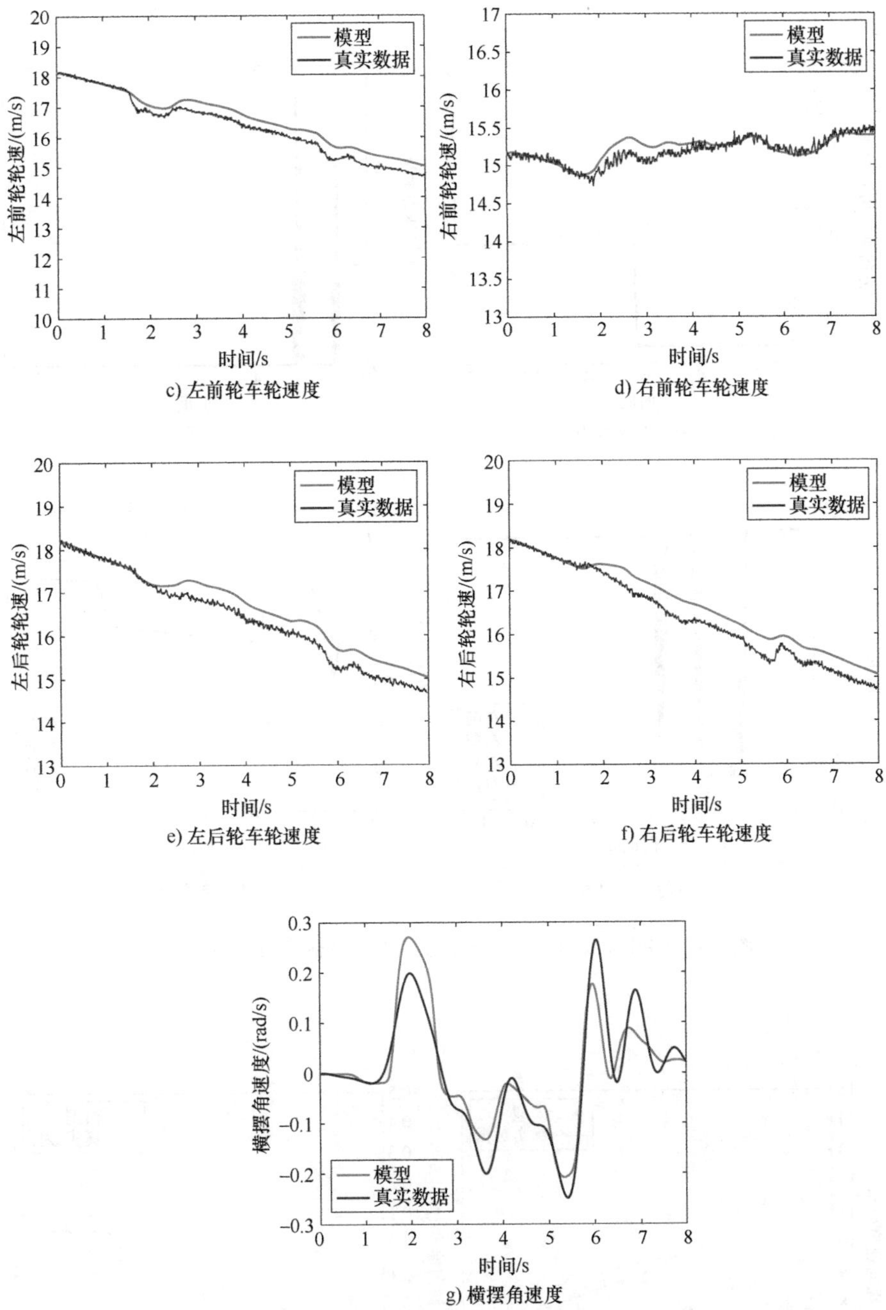

c) 左前轮车轮速度　　d) 右前轮车轮速度

e) 左后轮车轮速度　　f) 右后轮车轮速度

g) 横摆角速度

图 2.40　65km/h 速度下压实雪面滑行双移线工况模型验证对比图（续）

（2）工况二

以 45km/h 的速度在对接路面上进行制动工况，开度 35%，外部输入如图 2.41a 和 b 所示，轮胎力如图 2.41c 和 d 所示，图 2.42 是模型输出对比图，表 2.6 是模型输出值的均方根误差（RMSE）。

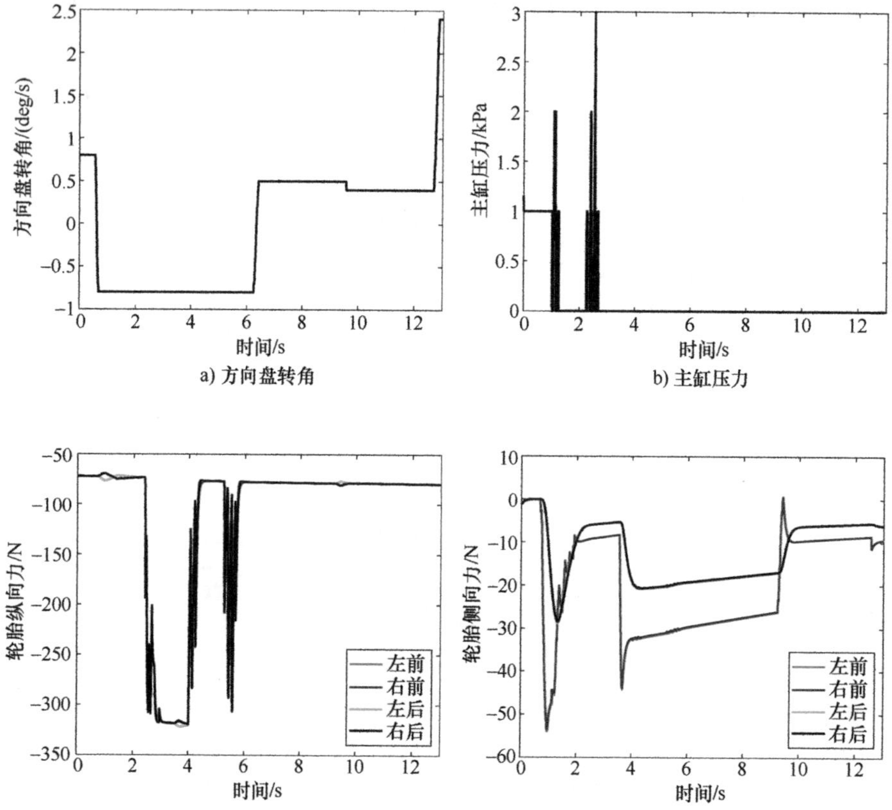

a) 方向盘转角　　b) 主缸压力

c) 轮胎纵向力　　d) 轮胎侧向力

图 2.41　45km/h 速度下对接制动工况外部输入与轮胎力计算

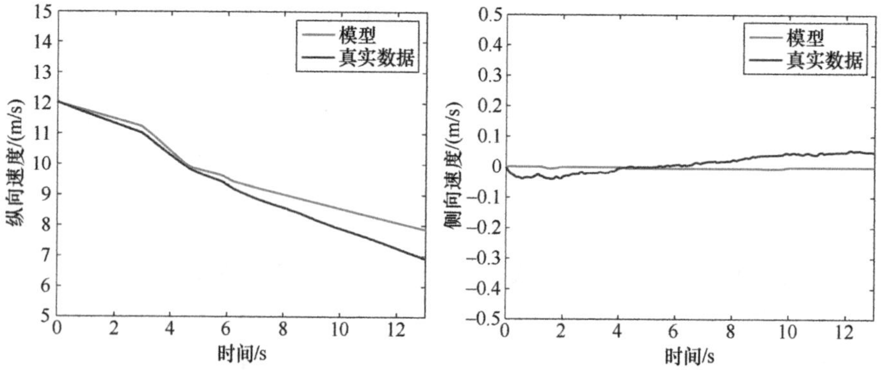

a) 纵向速度　　b) 侧向速度

图 2.42　45km/h 速度下对接制动工况模型验证对比图

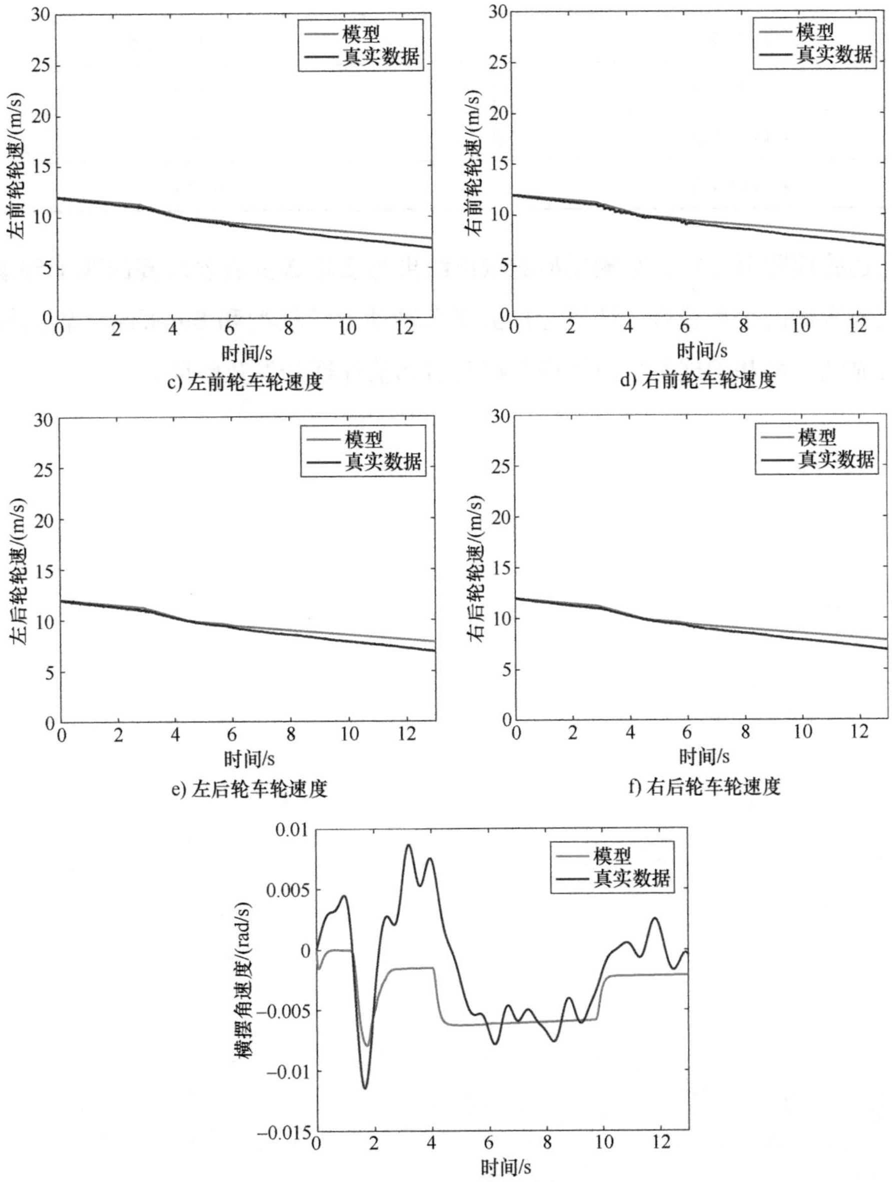

c) 左前轮车轮速度
d) 右前轮车轮速度
e) 左后轮车轮速度
f) 右后轮车轮速度
g) 横摆角速度

图 2.42　45km/h 速度下对接制动工况模型验证对比图（续）

表 2.6　45km/h 速度下对接制动工况误差

评价指标	均方根误差（RMSE）
纵向速度	0.323
侧向速度	0.032
横摆角速度	0.003
左前轮转速	0.491

（续）

评价指标	均方根误差（RMSE）
右前轮转速	0.464
左后轮转速	0.329
右后轮转速	0.324

由上述验模图形可知，车辆模型的输出结果与实车数据有着较高的匹配程度，能够正确地反映车辆的运动趋势，证明七自由度车辆动力学模型和 Burckhardt 轮胎模型具有较高的可靠性，可基于这两个模型进行控制器和估计器开发及验证。

第3章 车辆稳定边界辨识

车辆的安全和稳定运行主要基于其侧向动力学和纵向动力学，尤其在极端驾驶条件下，例如恶劣的天气、复杂的道路等，容易使轮胎达到附着极限。轮胎一旦进入非线性工作区，侧向力不足以抑制离心力，导致车辆失控。因此，了解车辆侧向和纵向运动的稳定区域对于其动力学控制至关重要。在车辆转弯时，若轮胎的侧向力达到附着极限，侧滑角会迅速增加，导致车辆转向不足或过度，甚至失控。同样，在加速或制动过程中，如果轮胎的纵向力达到极限，车辆的加速或减速能力会显著下降，可能导致打滑或抱死，影响稳定性和安全性。为了确保车辆在各种工况下的稳定运行，需深入了解其稳定区域。侧向稳定区域通过侧向力、侧滑角和速度等参数描述，纵向稳定区域则通过纵向力、制动距离和加速度等参数描述。通过建立车辆动力学模型和进行稳定性分析，可以确定这些稳定区域。

本章首先介绍了基于相平面分析的侧向运动稳定边界离线辨识方法，其次介绍了车辆侧向运动稳定边界在线辨识，基于车辆侧向、纵向、垂向运动搭建了车辆动力学模型，通过泰勒展开和局部线性化方法对复杂的非线性动力学模型进行处理，根据判断车辆稳定性的依据，绘制了辨识后的稳定边界。将 CarSim 与 MATLAB/Simulink 进行联合仿真，从仿真结果可以看出，辨识得到的稳定边界可以根据当前车辆状态和路面状况进行实时更新，所形成稳定区域的形状和大小会随着车辆的行驶状态以及道路信息的改变而发生变化。最后介绍了车辆侧纵向运动稳定边界在线辨识方法，对车辆侧向运动稳定边界辨识中的轮胎模型进行修正，依据车辆状态 V_y，γ，a_x三者关系辨识得到三维稳定边界空间，并对辨识结果进行分析。

3.1 基于相平面分析的侧向运动稳定边界离线辨识

目前稳定边界辨识的方法主要分为相平面方法和基于车辆实际状态探究其稳定性。文献通过一种能量相平面的方法表征了车辆在整个运行范围内的侧纵向运动能量以及转向特性，以此来判断车辆是否处于稳定状态。文献［14］设计了β-$\dot{\beta}$相平面，通过分析不同因素对相平面稳定边界的影响确定了车辆质心侧偏角的控制区域，最终基于相平面设计了一种控制器以保证车辆稳定。上述相平面法的不足之处在于相平面是一个离线的稳定区域，对于行驶中的车辆，以离线的相平面为基础形成的侧向稳定区域往往会被低估，车辆的安全性评价并不十分可靠。也有部分学者不以传统的相平面作为评判车辆稳定性的标准，而是构建了可以根据车辆实际状态实时变化的稳定区域，文献［15］提出了V_y-γ侧向稳定区域，并在构建非线性动力学模型时考虑侧向载荷传递，以此保证模型的精确性，通过改变车辆状态以及路面环境探究了不同因素对侧向稳定区域的影响。文献［16］对于V_y-γ侧向稳定区域外的点设计了滑模控制器，最终成功将车辆保持在稳定区域内。文献［17］认为，要使车辆行驶在稳定区域，需要同时考虑前后轮转角对稳定区域的影响，通过仿真，该方法可以显著提高车辆稳定性。相平面方法是考虑非线性系统稳定性的有效工具，因此，本章采用这种方法确定车辆的稳定性情况，其参考稳定域定义为$\dot{\beta}$-β相平面。车辆的质心侧偏角作为表征车辆横摆稳定性的关键指标，通常用于分析、控制和评估车辆的稳定性特征，它描述车辆行进方向与车辆坐标系中车体方向的夹角，直接反映了车辆遵循所需轨迹的能力。

本节采用文献［18］中的相平面建立方法来进行分析研究。根据车辆动力学方程在Matlab/Simulink中搭建完整的车辆模型，并选用轮胎参数为“统一指数”的轮胎模型，其可较好地描述轮胎侧向力。由于质心侧偏角相平面稳定边界的大小会受到多种因素的影响，其中车速、路面附着系数、方向盘转角及控制系统施加的附加横摆力矩等，均会对车辆的稳定边界产生影响。在下面的研究中，我们忽略掉相对次要的因素，选用对其影响较大的两个因素，即对车速和路面附着系数进行分析。

输入模型参数：质心侧偏角速度$\dot{\beta}$和质心侧偏角β的初始值，不同工况下给出不同的初值（$\dot{\beta}_0$，β_0），根据对方向盘转角、车速等驾驶意图和路面摩擦系数等路况来进行参数赋值，通过改变初值得到不同工况下关于质心侧偏角的$\dot{\beta}$-β相轨迹簇。由于该相平面是以原点为奇异点，因此最终能收敛到原点的相轨迹便是稳定的相轨迹，而发散并远离原点的则是不稳定的相轨迹，从而得到不同工况的稳定边界。下面对特定工况进行详细描述。

首先进行固定车速、变路面附着系数的实验：给出车速为25m/s，路面附着系数在0.1~1之间，以0.2为间隔的不同工况的相平面轨迹图，由于相平面轨迹的中心对称特性，只选择下半平面的几组相轨迹研究，进行说明分析。

图3.1所示的四个图表征的是车速相同时的不同路面附着系数下的相平面轨迹图。图中，红色曲线与蓝色线能自动收敛到一个中心的稳定焦点，此时的红色曲线表示稳定边界，即当车速相同时，路面附着系数越大，对应红色线的横坐标向横轴的左侧移动，即相应的稳定边界也就越大。同时在图中也能看出，当减小路面附着系数时，其蓝色曲线的发散性变大，对应车辆的稳定性越来越差，甚至会出现失稳。

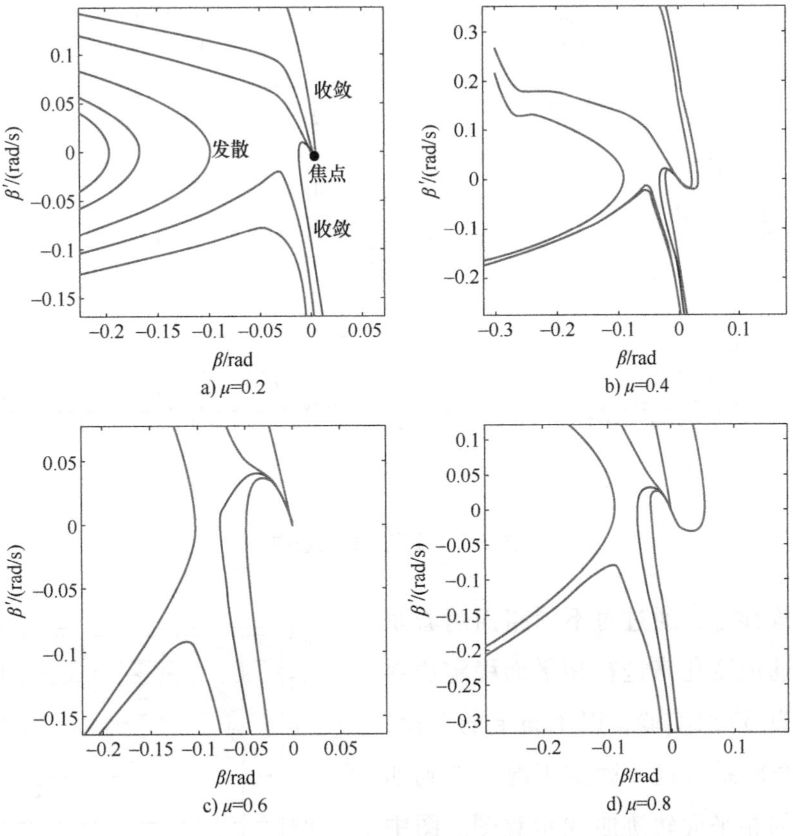

图3.1　变附着系数相轨迹图

接着进行固定路面附着系数、变车速的实验：路面附着系数给定0.8，车速变化为10~35m/s，选取间隔为5m/s的不同工况的相平面轨迹图。

图3.2所示的这四幅图表示的是，路面附着系数不变时，不同车速下的相平面轨迹图。红色曲线表示稳定边界，随着车速的增加，对应红色线的纵坐标向纵轴的下侧移

动，红色曲线在缩减，即稳定边界在减小。高速行驶的车辆，只会有一小部分曲线收敛到中心稳定焦点，导致车辆稳定性变坏，甚至失稳。

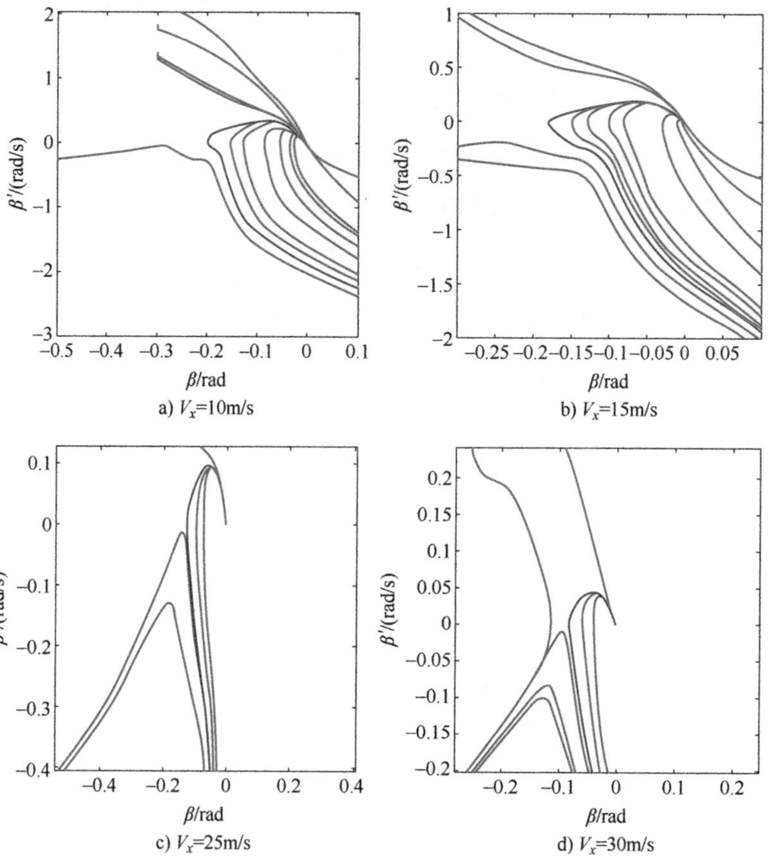

a) V_x=10m/s　b) V_x=15m/s

c) V_x=25m/s　d) V_x=30m/s

图 3.2　变车速相轨迹图

在上述规律下，通过对不同路面附着系数及不同车速的变化来进行相平面稳定边界的标定。仿真 60 组实验，以 15m/s 的车速，0.8 的路面摩擦系数这一固定工况，得到如图 3.3 所示的相平面轨迹曲线示意图。图中蓝色线是发散的，红色线收敛于中心点，绿色线与红色线包围的部分即为相平面稳定域。

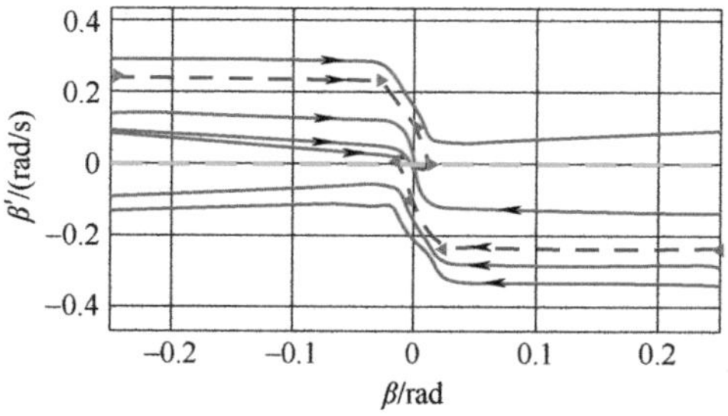

图 3.3　相平面轨迹曲线示意图

选取特征点对每组得到的稳定边界曲线进行折线段拟合，在形成稳定区域时，用拟合直线表示稳定边界，则稳定区域由 6 条线定义：

$$\cdot\ l_1 : \beta = x_1(\dot{\beta}) = \frac{(y+y_4)(x_4-x_3)}{(y_4-y_3)} - x_4,\ -y_3 < \beta \leqslant -y_4$$

$$\cdot\ l_2 : \beta = x_2(\dot{\beta}) = \frac{(y+y_3)(x_3-x_2)}{(y_3-y_2)} - x_3,\ -y_2 < \beta \leqslant -y_3$$

$$\cdot\ l_3 : \beta = x_3(\dot{\beta}) = \frac{(y+y_2)(x_2-x_1)}{(y_2-y_1)} - x_2,\ -y_1 < \beta \leqslant -y_2$$

$$\cdot\ l_4 : \beta = x_4(\dot{\beta}) = \frac{(y-y_2)(x_2-x_1)}{(y_2-y_1)} + x_2,\ y_2 < \beta \leqslant y_1$$

$$\cdot\ l_5 : \beta = x_5(\dot{\beta}) = \frac{(y-y_3)(x_3-x_2)}{(y_3-y_2)} + x_3,\ y_3 < \beta \leqslant y_2$$

$$\cdot\ l_6 : \beta = x_6(\dot{\beta}) = \frac{(y-y_4)(x_4-x_3)}{(y_4-y_3)} + x_4,\ y_4 < \beta \leqslant y_3$$

图 3.4 所示为实验得到的相平面稳定边界，根据实际工况，通过改变车速与路面附着系数来更新边界，并将此边界作为后文判定车辆稳定性的基本条件。

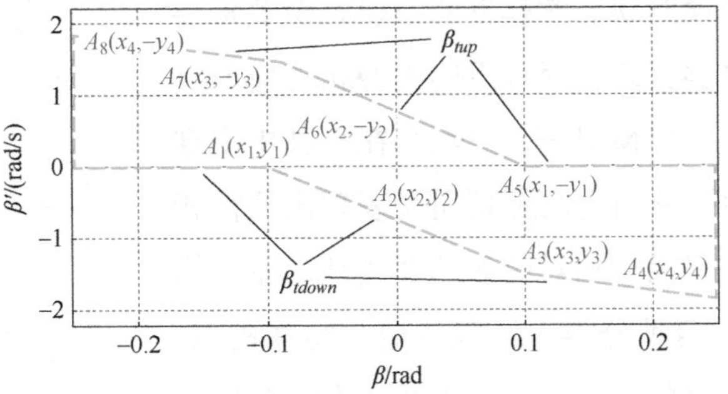

图 3.4　相平面边界参考图

3.2　车辆侧向运动稳定边界在线辨识

本节针对复杂路况下的稳定边界辨识问题，首先建立了可以描述车辆侧向、纵向和垂向特性的车辆模型；为了提高模型精度，在动力学中采用 Fiala 非线性轮胎模型对轮胎侧向力进行描述；为了得到判断车辆稳定性的条件，采用线性化方法处理复杂的非线性动力学模型并得到辨识后的稳定边界以及所形成的稳定区域，分析当前的驾驶行为和道路信息对稳定区域的形状和大小的影响。

3.2.1 车辆动力学模型

在给定输入和干扰时，车辆模型可以用于预测动力学状态以及待观测参数的变化情况。对于一个复杂的非线性系统，可以根据需求的不同对车辆模型进行简化。本章所研究的稳定边界辨识主要考虑稳定性分析的准确性，因此基于第 2 章的模型，采用了一个考虑侧向载荷传递的二自由度四轮模型，如图 3.5 所示。

依据牛顿定律和力矩平衡可以列写出车辆动力学方程，得到如下描述车辆侧向运动和横摆运动的动力学模型：

$$\dot{\beta}=\frac{(F_{yfl}+F_{yfr})\cos\delta_f+F_{yrl}+F_{yrr}}{mV_x}-\gamma \tag{3-1}$$

$$\dot{\gamma}=\frac{L_f(F_{yfl}+F_{yfr})\cos\delta_f+L_s(F_{yfl}-F_{yfr})\sin\delta_f-L_r(F_{yrl}+F_{yrr})}{I_z} \tag{3-2}$$

在汽车行驶时，轮胎与地面直接接触，使得轮胎成为唯一可以在汽车和地面两者之间实施力传递的介质。因此，轮胎的精准建模对动力学模型的搭建是至关重要的。轮胎模型不但种类繁多，而且不同类型相对应的复杂程度也各有不同。一般情况下，当汽车在行驶中出现较小的侧向加速度时，侧向力与侧偏角会表现出线性相关；反之，轮胎则会表现出相对明显的非线性。轮胎模型一般可以进行以下两种分类：经验模型和物理模型，而不同的模型都有各自的应用场合。因此，本章使用了第 2 章中提到的 Fiala 非线性轮胎模型对侧向力进行描述，并把轮胎侧偏角当作中间变量来计算高精度 Fiala 模型中的侧向力。当侧偏角较小时，可以近似得到 $\tan\alpha\approx\alpha$，简化后的 Fiala 模型为

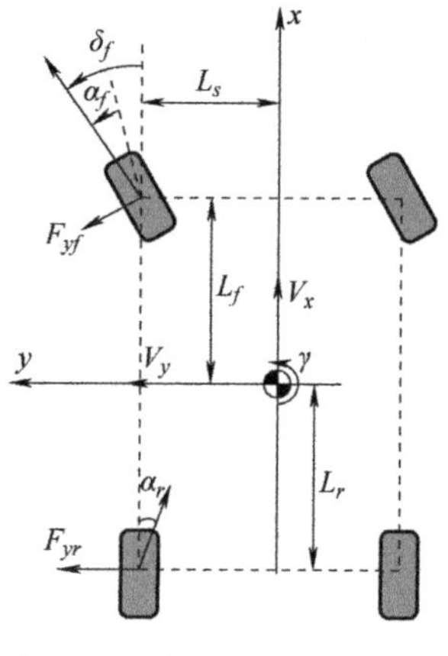

图 3.5　绘制稳定区域涉及的非线性车辆动力学模型示意图

$$F_y=\begin{cases}-C_\alpha\alpha+\dfrac{C_\alpha^2}{3\mu F_z}|\alpha|\alpha-\dfrac{1}{3}\dfrac{C_\alpha^3}{(3\mu F_z)^2}\alpha^3, & |\alpha|<\arctan\left(\dfrac{3\mu F_z}{C_\alpha}\right)\\ -\mu F_z\operatorname{sgn}\alpha, & \text{其他}\end{cases}$$

其中，C_α可以分为前后轮胎侧偏刚度 C_f和 C_r，F_z为垂直载荷。侧偏角 α 可由式（3-3）计算得到：

$$\alpha_f=\delta_f-\beta-\frac{L_f\gamma}{V_x} \tag{3-3}$$

$$\alpha_r = \frac{L_f \gamma}{V_x} - \beta \tag{3-4}$$

在不同路面附着系数下，基于 Fiala 非线性轮胎模型得到轮胎侧向力与轮胎侧偏角的关系如图 3.6 所示。

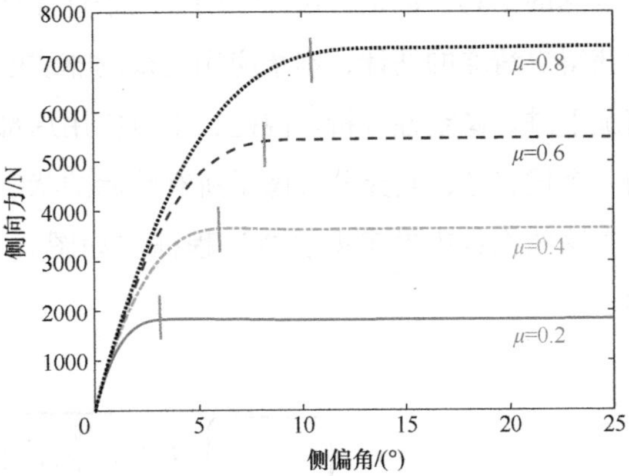

图 3.6　非线性轮胎模型侧偏特性

车辆沿着直道行驶时，其左右侧轮胎的垂直载荷基本相同。然而，当车转向或行驶在坡道上时，每个轮胎上的垂直载荷会因为具有水平方向的夹角以及侧倾力矩而被再次分配，使得轮胎的侧偏特性和车辆的稳态响应发生改变。因此，在轮胎侧向力的计算中，考虑垂直载荷是尤为重要的。下面分别给出考虑侧向坡度和纵向坡度的垂直载荷模型。

1）考虑弯曲路面侧向坡度 η 影响的垂直载荷模型如下：

$$\begin{cases} F_{zfl} = \dfrac{mgL_r\cos(\arctan\eta) - ma_x h}{2(L_f+L_r)} - \dfrac{C_{\varphi1} m[a_y h + gh_\phi \sin\varphi + gh\sin(\arctan\eta)]}{(C_{\varphi1}+C_{\varphi2})d} \\ F_{zfr} = \dfrac{mgL_r\cos(\arctan\eta) - ma_x h}{2(L_f+L_r)} + \dfrac{C_{\varphi1} m[a_y h + gh_\phi \sin\varphi + gh\sin(\arctan\eta)]}{(C_{\varphi1}+C_{\varphi2})d} \\ F_{zrl} = \dfrac{mgL_f\cos(\arctan\eta) + ma_x h}{2(L_f+L_r)} - \dfrac{C_{\varphi2} m[a_y h + gh_\phi \sin\varphi + gh\sin(\arctan\eta)]}{(C_{\varphi1}+C_{\varphi2})d} \\ F_{zrr} = \dfrac{mgL_f\cos(\arctan\eta) + ma_x h}{2(L_f+L_r)} + \dfrac{C_{\varphi2} m[a_y h + gh_\phi \sin\varphi + gh\sin(\arctan\eta)]}{(C_{\varphi1}+C_{\varphi2})d} \end{cases}$$

2）考虑坡面道路纵向坡度 ξ 影响的垂直载荷模型如下：

$$\begin{cases} F_{zfl} = \dfrac{mgL_r\cos(\arctan\xi)}{2(L_f+L_r)} - \dfrac{C_{\varphi1} m(a_y h + gh_\phi \varphi)}{(C_{\varphi1}+C_{\varphi2})d} - \dfrac{mh[a_x + g\sin(\arctan\xi)]}{2(L_f+L_r)} \\ F_{zfr} = \dfrac{mgL_r\cos(\arctan\xi)}{2(L_f+L_r)} + \dfrac{C_{\varphi1} m(a_y h + gh_\phi \varphi)}{(C_{\varphi1}+C_{\varphi2})d} - \dfrac{mh[a_x + g\sin(\arctan\xi)]}{2(L_f+L_r)} \\ F_{zrl} = \dfrac{mgL_f\cos(\arctan\xi)}{2(L_f+L_r)} - \dfrac{C_{\varphi2} m(a_y h + gh_\phi \varphi)}{(C_{\varphi1}+C_{\varphi2})d} + \dfrac{mh[a_x + g\sin(\arctan\xi)]}{2(L_f+L_r)} \\ F_{zrr} = \dfrac{mgL_f\cos(\arctan\xi)}{2(L_f+L_r)} + \dfrac{C_{\varphi2} m(a_y h + gh_\phi \varphi)}{(C_{\varphi1}+C_{\varphi2})d} + \dfrac{mh[a_x + g\sin(\arctan\xi)]}{2(L_f+L_r)} \end{cases}$$

3.2.2 基于局部线性化的稳定边界辨识方法

在自动控制领域中，李雅普诺夫稳定性是一种分析线性和非线性动态系统稳定性比较成熟的工具。但是，该理论的应用条件需要动态系统的显式表示。为了提高模型精度并获得更精准的估计，本章应用复杂的非线性轮胎模型和车辆模型，在没有显式表示的情况下进行稳定性分析。因此，本节应用局部线性化方法进行稳定区域的分析。此方法的一个优点是，它充分考虑了所有轮胎的状态和车辆系统的稳定性，其中基于局部线性化方法的稳定边界辨识总体流程框图如图 3.7 所示，同时局部线性化方法的过程描述如下。

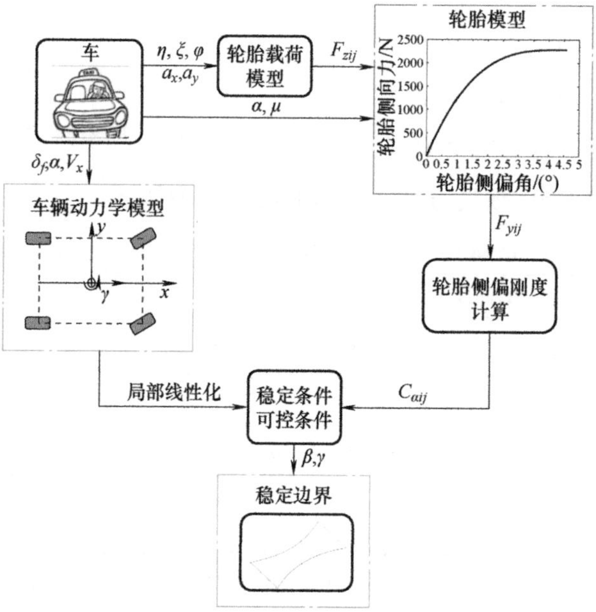

图 3.7 车辆稳定边界辨识总体流程框图

首先，采用局部线性化的方法处理在 3.1 节中建立的可以描述车辆侧向、纵向、垂向运动的非线性模型，在某一线性化点基于泰勒展开得到以下表达式：

$$\begin{bmatrix}\dot{\beta}\\ \dot{\gamma}\end{bmatrix}=\begin{bmatrix}\dot{\beta}_o\\ \dot{\gamma}_o\end{bmatrix}+\begin{bmatrix}\Delta\dot{\beta}\\ \Delta\dot{\gamma}\end{bmatrix}=f[(\beta,\gamma)^{\mathrm{T}},\delta_f]\approx f[(\beta_o,\gamma_o)^{\mathrm{T}},\delta_{fo}]+\frac{\partial f}{\partial\beta}\Delta\beta+\frac{\partial f}{\partial\gamma}\Delta\gamma+\frac{\partial f}{\partial\delta_f}\Delta\delta_f$$

其中，当且仅当线性化点为平衡点时，$\begin{bmatrix}\dot{\beta}_o\\ \dot{\gamma}_o\end{bmatrix}=f[(\beta_o,\gamma_o)^{\mathrm{T}},\delta_{fo}]=0$。因此可以得到如下新的线性化方程：

$$\begin{bmatrix}\Delta\dot{\beta}\\\Delta\dot{\gamma}\end{bmatrix}=\boldsymbol{A}\begin{bmatrix}\Delta\beta\\\Delta\gamma\end{bmatrix}+\boldsymbol{B}\Delta\delta_f$$

其中，$\boldsymbol{A}=\begin{bmatrix}\dfrac{\partial f}{\partial\beta} & \dfrac{\partial f}{\partial\gamma}\end{bmatrix}$，$\boldsymbol{B}=\dfrac{\partial f}{\partial\delta_f}$。根据式（3-3）和式（3-4）可进一步得到以下公式：

$$\frac{\partial\alpha_f}{\partial\beta}=\frac{\partial\alpha_r}{\partial\beta}=-1$$

$$\frac{\partial\alpha_f}{\partial\gamma}=-\frac{L_f}{V_x},\quad \frac{\partial\alpha_r}{\partial\gamma}=\frac{L_r}{V_x}$$

$$\frac{\partial\alpha_f}{\partial\delta_f}=1,\quad \frac{\partial\alpha_r}{\partial\delta_f}=0$$

通过以上推导可以得到系统矩阵 $\boldsymbol{A}$ 的表达式：

$$\boldsymbol{A}=\begin{bmatrix}\dfrac{\partial\dot{\beta}}{\partial\beta} & \dfrac{\partial\dot{\beta}}{\partial\gamma}\\[2ex]\dfrac{\partial\dot{\gamma}}{\partial\beta} & \dfrac{\partial\dot{\gamma}}{\partial\gamma}\end{bmatrix}=\begin{bmatrix}A_{11} & A_{12}\\A_{21} & A_{22}\end{bmatrix}$$

其中：

$$A_{11}=\frac{\partial\dot{\beta}}{\partial\beta}=-\frac{C_{\alpha fl}+C_{\alpha fr}+C_{\alpha rl}+C_{\alpha rr}}{mV_x}$$

$$A_{12}=\frac{\partial\dot{\beta}}{\partial\gamma}=\frac{-L_f(C_{\alpha fl}+C_{\alpha fr})+L_r(C_{\alpha rl}+C_{\alpha rr})}{mV_x^2}-1$$

$$A_{21}=\frac{\partial\dot{\gamma}}{\partial\beta}=\frac{-L_f(C_{\alpha fl}+C_{\alpha fr})+L_r(C_{\alpha rl}+C_{\alpha rr})}{I_z}$$

$$A_{22}=\frac{\partial\dot{\gamma}}{\partial\gamma}=\frac{-L_f^2(C_{\alpha fl}+C_{\alpha fr})-L_r^2(C_{\alpha rl}+C_{\alpha rr})}{I_zV_x}$$

对于状态空间方程，将线性化后得到的 $\boldsymbol{B}$ 进行如下表示：

$$\boldsymbol{B}=\begin{bmatrix}\dfrac{\partial\dot{\beta}}{\partial\delta_f}\\[2ex]\dfrac{\partial\dot{\gamma}}{\partial\delta_f}\end{bmatrix}=\begin{bmatrix}B_1\\B_2\end{bmatrix}$$

将矩阵 $\boldsymbol{B}$ 的各部分进行展开，得到以下公式：

$$B_1=\frac{\partial\dot{\beta}}{\partial\delta_f}=\frac{C_{\alpha fl}+C_{\alpha fr}}{mV_x}$$

$$B_2=\frac{\partial\dot{\gamma}}{\partial\delta_f}=\frac{L_f(C_{\alpha fl}+C_{\alpha fr})+L_s(F_{yfl}-F_{yfr})}{I_z}$$

上述推导已经详细介绍了局部线性化的过程，即为了得到显示表达式而将非线性的车辆动力学模型在工作点处进行泰勒展开的过程。对于一个线性系统，系统矩阵 $\boldsymbol{A}$ 的特征值可以用于确定系统是否处于稳定的状态，当特征值位于坐标系左半平面可认为系统稳定。计算 $\boldsymbol{A}$ 的特征值如下：

$$|\lambda\boldsymbol{I}-\boldsymbol{A}|=\begin{bmatrix}\lambda-A_{11} & -A_{12}\\ -A_{21} & \lambda-A_{22}\end{bmatrix}=\lambda^2+a_0\lambda+a_1=0$$

其中，$a_0=-A_{11}-A_{22}$，$a_1=A_{11}A_{22}-A_{12}A_{21}$。从表达式可以看出 a_0 恒为正，当且仅当 $a_1>0$ 时，可以保证系统稳定。因此，可以得到稳定性判定条件：

$$C_{\alpha fl}+C_{\alpha fr}>\frac{-mV_x^2L_r(C_{\alpha rl}+C_{\alpha rr})}{(C_{\alpha rl}+C_{\alpha rr})(L_f+L_r)^2-mV_x^2L_f} \tag{3-5}$$

此外，对于线性系统的可控性条件 $\boldsymbol{B}\neq0$，可以得到如下表达式：

$$C_{\alpha fl}+C_{\alpha fr}\neq0$$

$$L_f(C_{\alpha fl}+C_{\alpha fr})+L_s(F_{yfl}-F_{yfr})\neq0$$

上述两个不等式具有包含关系，当前轮转角为 0 时，前轮左右两个轮胎的侧向力相等，因此得到可控性判定条件：

$$C_{\alpha fl}+C_{\alpha fr}\neq0 \tag{3-6}$$

基于式（3-5）和式（3-6）所示的稳定条件和可控条件，可以获取所需的侧偏刚度 C_{α_b}。侧偏刚度是侧向力 F_y 对侧偏角 α 的导数，因此，当存在满足条件的侧偏刚度 C_{α_b} 时，也可以找到相对应的侧偏角 α_b。为了构造由横摆角速度 γ_b 和质心侧偏角 β_b 形成的稳定区域 Ω_{β_γ}，我们可以找到上述两个变量和轮胎侧偏角之间的关系，如下所示：

$$\begin{cases}\gamma_b=\dfrac{V_x(\delta_f-\alpha_{fb}+\alpha_{rb})}{L_f+L_r}\\[2ex] \beta_b=\dfrac{L_r(\delta_f-\alpha_{fb})-\alpha_{rb}L_f}{L_f+L_r}\end{cases} \tag{3-7}$$

从理论上讲，可以通过式（3-7）获得辨识后的稳定边界，而几条边界线内部被视为侧向稳定区域 Ω_{β_γ}。以路面附着系数 $\mu=0.25$，纵向速度 $V_x=90\text{km/h}$，无坡度的道路为例，最终基于辨识得到的区域 Ω_{β_γ} 如图 3.8 所示，虚线是稳定边界，同时代表过度转向边界；实线是可控边界，同时代表不足转向边界。

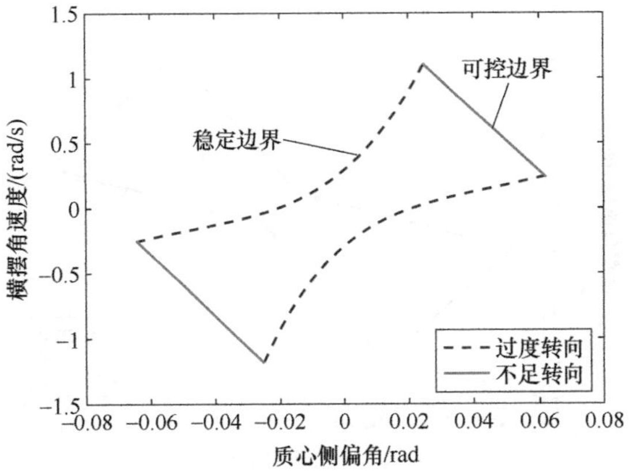

图 3.8 在 V_x=90km/h，μ=0.25，δ_f=0，η=0，ξ=0 情况下的仿真图

3.2.3 稳定边界辨识结果与分析

为了对不同工况下的车辆行驶稳定区域进行对比分析，使用仿真软件 CarSim 与 MATLAB/Simulink 进行仿真验证。通过改变 CarSim 中车辆的速度、路面状况等信息，分析不同因素对辨识得到的稳定区域的影响。相关的车辆参数和路面状况参数设置见表 3.1 和表 3.2。

1. 车辆状态对稳定边界辨识的影响

表 3.1 车辆状态参数设置

事件	μ	V_x/(km/h)	δ_f/(°)	η(%)	ξ (%)
事件一	0.35	60，80，90	0	3	0
事件二	0.35	50，55，60	0	0	5
事件三	0.35	144	0，4，8	0	0

（1）纵向速度 V_x

无论路面状况如何，纵向速度的变化都会对行驶中车辆的稳定性产生影响。表 3.1 给出了参数设置，分析在纵向和侧向坡度两种情况下，V_x的变化对稳定区域形状以及大小的影响。其中表中列出的三种速度可视为在低、中、高三种情况下驾驶员的行驶动作，图 3.9 和图 3.10 分别为车辆在具有侧向坡度的弯曲路面和纵向坡度的坡道路面上行驶时，区域的变化情况。可以看出，随着 V_x的增大，辨识得到的稳定区域逐渐扩大。值得注意的是，本章最终辨识得到的区域会随着纵向速度增加而扩大，但是此结论的含义并非速度越大越容易稳定，相反，由本章辨识得到的稳定区域会在后续章节中作为对状态变量的约束，即施加的约束会随着纵向速度的变化而发生改变。

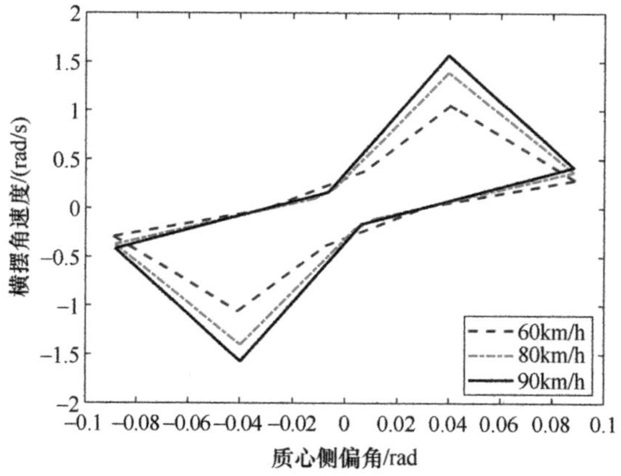

图 3.9　同侧向坡度下车速对稳定区域的影响

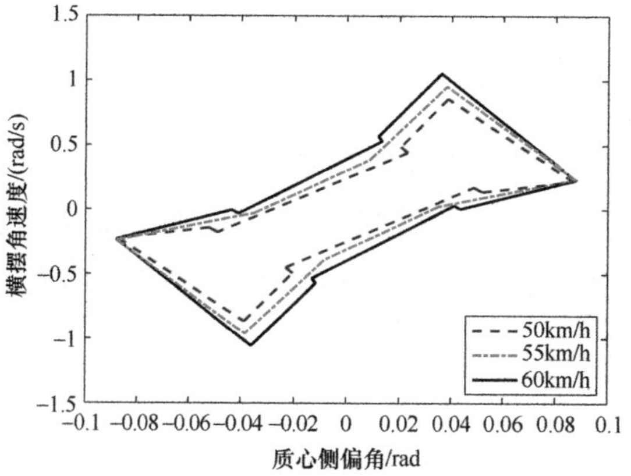

图 3.10　同纵向坡度下车速对稳定区域的影响

（2）前轮转角 δ_f

由式（3-7）可以看出，质心侧偏角、横摆角速度以及前轮转角三者的大小具有一定的关系，因此分析前轮转角对稳定边界辨识产生的影响。在这种情况下，参数设置见表 3.1。图 3.11 是在纵向速度、路面附着系数等其他条件不变的情况下，辨识得到的稳定边界所形成的区域与前轮转角发生改变时的关系图。可以看出三种度数的前轮转角均不会对最终得到的稳定区域的形状以及大小产生影响。当前轮转角 δ_f增大或者减小时，区域会随之向右上方或者左下方移动，这一结论刚好与式（3-7）中前轮转角 δ_f的大小同质心侧偏角 β、横摆角速度 γ 的大小成正相关保持一致。

2. 路面状况对稳定边界辨识的影响

（1）路面附着系数 μ

从图 3.6 中可以看出，路面附着系数的值大意味着此时的轮胎对于路面有较强的附

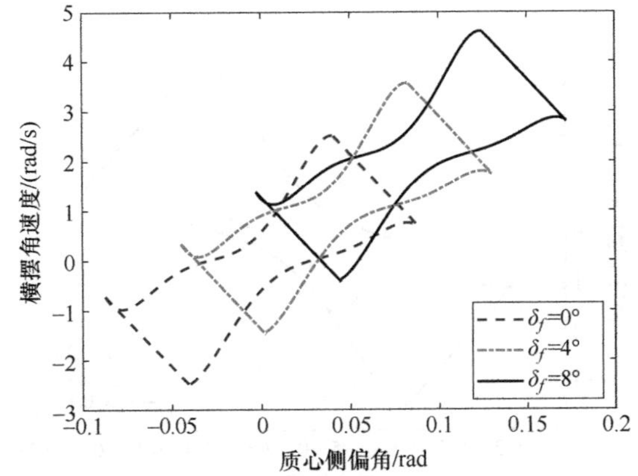

图 3.11 前轮转角对稳定区域的影响

着能力并且提供相对较大的侧向力，由此会降低车辆出现甩尾的概率。当附着系数较小时，非线性区变大，车辆很难保持稳定，并且难以进行稳定性控制。因此路面附着系数的大小会影响车辆的稳定性，进而对辨识得到的稳定区域产生影响。在这种情况下，表 3.2 中给出了相关的参数设置。从图 3.12 的结果可以发现，对于不同的路面附着系数，稳定区域的形状相似，只是最终辨识的区域大小有差异。稳定区域会随着附着能力的变化而发生改变，可以理解为，当在道路上体现出较低的附着能力时，意味着车辆在湿滑道路上容易发生侧滑甚至是甩尾而难以被控制；较大的附着能力会因为高速转弯而增大其发生侧倾甚至是侧翻的可能性，因此施加的约束会随着路面附着系数的变化而发生改变。

表 3.2 路面状况参数设置

事件	μ	V_x/(km/h)	δ_f/(°)	η (%)	ξ (%)
事件一	0.35，0.45，0.8	90	0	0	0
事件二	0.35	90	0	0，3，6	0
事件三	0.35	60	0	0	1，5，6

(2) 侧向坡度 η

当车辆在具有侧向坡度的弯曲路面上行驶时，垂直载荷的再分配会对轮胎的侧偏特性和稳定性产生影响。相关参数设置见表 3.2。从图 3.13 的仿真结果可以看到，当纵向车速、路面附着系数等恒定时，随着侧向坡度的增加，横摆角速度和质心侧偏角的值也会相应增加，进而导致区域逐渐扩大。由此可知，在坡度较大的高风险区域，需要通过增大约束的形式，增大对车辆的控制作用，最终使车辆保持稳定。

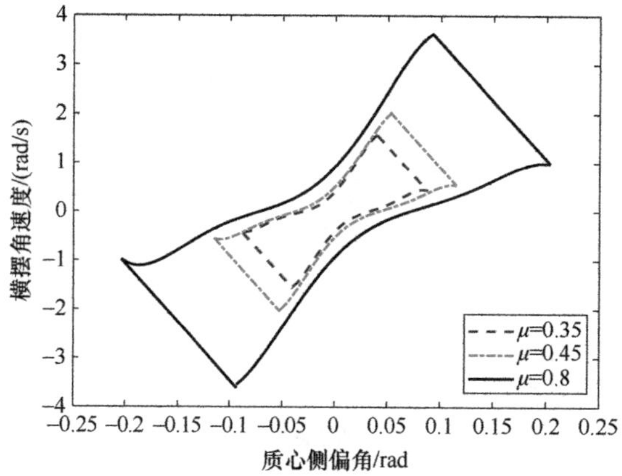

图 3. 12　路面附着系数对稳定区域的影响

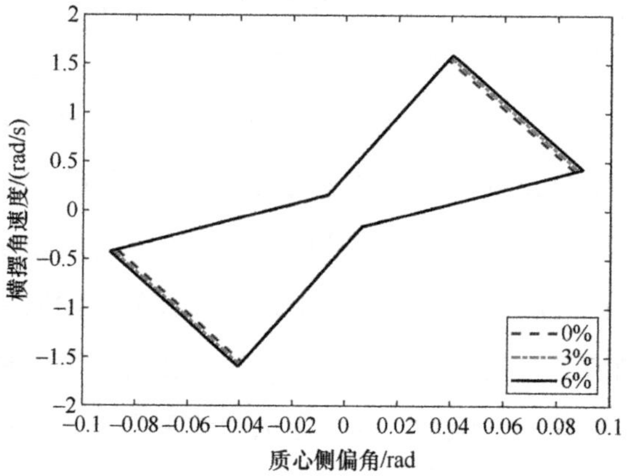

图 3. 13　侧向坡度对稳定区域的影响

（3）纵向坡度 ξ

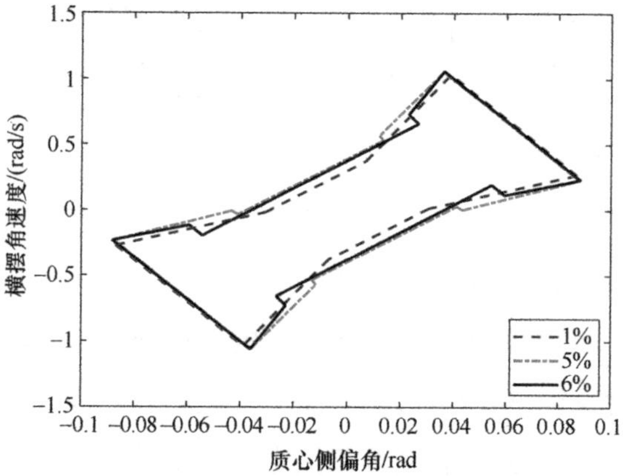

图 3. 14　纵向坡度对稳定区域的影响

当行驶在具有纵向坡度的路面上时，车辆特性和具有侧向坡度时保持一致，同样会对车辆的稳定性产生影响。表 3.2 中所示为相关的参数设置，从图 3. 14 可以看到，纵向坡度的变化对横摆角速度和质心侧偏角的大小影响较小，几种不同坡度下的稳定区域几乎重合。尽管如此，纵向坡度的存在给车辆驾驶带来的影响也不容忽视，应在坡道路面上设置相应的警示牌，在车辆经过时提醒驾驶员小心行驶，保证生命和财产安全。

本节首先基于车辆侧向、纵向、垂向运动搭建了车辆动力学模型，通过泰勒展开和局部线性化方法对复杂的非线性动力学模型进行处理，根据判断车辆稳定性的依据，绘制了辨识后的稳定边界。将 CarSim 与 MATLAB/Simulink 进行联合仿真，从仿真结果可以看出，辨识得到的稳定边界可以根据当前车辆状态和路面状况进行实时更新，所形成稳定区域的形状和大小会随着车辆的行驶状态以及道路信息的改变而发生变化，为后文控制器的设计提供依据。

另外，对于行驶的车辆，希望轮胎能够尽量保证在线性工作区，以使得车辆有着更好的可控性。于是在边界条件式（3-5）和式（3-6）所筛选出的侧偏刚度的基础上，额外加入$\tilde{C}_f>0$，$\tilde{C}_r>0$ 的筛选条件，保证筛选出的侧偏刚度为正，此时轮胎侧向力与侧偏角呈线性关系，轮胎工作在线性区。同样按照上述过程变换为满足条件的质心侧偏角和横摆角速度，并将其拟合，作为所辨识的稳定区域边界，形成稳定区域 R1，如图 3.15 中的绿线部分所示，记为 $\Omega_{in}(\beta,\gamma)$。可以看出，之前所形成的包络区域 $\Omega_{mid}(\beta,\gamma)$ 中包含区域 $\Omega_{in}(\beta,\gamma)$，即 $\Omega_{mid}(\beta,\gamma)$ 中的其余区域被定义为临界稳定区域 R2，而黄线外的区域部分被定义为不稳定区域 R3，记为 $\Omega_{out}(\beta,\gamma)$。

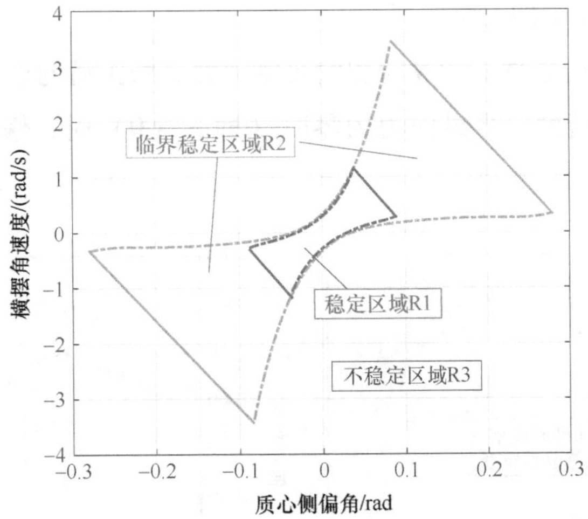

图 3.15　稳定边界辨识和控制区域划分结果（V_x=60km/h，μ=0.35，δ_f=0）

通过判断车辆当前质心侧偏角和横摆角速度在控制区域中的位置，可以较为准确的评估车辆当前的行驶稳定程度，从而可在控制系统中予以应用，为车辆稳定性分析和判断提供有效支撑。同样的，各区域也会随着方向盘转角、行驶速度、路面附着系数的变化而相应发生位置或形状的改变。

3.3 车辆侧纵向运动稳定边界在线辨识

在本节中，对三维稳定性空间进行了估计。为了在极限工况下获得高精度，考虑了车辆纵向运动。为了反映非线性特性，采用了非线性车辆和轮胎模型。为了避免稳定空间和不稳定空间之间的晃动问题，将稳定空间划分为稳定、临界稳定和不稳定子空间。本小节中的车辆参数与量产电动车（东风 E70）一致，该车辆的详细信息可参见文献［19］。

需要注意的是，在上述二自由度模型中没有考虑纵向速度。在实际应用中，纵向轮胎力和纵向加速度密切相关且纵向加速度是稳定空间估计的关键因素，必须加以考虑。故在 3.2 节车辆动力学模型的基础上，将原 Fiala 轮胎模型修改为如下形式：

$$\tilde{F}_y = F_y\left[1-\rho\left(\frac{F_x}{\mu F_z}\right)\right] \tag{3-8}$$

式中，$\rho=c_1\mu+c_2$是衰减系数，它是摩擦系数 F_y 的函数，c_1 和 c_2 是参数。当使用该模型时，纵向滑移被假定为零，F_y 可以由第 2 章中的轮胎模型得到。纵向轮胎力为 $F_x=ma_x/4$。将 F_y 和纵向轮胎力代入式（3-8），可以得到极限工况下的侧向轮胎力。故稳定性空间可以被描述为具有 V_y、γ 和 a_x 的三维空间。

图 3.16 给出了复合条件下的纵向和侧向轮胎力。修正后的模型与原 Fiala 轮胎模型具有较好的一致性和精度。当纵向力为零时（即 $a_x=0$）时，修正模型的侧向力等于 Fiala 模型的侧向力。

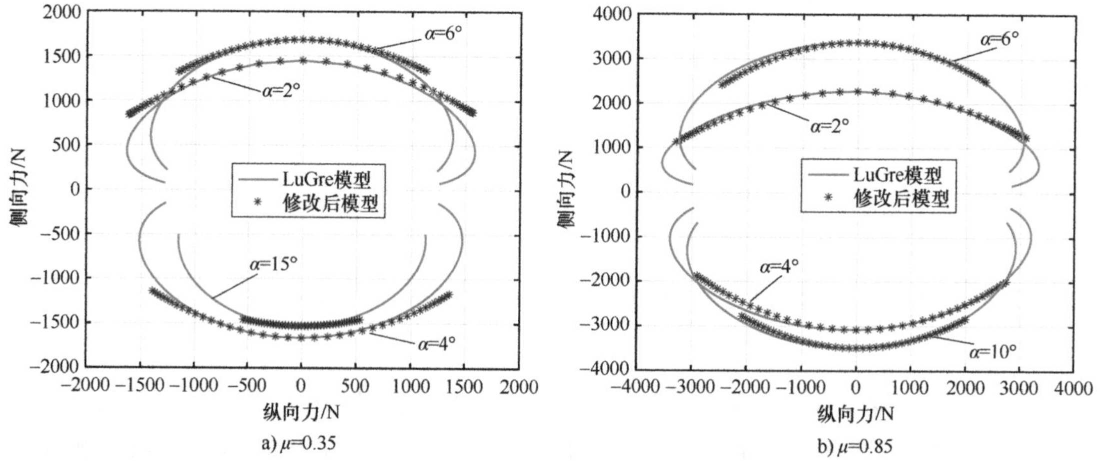

图 3.16　Fiala 模型和改进模型的轮胎力

式（3-8）中的车辆模型是一个高度非线性的模型。对于非线性系统，判定系统是否稳定是非常困难和复杂的。在经典控制理论中，劳斯稳定性判据是一种常用的稳定性判定方法，得到了广泛的应用。要应用劳斯方法，车辆模型应通过泰勒展开线性化，结合式（3-1）、式（3-2）和式（3-8），系统定义如下：

$$\begin{bmatrix}\dot{V}_y\\ \dot{\gamma}\end{bmatrix}\triangleq f[(V_y,\gamma)^{\mathrm{T}},\delta_f] \tag{3-9}$$

在当前平衡点（V_{yo},γ_o）和驾驶员的前轮转向角 δ_f处，系统可以写成：

$$\begin{bmatrix}\dot{V}_y\\ \dot{\gamma}\end{bmatrix}\triangleq\begin{bmatrix}\dot{V}_{yo}\\ \dot{\gamma}_o\end{bmatrix}+\begin{bmatrix}\Delta\dot{V}_y\\ \Delta\dot{\gamma}\end{bmatrix}\approx f[(V_{yo},\gamma_o)^{\mathrm{T}},\delta_{fo}]+\left.\frac{\partial f}{\partial V_y}\right|_{(V_{yo},\gamma_o)}\Delta V_y+\left.\frac{\partial f}{\partial\gamma}\right|_{(V_{yo},\gamma_o)}+\left.\frac{\partial f}{\partial\delta_f}\right|_{(V_{yo},\gamma_o)}\Delta\delta_f$$

其中符号$_o$表示当前平衡点的下标。忽略高阶项，线性化系统模型可以写成：

$$\begin{bmatrix}\Delta\dot{V}_y\\ \Delta\dot{r}\end{bmatrix}=\boldsymbol{A}_o\begin{bmatrix}\Delta V_y\\ \Delta r\end{bmatrix}+\boldsymbol{B}_o\Delta\delta_f$$

其中矩阵定义如下：

$$\boldsymbol{A}_o=\begin{bmatrix}A_{o11} & A_{o12}\\ A_{o21} & A_{o22}\end{bmatrix}\quad\boldsymbol{B}_o=\begin{bmatrix}B_{o1}\\ B_{o2}\end{bmatrix}$$

根据上述定义，雅可比矩阵 $\boldsymbol{A}_o$的特征多项式可写为：

$$|\boldsymbol{\lambda I}-\boldsymbol{A}_o|=\begin{bmatrix}\lambda-A_{o11} & -A_{o12}\\ -A_{o21} & \lambda-A_{o22}\end{bmatrix}=\lambda^2+p_1\lambda+p_0=0$$

其中 $p_1=-A_{o11}-A_{o22}$，$p_0=A_{o11}A_{o22}-A_{o12}A_{o21}$。根据劳斯稳定性判据，当特征多项式的根具有负实部（即 $p_1>0$ 和 $p_2>0$）时，系统是稳定的。为了响应驾驶员的转向需求，系统也应该是可控的。根据控制论，当矩阵 $\boldsymbol{P}=[\boldsymbol{B}_o,\boldsymbol{A}_o\boldsymbol{B}_o]$ 的阶等于系统的维度时，它是可控的。在本研究中，当系统稳定且可控时，对应的平衡点在稳定空间内。

基于式（3-1）、式（3-2）和式（3-8）中的系统方程，通过检查空间点是否满足稳定和可控准则，可以得到稳定空间。如图 3.17 所示，以摩擦系数 $\mu=0.85$，速度 $V_x=60\mathrm{km/h}$ 的三维稳定空间为例。

其中，a 和 c 表示过稳面（稳定判据），b 和 d 表示欠稳面（可控判据）。由稳定空间图可知，当车辆处于加减速状态时，相应的稳定空间会随着加减速幅度的

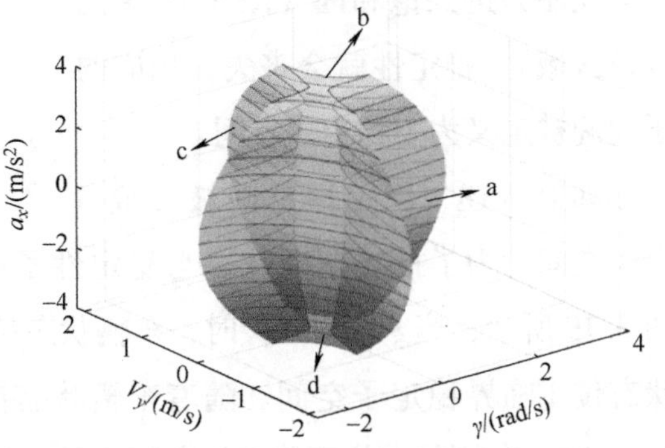

图 3.17 稳定空间图

增大而缩小。车辆的加减速是由纵向轮胎力实现的。如图 3.16 所示，随着纵向轮胎力的增加，侧向轮胎力将经历相当大的衰减。此时，侧向力不足将进一步导致稳定空间的收缩。此外，在加减速过程中，荷载传递也会对稳定空间产生影响。减速时，后轴载荷的一部分会转移到前轴上。然后，可用的后轮胎力量将随着后轴负载转移而减少。在这种情况下，后轮的横向承载能力会降低，车辆很容易失去稳定性。在稳定空间上，车辆减速时过转向面的收缩程度较大。对于加速度情况，也可以采用类似的分析方法。车辆在加速状态下容易失去机动性，在加速状态下转向底面收缩更大。

需要说明的是，稳定空间与轮胎侧向力密切相关。轮胎在不同垂直载荷下的侧向力曲线如图 3.18 所示。轮胎力曲线可分为三部分：线性区域（绿色区域）、非线性区域（黄色区域）和饱和区（红色区域）。在线性区，侧向力随轮胎滑移角呈线性变化。随着滑移角的不断增大，侧向力向非线性区域过渡，侧向力曲线的斜率大幅下降。图 3.18 中的黑线用来表示坡度的变化。在线性区域内，斜率可视为常量。在非线性区域，可以观察到坡度的显著下降。如果滑移角进一步增大，将进入饱和区，失去稳定性。理想情况下，侧向力应保持在线性区域内，以确保稳定性。在一些极端情况下，允许一个非线性区域来充分挖掘车辆潜力。在任何情况下都应严格避免出现饱和区域。在上述条件下，稳定性空间可分为稳定子空间 Θ_{in}、临界稳定子空间 Θ_{mid} 和不稳定子空间 Θ_{out}。在稳定的子空间中，轮胎力保持在线性区域（图 3.18 中的绿色区域），稳定性可以保持在较高的水平。在临界稳定子空间中，轮胎力进入非线性区域（图 3.18 中的黄色区域），由于轮胎力的衰减，稳定性被削弱。一旦轮胎力进入饱和区（图 3.18 中的红色区域），稳定性就会丧失，相应的子空间被定义为不稳定子空间。

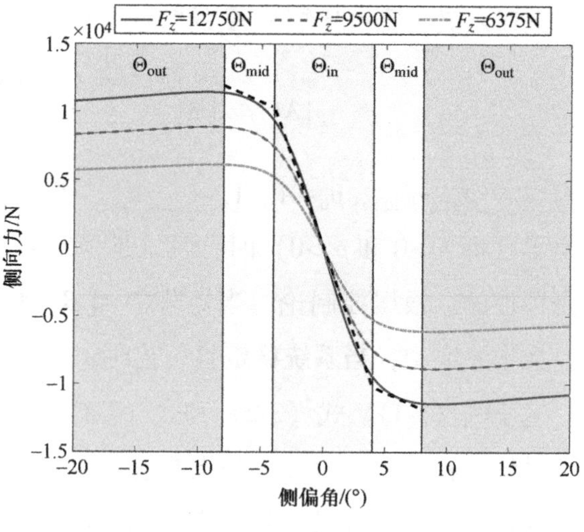

图 3.18　不同垂直载荷下轮胎侧向力示意图

如上所述，稳定性空间被分成 3 个子空间。为了描述车辆状态与稳定性子空间之间的关系，引入了稳定性指数 ξ。如图 3.19 所示，当 $\xi \in [0,1]$ 时，车辆状态位于稳定子空间中。当 $\xi \in [-1,0]$ 时，车辆状态位于临界稳定子空间。随着车辆状态向稳定性空间的中心移动，ξ 的值增加。当 $\xi<-1$ 时，车辆状态位于稳定性空间之外。为清楚起见，最小值不小于−2。

基于上述得到的稳定空间，可以分析不同稳定性子空间的安全需求。在本研究中，安全需求可概括为侧向稳定性、操纵稳定性和轮胎纵向防滑。根据当前的车辆状态（V_y,γ,A_x），可以定位出相应的稳定子空间。安全需求分析见表 3.3。

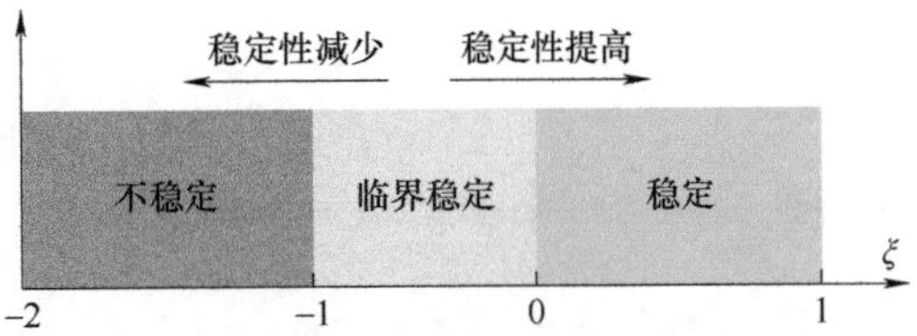

图 3.19　稳定性指数图

以减速工况为例，分析了不同稳定子空间下的安全要求：

表 3.3　安全需求分析

工况	稳定空间	安全约束
加速	Θ_{in}	侧向稳定性，操纵稳定性，前轮胎纵向防滑，后轮胎纵向防滑
	Θ_{mid}	侧向稳定性↑，操纵稳定性↓，前轮胎纵向防滑↑，后轮胎纵向防滑↓
	Θ_{out}	稳定
减速	Θ_{in}	侧向稳定性，操纵稳定性，前轮胎纵向防滑，后轮胎纵向防滑
	Θ_{mid}	侧向稳定性↑，操纵稳定性↓，前轮胎纵向防滑↓，后轮胎纵向防滑↑
	Θ_{out}	稳定

1）如果车辆状态（V_y,γ,A_x）$\in\Theta_{in}$，则认为它处于稳定子空间中。

2）如果车辆状态（V_y,γ,A_x）$\notin\Theta_{in}$且（V_y,γ,A_x）$\in\Theta_{mid}$，则认为它处于临界稳定子空间中。

3）如果车辆状态（V_y,γ,A_x）$\notin\Theta_{mid}$和（V_y,γ,A_x）$\in\Theta_{out}$，则认为它处于不稳定子空间中。

当车辆位于 Θ_{in}时，主要考虑操纵稳定性，同时也考虑侧向稳定性和纵向轮胎防滑性能。对于子空间 Θ_{mid}，车辆倾向于过度转向，然后应优先考虑侧向稳定性和后轮胎防滑。对于子空间 Θ_{out}，稳定性比其他性能指标具有更高的优先级。在实践中，稳定边界被实时更新来匹配时变的车辆状态。

第 4 章 冰雪路面条件下汽车横摆稳定预测控制

在车辆横摆稳定控制系统中，横摆角速度和质心侧偏角是反映车辆稳定性能的两个重要指标。在极端场景下，控制系统很难通过液压制动系统快速准确地产生横摆力矩[20]，及时有效地调整车身状态。而电机通常具有较快的响应速度，装配有多个电机的分布式驱动电动汽车可以通过向不同的车轮施加不同的驱制动转矩来快速产生横摆力矩[21-22]，进而提高整个闭环控制系统的响应速度和精度[23-24]，改善车身稳定性。在冰雪路面条件下，一旦检测到过大的质心侧偏角，或车辆实际横摆角速度和期望值存在过大差异，车辆就已经进入了不稳定状态。此时，车身电子稳定控制无法阻止车辆旋转和失稳[25]。

为了解决上述问题，模型预测控制被广泛应用于车辆横摆稳定控制中[26-29]，该方法基于动力学模型预测车辆未来状态，进而考虑稳定优化目标和安全约束，动态调节附加横摆力矩，提升车身的稳定性能，并要在求解过程中考虑其实时性能控制策略的计算负担。在本章中提出了冰雪路面下车辆横摆稳定改善策略，首先，考虑轮胎在低摩擦系数道路上的非线性特性，选取二自由度车辆横摆-侧向动力学模型和单摩擦系数 Fiala 轮胎模型，设计了一种用于改善车辆稳定性能的实时非线性模型预测控制方法。为了在满足安全和执行器约束的前提下改善控制性能，同时满足嵌入式控制器实时部署应用的计算需求，结合庞德里亚金极小值原理和下山单纯形方法设计了约束优化问题快速求解算法，通过将非线性优化问题转化为两点边值问题来降低算法单步的计算时间[31-36]。

4.1 模型建立与参考输入设计

较为准确的车辆动力学模型是设计横摆稳定控制器的基础和前提。然而，受到行车工况和环境多变、不同来源扰动等影响，车辆轮胎力难以准确建模，特别是在冰雪路面等极限工况下，路面难以提供足够的摩擦力，车辆的轮胎力呈现出严重的饱和非线性特性，准确描述车辆轮胎力是建模的难点。本章首先建立面向汽车横摆稳定性控制的二自由度非线性模型，如图 4.1 所示，在该模型中采用 Fiala 轮胎模型描述轮胎侧向力，然后给出用于系统参考输入生成的参考模型[37]。

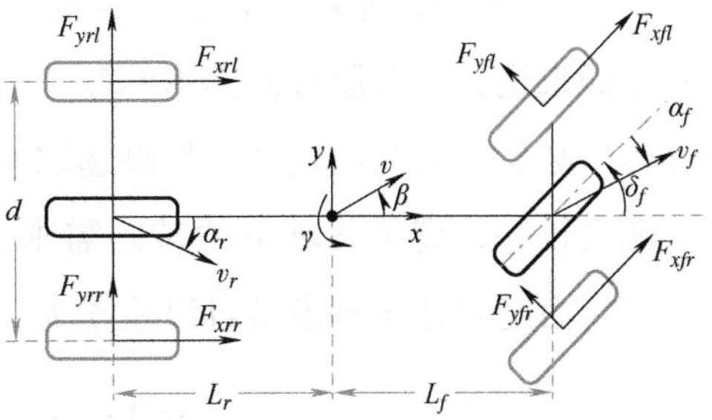

图 4.1　二自由度车辆模型

4.1.1　车辆动力学模型

采用第 2 章中的自行车模型描述整车动力学[38]：

$$\dot{\beta}=\frac{F_{yf}+F_{yr}}{mV_x}-\gamma,\dot{\gamma}=\frac{L_fF_{yf}-L_rF_{yr}+\Delta M_z}{I_z}$$

其中，系统状态 β 和 γ 分别反映侧向运动和横摆运动，由纵向轮胎力产生的附加横摆力矩 ΔM_z 作为系统的控制输入。使用第 2 章中的 Fiala 轮胎模型描述轮胎侧向力[39]，可以近似为如下形式：

$$F_y=\begin{cases}-C_\alpha\alpha+\dfrac{C_\alpha^2}{3\mu F_z}|\alpha|\alpha-\dfrac{1}{3}\dfrac{C_\alpha^3}{(3\mu F_z)^2}\alpha^3, & |\alpha|<\arctan\left(\dfrac{3\mu F_z}{C_\alpha}\right)\\ -\mu F_z\mathrm{sgn}\alpha, & \text{其他}\end{cases}\tag{4-1}$$

其中，前、后轮胎侧偏刚度 C_α 分别表示 C_f 和 C_r。

4.1.2　参考输入

车辆的二自由度参考模型主要用于研究和模拟车辆的横向动态，尤其是在车辆操纵稳定控制方面。这种模型简化了车辆动力学，通常只考虑车辆的横向加速度和横摆角速度，从而便于分析和设计控制系统。二自由度车辆模型在电动车辆的研究中被广泛应用，尤其是在考虑车辆在低摩擦系数路面（如冰雪路面）上的操纵稳定性时。这些模型有助于开发适用于极端驾驶条件的高级控制策略，如直接横摆力矩控制器，这些控制器能够提高车辆在极限操控条件下的稳定性和安全性。

车辆二自由度参考模型是一个线性模型，输入是车辆前轮转向角和纵向速度，输出是车辆横摆角速度和质心侧偏角参考信号。当车辆实际的横摆角速度和质心侧偏角能够跟踪上二自由度线性模型给出的参考信号时，通常认为车辆具有较好的操纵稳定性，能够完成驾驶员给出的驾驶意图。为了获取车辆横摆角速度和质心侧偏角的参考信号，通常取 $\dot{\beta}=0$ 且 $\beta=0$，并且考虑横摆角速度的一阶线性模型[40-41]。事实上，对于转向过程中的车辆来说，选取质心侧偏角的参考信号为0并不能取得较好的效果，因为车辆在转向过程中必然存在侧向速度，如果选取质心侧偏角的参考信号为0将影响车辆的机动性能，无法较好地满足驾驶员的转向需求。通过忽略非线性车辆模型中的轮胎非线性特性，二自由度线性车辆模型可以建立为：

$$\dot{\beta}=\frac{2C_f\left(\delta_f-\beta-\dfrac{L_f}{V_x}\gamma\right)+2C_r\left(\dfrac{L_r}{V_x}\gamma-\beta\right)}{mV_x}-\gamma \tag{4-2}$$

$$\dot{\gamma}=\frac{2L_fC_f\left(\delta_f-\beta-\dfrac{L_f}{V_x}\gamma\right)-2L_rC_r\left(\beta-\dfrac{L_r}{V_x}\gamma\right)}{I_z} \tag{4-3}$$

基于式（4-2）和式（4-3）可以获得车辆对前轮转向角的响应，并且可以通过研究特征方程的特征值来理解动态系统的瞬态行为，得到车辆前轮转向角 δ_f 到 γ_{ref} 和 β_{ref} 的传递函数为：

$$\begin{cases}\dfrac{\gamma_{ref}}{\delta_f}=K_\gamma\dfrac{1+\tau_\gamma s}{\dfrac{1}{\omega^2}s^2+\dfrac{2\zeta}{\omega_n}s+1}\\[2ex]\dfrac{\beta_{ref}}{\delta_f}=K_\beta\dfrac{1+\tau_\beta s}{\dfrac{1}{\omega_n^2}s^2+\dfrac{2\zeta}{\omega_n}s+1}\end{cases} \tag{4-4}$$

车辆系统转向不足系数为：

$$K=-(mC_fL_f-C_rL_r)/2C_fC_rL$$

车辆轴距为 $L=L_f+L_r$。式中无阻尼频率为：

$$\omega_n=(2/V_x)(C_fC_r(L-KV_x^2)/mI_z)^{1/2}$$

阻尼系数为：

$$\zeta=m(C_fL_f^2+C_rL_r^2)+(C_f+C_r)I_z/2[LmI_zC_fC_r(L-KV_x^2)]^{1/2}$$

那么，稳态横摆角速度增益为：

$$K_\gamma=V_x/L+KV_x^2$$

稳态质心侧偏角速度增益为：

$$K_\beta=2LL_rC_r-mV_x^2L_f/2LC_r(L+KV_x^2)$$

其中，微分系数分别为 $\tau_\gamma=mV_xL_f/2C_rL$，$\tau_\beta=I_zV_x/2C_rL_rL-mV_x^2L_f$。

如果道路的摩擦系数非常低，则轮胎力无法满足较大横摆角速度所需要的附着力大小。如文献［38］中提到的，所需的横摆角速度必须受到轮胎-路面摩擦系数函数的限制。为了实现理想的闭环性能，将横摆角速度的上限定义为 $\gamma_{up}=|\mu/V_x|$，式（4-4）中的参考值 γ_{ref} 受到 $|\gamma_{ref}|\leqslant\gamma_{up}$ 的限制。质心侧偏角上限定义为 $\beta_{up}=|\mu g(L_r/V_x^2)+mL_f/C_rL|$，式（4-4）中的参考值 β_{ref} 受到 $|\beta_{ref}|\leqslant\beta_{up}$ 的限制。

需要注意的是，本节中的线性参考模型仅用于生成系统的参考输入，这有助于实现驾驶员期望的驾驶轨迹。在下一节中，在制定非线性模型预测优化问题时，使用非线性模型以获得更高的精度，通过非线性轮胎模型引入控制系统的非线性特性。

4.2 基于非线性预测控制方法的汽车横摆稳定控制器设计

4.2.1 汽车横摆稳定控制策略

稳定性很大程度上依赖于用于预测未来行为的系统模型的准确性，如果模型不能准确捕获系统的动态，那么预测和优化将基于错误的信息，这可能导致不稳定的控制行为。代价函数应该设计成能够促使系统状态向稳定的期望状态收敛，它可能包括对系统状态的惩罚，以及对控制行为的限制，以避免过度激烈的控制动作。NMPC 能够处理系统的输入和状态约束，这些约束如果得到适当处理，有助于确保车辆的稳定性。例如，通过限制状态和控制输入不超过安全边界，可以防止车辆达到潜在的不稳定状态。NMPC 设计中的一个重要方面是保证递归可行性，这意味着从当前优化问题的可行解出发，总能找到下一个时刻优化问题的可行解。同时，稳定性保证通常涉及确保闭环系统的李雅普诺夫函数随时间单调递减，即系统能量随时间减少，这样才能保证系统的稳定性。由于 NMPC 在每个控制周期都需要在线求解一个约束优化问题，因此需要高效的数值求解算法和足够的计算能力，以确保在有限的时间内得到解并保证控制系统的稳定性。通过在设计和实施 NMPC 过程中考虑这些因素，可以提高控制系统的稳定性和性能。

为了提高车辆的操控性和稳定性能，主要的控制要求是跟踪参考模型给出的参考信号 γ_{ref} 和 β_{ref}。考虑状态和输入约束以实现更好的性能。控制方案如图 4.2 所示，所设计的 NMPC 控制器产生的附加横摆力矩被分配并增加到原有的电机转矩中。最后，进行仿真以验证所提出的控制方案的可用性并为控制参数的选取提供指导。

定义车辆稳定控制系统状态为 $\boldsymbol{x}=[x_1,x_2]^{\mathrm{T}}=[\beta/\beta_{up},\gamma/\gamma_{up}]^{\mathrm{T}}$，系统的控制输入表示

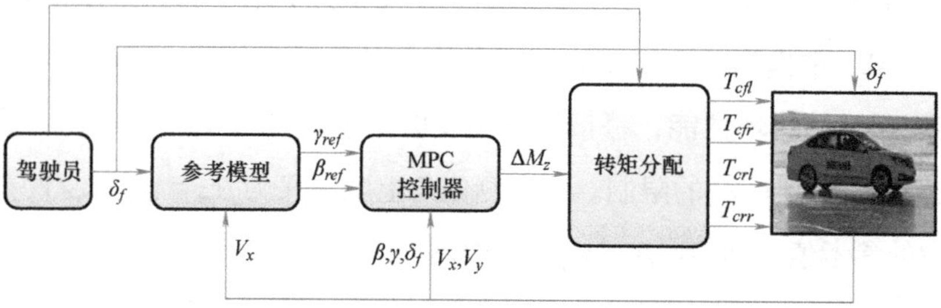

图 4.2　车辆横摆稳定控制策略框图

为 $u=\Delta M/\Delta M_{\max}$。通过欧拉方法在采样时刻 kT_s 处对预测模型进行离散化，离散时间模型可表示为：

$$x_1(k+1)=T_s\frac{F_{yf}(k)+F_{yr}(k)}{\beta_{up}mV_x}+x_1(k)-\frac{T_s\gamma_{up}}{\beta_{up}}x_2(k)$$

$$x_2(k+1)=T_s\frac{L_fF_{yf}(k)-L_rF_{yr}(k)}{\gamma_{up}I_z}+x_2(k)-\frac{T_s\Delta M_{\max}}{\gamma_{up}I_z}u(k)$$

其中，F_{yf}和 F_{yr}基于非线性轮胎模型式（4-1）来计算的，以获得更高的精度。

如前所述，横摆稳定性控制的主要需求是尽可能跟踪参考横摆角速度 γ_{ref}，以提高车辆操控性。此外，还应该跟踪参考质心侧偏角 β_{ref}。因此，在时间 $k+1\leqslant k_i\leqslant k+N+1$ 时，定义代价函数如下：

$$L_1(k_i)=[x_2(k_i)-\gamma_{ref}/\gamma_{up}]^2,L_2'(k_i)=[x_1(k_i)-\beta_{ref}/\beta_{up}]^2$$

尽管在代价函数中描述了跟踪所需质心侧偏角 β_{ref}，但附加横摆力矩不会直接影响它。当质心侧偏角超过 β_{up}时，侧向力易达到饱和，车辆操纵非常困难。因此，设置状态约束 $|x_1(k_i)|\leqslant 1$ 以避免轮胎力饱和。此外，对于最低能耗目标，第三项定义为：

$$L_3(k_i)=u(k_i-1)^2$$

由于执行器饱和，电机转矩受到限制，电机产生的附加横摆力矩受 $|\Delta M_z|\leqslant\Delta M_{\max}$ 限制。根据控制输入 u 的定义，控制输入约束为 $|u(k_i-1)|\leqslant 1$。性能评价指标见表 4.1。

表 4.1　性能评价指标

性能指标	数学描述
操纵能力	$\gamma_p=\dfrac{100\int_0^{t_m}\lvert\gamma(t)-\gamma_{ref}(t)\rvert\mathrm{d}t}{t_m\gamma_{th}}$
轨迹跟踪能力	$\Delta y_p=\dfrac{100\int_0^{t_m}\lvert y_{veh}(t)-y_{ref}(t)\rvert\mathrm{d}t}{t_m y_{th}}$

（续）

性能指标	数学描述
抑制能力	$\beta_p=\dfrac{100\int_0^{t_m}\|\beta(t)\|\mathrm{d}t}{t_m\beta_{up}}$
能源消耗	$u_p=\dfrac{100\int_0^{t_m}\|\Delta M_z\|\mathrm{d}t}{t_m\Delta M_{\max}}$

非线性模型预测控制策略由以下优化问题描述：

$$\min J=\sum_{k_i=k+1}^{k+N+1}\left[L_1(k_i)+\Gamma_\beta L_2'(k_i)+\Gamma_u L_3(k_i)\right] \tag{4-5}$$

满足 $|u(k_i-1)|\leqslant 1$ 且 $|x_1(k_i)|\leqslant 1$，其中 Γ_β 和 Γ_u 是权重因子。通过求解上述问题，利用最优控制输入 $u^*(k)$ 计算附加电机转矩 ΔT_{cfl}，ΔT_{cfr}，ΔT_{crl}，ΔT_{crr} 为：

$$\Delta T_{cfl}(k)=\Delta T_{crl}(k)=-\frac{u^*(k)M_{\max}}{d}R_e,\Delta T_{cfr}(k)=\Delta T_{crr}(k)=\frac{u^*(k)M_{\max}}{d}R_e$$

4.2.2 非线性模型预测控制问题的快速求解

第4.2.1节中提出的非线性模型预测控制策略对于嵌入式平台具有较大的计算负担，本节将利用极小值原理给出优化问题最优的必要条件，并将原始约束优化问题转化为无约束优化来寻找最优初始状态，进而得到一个局部最优解，实现非线性模型预测控制问题的快速求解。极小值原理是最优控制理论中的一个核心概念，由庞特里亚金（Pontryagin）首次提出，它提供了一个确定控制系统最优策略的强大分析工具，可以用来确定在给定的初始条件和终端条件下，如何调整控制变量以最小化或最大化某个性能指标。在最优控制问题中，我们通常关注如何调整控制变量以最小化或最大化代价函数，这个代价函数通常与系统状态和控制变量的时间积分有关。极小值原理为这类问题提供了一个必要条件，即对于最优控制问题的解，必须存在一个与系统动态相关的共轭变量，使得性能指标的哈密顿函数（Hamiltonian）在控制变量上的极大化（或极小化）在整个控制过程中得以保持。应用极小值原理时，我们会寻找一个哈密顿函数，使得在最优路径上，对于任何允许的控制变量值，哈密顿函数取得极小值。这就意味着，在最优控制策略下，与当前状态和共态变量相对应的哈密顿函数值会比其他任何非最优控制策略下的值要大。

非线性模型预测控制式（4-5）存在状态约束 $|x_1|\leqslant 1$，使得优化问题求解变得困难。因此，为了降低上述带有状态约束的优化问题的复杂度，引入松弛函数以获得接近

最优的次优结果，如下：

$$\zeta(k_i)=\nu(1+e^{\kappa(1+x_1(k_i))})^{-1}+\nu(1+e^{\kappa(1-x_1(k_i))})^{-1}$$

其中 κ 表示函数的锐度，ν 是一个很大的数，以将最佳状态保持在边界［-1,1］内。通过使用松弛函数，当结果状态接近边界时，惩罚值将快速增加，当状态在边界内时，惩罚值接近于零。由此，目标函数 $L_2(k_i)$ 可重新表述为：

$$L_2(k_i)=L_2'(k_i)+\zeta(k_i)$$

于是，优化问题式（4-5）被重新定义为：

$$\begin{aligned}&\min J=\sum_{k_i=k+1}^{k+N+1}[L_1(k_i)+\Gamma_\beta L_2(k_i)+\Gamma_u L_3(k_i)]\\&\text{s. t.}\quad |u(k_i-1)|\leqslant 1\end{aligned}\tag{4-6}$$

$k+1\leqslant k_i\leqslant k+N+1$ 时刻的哈密顿函数可描述为：

$$\begin{aligned}H(x(k_i),u(k_i))=&L_1(k_i)+\Gamma_\beta L_2(k_i)+\Gamma_u L_3(k_i)+\\&\lambda_1(k_i)\left(F_1(x(k_i))-\frac{\gamma_{up}}{\beta_{up}}x_2(k_i)\right)+\lambda_2(k_i)\left(F_2(x(k_i))+\frac{\Delta M_{\max}}{\gamma_{up}I_z}u(k_i)\right)\end{aligned}\tag{4-7}$$

其中 $F_1(x(k_i))$ 和 $F_2(x(k_i))$ 定义为：

$$F_1(x(k_i))=\frac{F_{yf}(x(k_i),\delta_f(k))+F_{yr}(x(k_i),\delta_f(k))}{\beta_{up}mV_x}$$

$$F_2(x(k_i))=\frac{L_fF_{yf}(x(k_i),\delta_f(k))-L_fF_{yr}(x(k_i),\delta_f(k))}{\gamma_{up}I_z}$$

在上面的方程中，$\lambda_1(k_i)$ 和 $\lambda_2(k_i)$ 表示拉格朗日乘子。那么，最优必要条件为：

$$\lambda_1(k_i)=\lambda_1(k_i+1)+\left.\frac{\partial H}{\partial x_1}\right|_{k_i+1}T_s,\lambda_2(k_i)=\lambda_2(k_i+1)+\left.\frac{\partial H}{\partial x_2}\right|_{k_i+1}T_s$$

终端条件为：

$$\lambda_1(k+N+1)=0,\lambda_2(k+N+1)=0$$

最优控制 $u^*(k_i)$ 必须在每个时刻最小化哈密顿量：

$$H(u^*(k_i),\lambda_1^*(k_i),\lambda_2^*(k_i))\leqslant H(u(k_i),\lambda_1^*(k_i),\lambda_2^*(k_i))$$

根据必要条件，我们可以给出从初始状态到终止状态的映射。其对应图如图 4.3 所示。

$$\lambda_1(k),\lambda_2(k),x(k)\Rightarrow u(k)\Rightarrow\lambda_1(k+1),\lambda_2(k+1),x(k+1)\Rightarrow u(k+1)$$

$$\Rightarrow\cdots\lambda_1(k_i),\lambda_2(k_i),x(k_i)\Rightarrow u(k_i)\Rightarrow\cdots\lambda_1(k+N+1),\lambda_2(k+N+1),x(k+N+1)$$

图 4.3　PMP 迭代关系

在某个时间步 k_i，在已知状态 $\lambda(k_i)$ 和 $x(k_i)$ 下，根据 PMP 可以得到显式解。我们使用二维多项式将哈密顿量式（4-7）重新表述为控制变量 $u(k_i)$ 的函数如下：

$$H(x(k_i),u(k_i))=p_1u(k_i)^2+p_2(k_i)u(k_i)+g(x(k_i))$$

其中 $p_1=\Gamma_u$，$p_2(k_i)=\lambda_2(k_i)\Delta M_{\max}/(\gamma_{up}I_z)$，而且

$$g(x(k_i))=(x_2(k_i)-\gamma_{ref}/\gamma_{up})^2+\Gamma_\beta[(x_1(k_i)-\beta_{ref}/\beta_{up})^2+\zeta(k_i)]+$$
$$\lambda_1(k_i)(F_1(x(k_i))-\frac{\gamma_{up}}{\beta_{up}}x_2(k_i))+\lambda_2(k_i)F_2(x(k_i))$$

进而，可以得到最小化 H 的显式最优解：

$$u(k_i)=\begin{cases}-1,-\dfrac{p_2(k_i)}{2p_1}\leqslant-1\\-\dfrac{p_2(k_i)}{2p_1},-1<-\dfrac{p_2(k_i)}{2p_1}<1\\1,-\dfrac{p_2(k_i)}{2p_1}\geqslant1\end{cases}$$

然后，优化问题式（4-6）涉及找到满足的最终结果的最佳初始状态 $\lambda^*(k)$。换句话说，将原来的最优控制问题转化为具有两个未知变量的无约束优化问题如下：

$$\lambda^*(k)=\arg\min_{\lambda(k)\in\mathbb{R}^2}\|\lambda(k+N+1)\|$$

该问题可以通过 Nelder-Mead 算法来求解。最后，最优控制律 $u^*(k)$ 由下式给出

$$u^*(k)=\begin{cases}-1,-\dfrac{\lambda_2^*(k)\Delta M_{\max}}{2\gamma_{up}\Gamma_uI_z}\leqslant-1\\-\dfrac{\lambda_2^*(k)\Delta M_{\max}}{2\gamma_{up}\Gamma_uI_z},-1<-\dfrac{\lambda_2^*(k)\Delta M_{\max}}{2\gamma_{up}\Gamma_uI_z}<1\\1,-\dfrac{\lambda_2^*(k)\Delta M_{\max}}{2\gamma_{up}\Gamma_uI_z}\geqslant1\end{cases}$$

4.3 汽车横摆稳定控制验证与分析

4.3.1 仿真结果与分析

为了验证所提出的控制方案的可靠性和优势，使用 Carsim 和 Simulink 在双移线（DLC）驾驶场景下开展了联合仿真，其中非线性优化问题由 NM-PMP 算法求解。仿真过程中，主要关注车辆在 $\mu=0.35$、$V_x=60$km/h 的道路上行驶时的操纵性和稳定性。选

择采样时间 $T_s=0.0125$s，预测时域 $N=20$，最大附加横摆力矩 $\Delta M_{max}=800$N·m，横摆角速度和质心侧偏角的上限分别为 $\gamma_{up}=11.8°/s$ 和 $\beta_{up}=2.16°$。代价函数不仅描述了对质心侧偏角抑制能力的要求，还描述了对能耗的要求。此外，根据仿真结果选取以下若干指标来客观地评估车辆性能，其中，横摆角速度误差的归一化参数 $\gamma_{th}=1.146°/s$[42] 是根据横摆角速度的最大绝对误差和平均绝对误差确定的，横向位移误差 Δy_p 的归一化参数 y_{th} 是整个仿真时间内的最大偏差。

在优化问题式（4-5）中，抑制质心侧偏角的控制目标被描述为成本函数 L_2' 状态约束 $|x_1(k_i)|\leqslant 1$。图 4.4 所示为两个评估雷达图，通过表 4.1 中给出的客观指标评估受控车辆的性能。图 4.4a 中，当权重因子 Γ_β 增大时，质心侧偏角抑制效果有明显改善；同时，能量消耗的损失是可以接受的。此外，在考虑质心侧偏角约束时，车辆的性能得到整体改善。

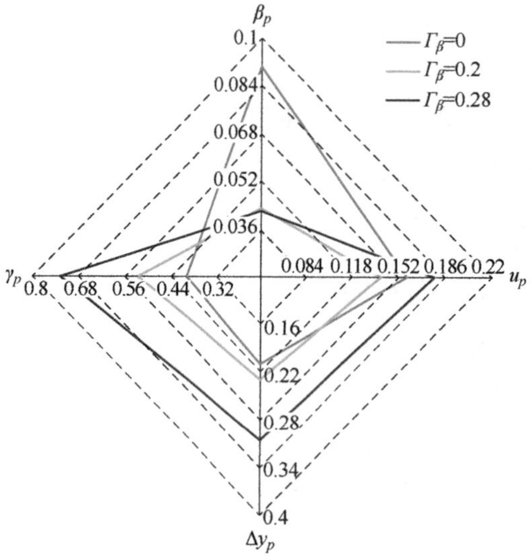

a) 不同质心侧偏角加权的性能比较

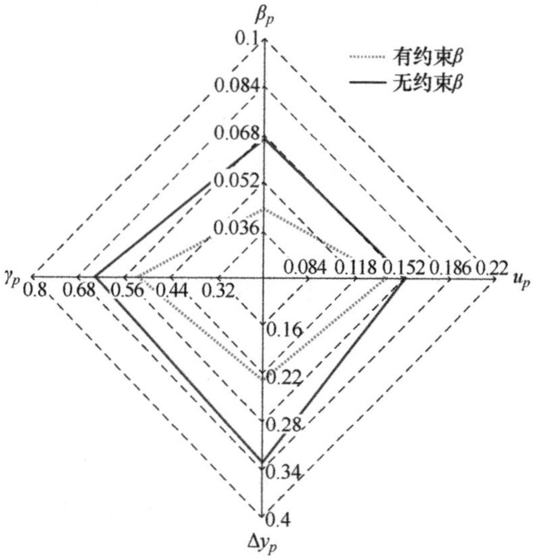

b) 有和无质心侧偏角约束的性能比较

图 4.4 使用雷达图评估限制质心侧偏角的性能比较

图 4.5 表明，如果 Γ_u 增大或减小，控制器输出的附加横摆力矩将相应减小或增大。当 $\Gamma_u=0.0625$ 时，附加横摆力矩剧烈振荡。此外，能量的增加导致质心侧偏角变大。当 $\Gamma_u=0.25$ 时，较小的附加横摆力矩和较小的驱动能量将对车辆产生影响，此时，作为主要控制需求的质心侧偏角抑制就无法得到保证。当 $\Gamma_u=0.125$ 时，无法完全避免低幅振荡。

根据上述仿真结果，最后确定权重因子为 $\Gamma_u=0.125$ 和 $\Gamma_\beta=0.2$。双移线工况的仿真结果如图 4.6 所示。当设计的控制策略工作时，车辆性能的改善是明显的，车辆横摆角速度能够很好地跟踪参考输入，车辆质心侧偏角减小。

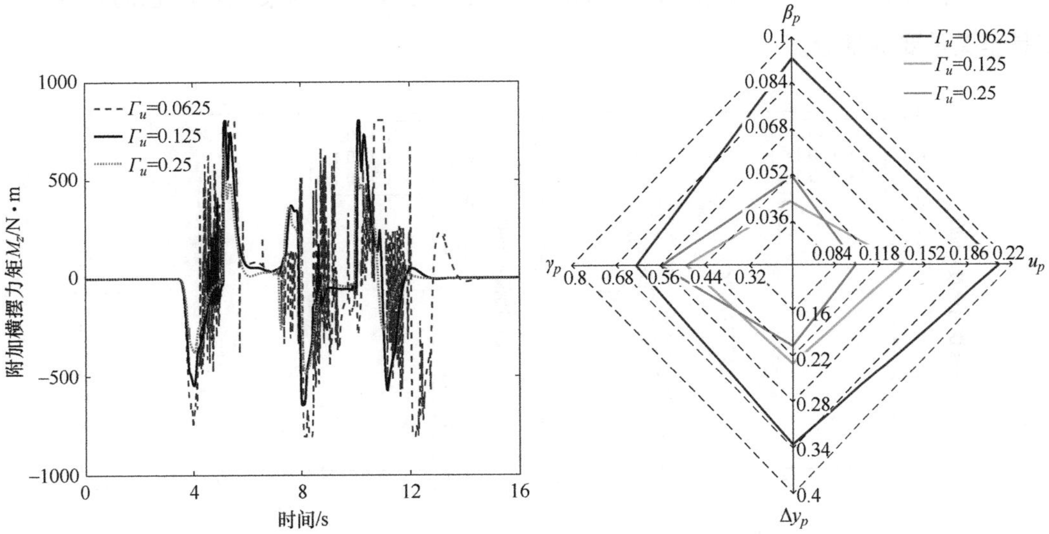

a) 附加横摆力矩　　　　b) 雷达图评估

图 4.5　权重因子 Γ_u 的性能比较

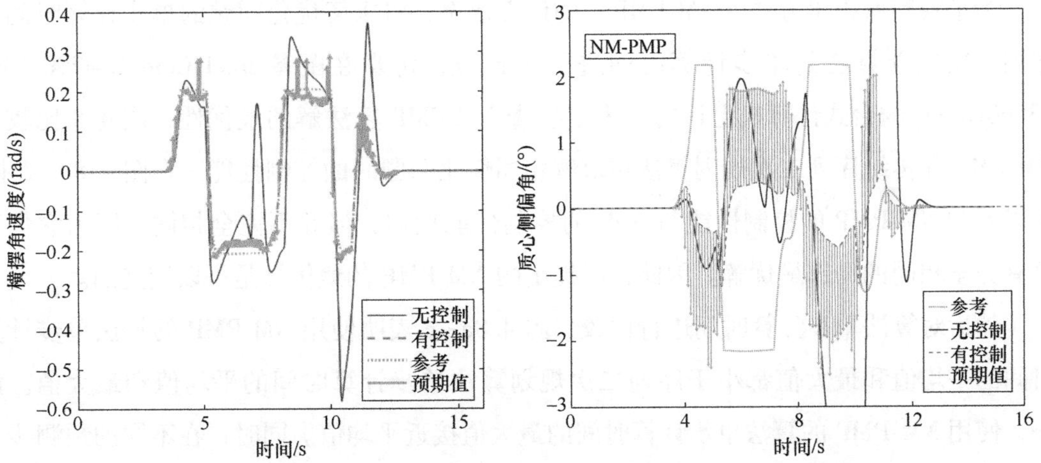

a) 横摆角速度　　　　b) 质心侧偏角

图 4.6　NM-PMP 的 DLC 工况仿真结果

图 4.6 还给出了未来一段时间的预测状态，图中一个黄色箭头代表 0.25s 内的所有预测状态，这与文献［9］中的预测轨迹类似。然后，每个点的所有预测轨迹绘制采样时刻。预测的横摆角速度与参考信号具有相同的趋势，以帮助车辆实际横摆角速度跟踪参考输入。然而，结果表明无法跟踪车辆质心侧偏角参考输入 β_{ref}，并且给出相反的质心侧偏角，造成该现象的原因是轮胎力进入非线性区域，无法为车辆提供足够的侧向力，控制策略只能尽力抑制质心侧偏角。为了准备实时道路测试，图 4.7 给出了算法单

步计算时间（CT）对车辆控制性能的影响。结果表明，当算法单步计算时间大于 0.1s 时，车辆性能迅速恶化。因此，以较低的计算负担在线获得约束优化问题的最优/次优解是至关重要的部分。

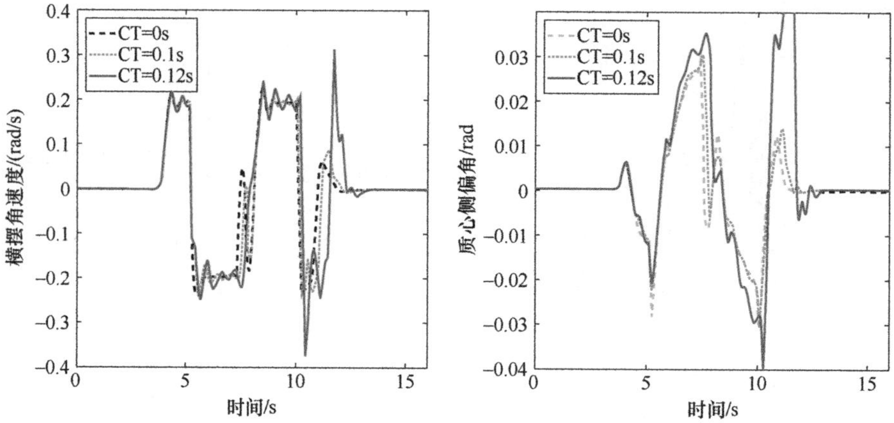

a) 横摆角速度　　b) 质心侧偏角

图 4.7　不同单步计算时间的性能比较

为了观察所提出方法（NM-PMP）的计算效率，将求解优化问题的单步计算时间与序列二次规划算法的单步计算时间进行了比较，仿真在配备 Intel Core i7-4790 CPU（3.60GHz）的台式计算机上运行。为了检查 NM-PMP 算法解的最优性，图 4.8 比较了 NM-PMP 和传统序列二次规划算法在求解相同优化问题时的控制性能。在图 4.8d~f 中，可以看到 NM-PMP 的控制性能与 SQP 的控制性能相似，但并不完全相同，因为它们不具有完全相同的局部最优解。因此，所提出的 NM-PMP 的最优性是可以接受的。

然后对算法单步计算时间进行比较，图 4.8a~c 表明使用 NM-PMP 的算法单步计算时间的平均值和最大值都小于序列二次规划算法单步计算时间的平均值和最大值。此外，使用 NM-PMP 的算法单步计算时间的最大值接近平均值。同时，在不同的预测步长（N）下，使用 NM-PMP 的平均单步计算时间的变化间隔非常小。对于需要长时间预测的应用案例，基于相同解决方案框架的单步计算时间随着预测步骤线性增加[43]。这项技术进步使得为车辆控制器和量产车辆实施先进的非线性模型预测控制成为可能。

与传统求解方法相比，该方法的优势在于：

1）只需求解两个独立的未知变量，可以显著降低算法单步计算时间。

2）在每个时间步，利用已知的状态 $\lambda_1(k)$、$\lambda_2(k)$ 和 x_k，导出显式最优控制输入，这也有助于提高计算效率。

3）通过比较计算出的目标函数值，所提出方法的最优性是可以接受的。

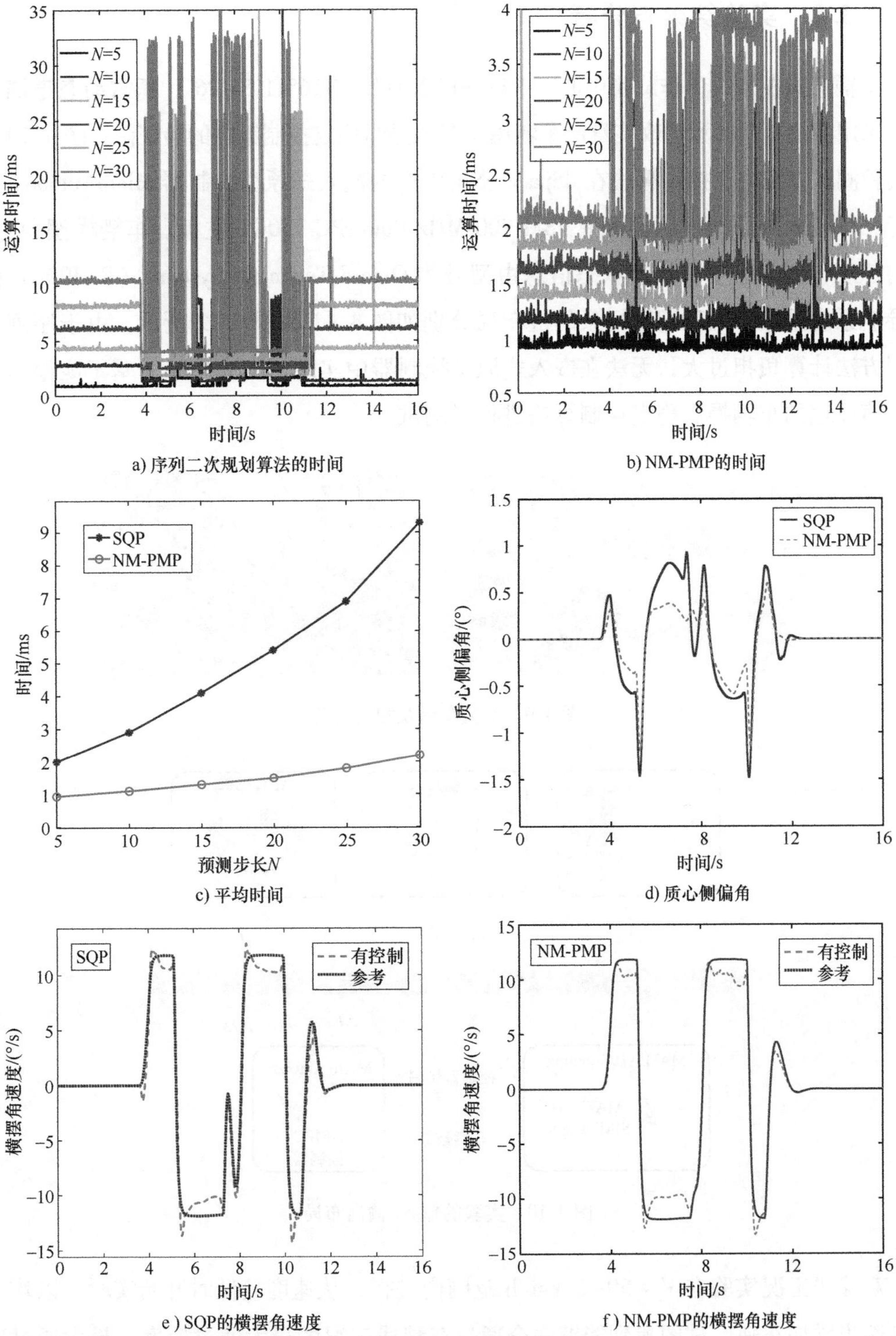

a) 序列二次规划算法的时间　b) NM-PMP的时间

c) 平均时间　d) 质心侧偏角

e) SQP的横摆角速度　f) NM-PMP的横摆角速度

图 4.8　NM-PMP 和传统序列二次规划算法的单步计算时间和控制性能比较

4.3.2 实验结果与分析

车辆实验在东风冬季试验中心（N48°30′52.41″，E126°11′54.26″）积雪动态道路上进行，采用如图4.9所示的改装量产车辆用于车辆操纵稳定控制策略的验证。在图4.10所示的实验测试方案中，控制算法在dSpace公司生产的嵌入式原型控制器MicroAutobox Ⅱ上运行，该嵌入式原型控制器配有IBM 900-MHz PowerPC 750GL主板。车辆横摆角速度、纵向速度、侧向速度等反馈状态信息由型号为Oxford Technical Systems（RT3002）的惯性导航系统采集。两种驾驶场景的桩布局分别如图4.11和图4.12所示。由于序列二次规划方法计算负担过大，无法在嵌入式原型控制器中实现，实验中只对基于庞德里亚金极小值原理的车辆操纵稳定控制算法进行了测试。

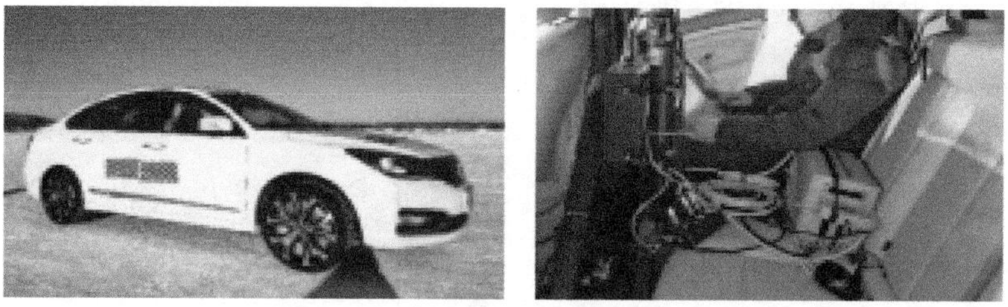

图4.9　实验车辆及相关设备

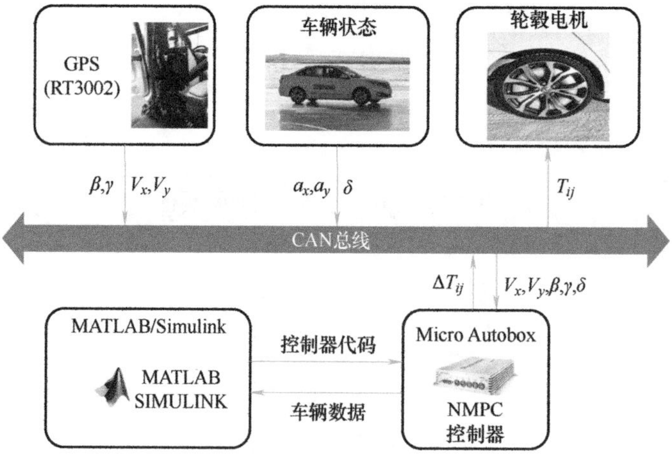

图4.10　实验的输入/输出布局

双移线工况实验在$V_x=50\sim55$km/h范围内进行，从速度较低时开始实验，以均匀的间隔逐步增加车速，试图找到能够安全通过双移线工况的最大通过速度，最大通过速度的实验照片和相关结果如图4.13~图4.16所示。

在实验过程中，车辆在开阔地带首先从0加速到约67km/h；然后，车辆将保持该

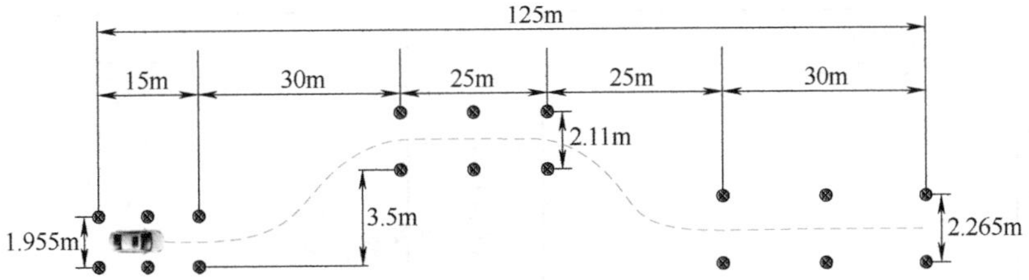

图 4.11　DLC 实验

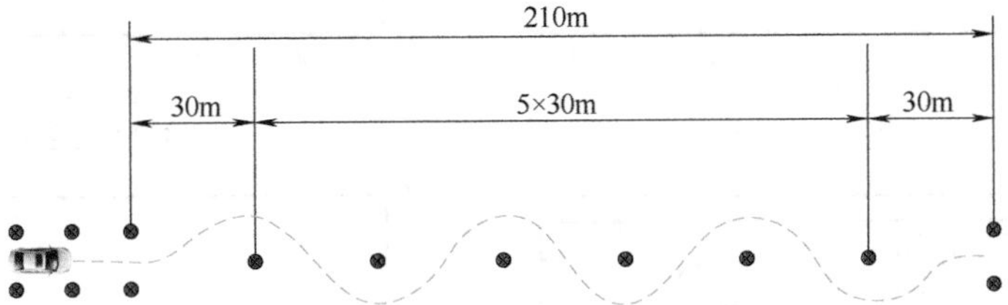

图 4.12　蛇行工况

a) 控制器关闭

b) 控制器开启

图 4.13　DLC 工况的实验图片

速度并进入弯道。在经验丰富、熟练度高的驾驶员控制下，实验车辆在弯道中的速度变化范围很小，速度基本保持稳定，峰值最大可以达到 70km/h。如图 4.13a 所示，在大约 9s 时，当所提出的控制器不起作用时，车辆在弯道出口处撞击测试桩。尽管车辆稳定，但根据测试标准，实验失败。当所提出的控制器工作时，车辆成功地沿着预定路线通过了弯道。

图 4.14 表明，在没有附加横摆力矩的情况下，较大的质心侧偏角会导致汽车碰桩。

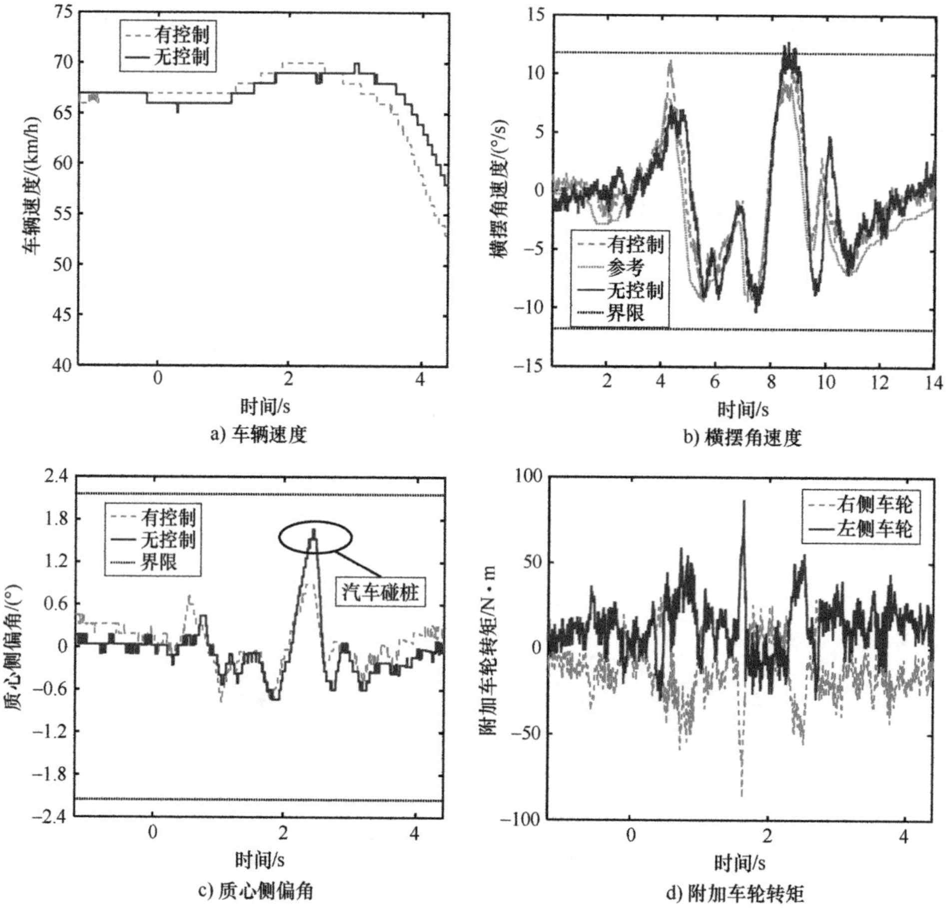

图 4.14　DLC 工况的实验结果

然而，通过调节横摆角速度和质心侧偏角，可以使其保持在安全的范围内。图 4.14d 显示了左右轮的附加车轮转矩。通过这些实验，我们可以清楚地看到，即使在极端的冰雪路面条件下，采用先进的车辆操纵稳定控制策略，如基于庞德里亚金极小值原理的模型预测控制，仍然可以有效地提高车辆的安全性能。

回转动作对车辆控制系统的要求比双移线工况更为严格，尤其是在连续弯道环境中。在这种环境下，车辆缺乏直线段来调整状态，使得准确跟踪横摆角速度和维持质心侧偏角的小幅度变化成为关键。为了确保车辆的操纵稳定性，必须精确控制横摆角速度以遵循预定轨迹，同时限制质心侧偏角，以避免由于横摆运动的累积误差导致车辆失控。在实验中，我们将车辆速度设定为 50km/h，进行了绕桩动作实验，以评估车辆在高速转弯时的稳定性和操纵性，实验结果和相应的图片分别展示在图 4.15 和图 4.16 中。

在这些实验中，车辆需要在保持较高速度的同时，快速准确地通过一系列连续设定的桩点。这种实验对车辆操控稳定系统的响应速度和准确性提出了极高的要求。当横摆

a) 控制器关闭

b) 控制器开启

图 4.15　蛇行工况的实验图片

角速度跟踪误差逐渐累积，并且车辆质心侧偏角增大到一定程度时，车辆可能会失去操控稳定性，导致侧滑或偏离预定轨迹，这在高速行驶时尤其危险。因此，为了有效预防这种情况，车辆稳定控制系统需要能够快速响应，精确调整车辆的横摆运动，以确保在复杂的驾驶情况下保持车辆的稳定性。

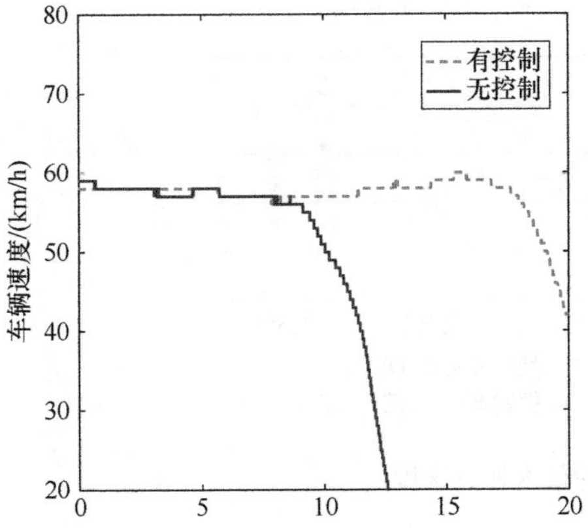

a) 车辆速度

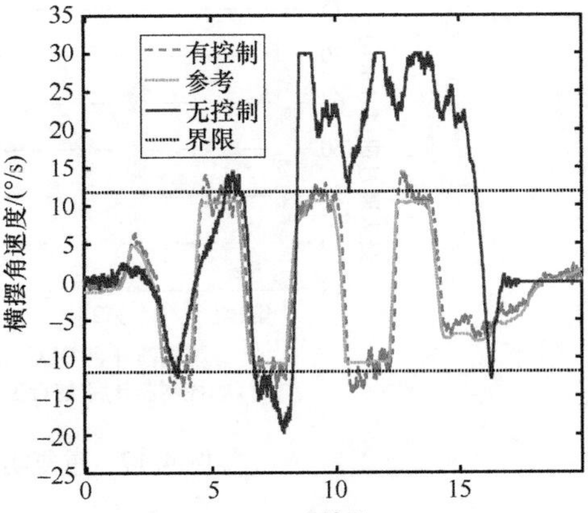

b) 横摆角速度

图 4.16　蛇行工况的实验结果

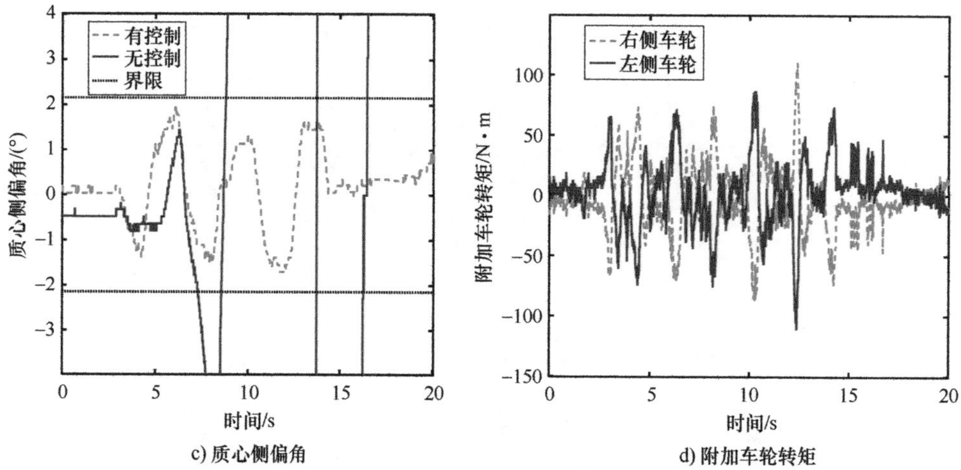

c) 质心侧偏角　　d) 附加车轮转矩

图 4.16　蛇行工况的实验结果（续）

蛇行工况实验中，车辆加速至约 60km/h 并保持测试中的速度。如图 4.15a 所示，没有装配所提出控制器的车辆会产生无法控制的旋转。图 4.16b 和 c 分别给出了蛇行工况下横摆角速度和质心侧偏角结果。当控制器不工作时，横摆角速度和质心侧偏角分别在约 9s 和 7s 时超过限制。相比之下，控制器作用下的横摆角速度和质心侧偏角可以被抑制在有限的区域内以保持车辆稳定。然而，横摆角速度有时会超出范围，这是由采样期间的开环控制引起的。一旦新的控制信号到达，这些状态就会被抑制在范围内。最后，图 4.16d 给出了车辆左轮、右轮的附加转矩。上述实验经过多次重复才能产生令人信服的结果，每个实验的最大通过速度如图 4.17 所示。

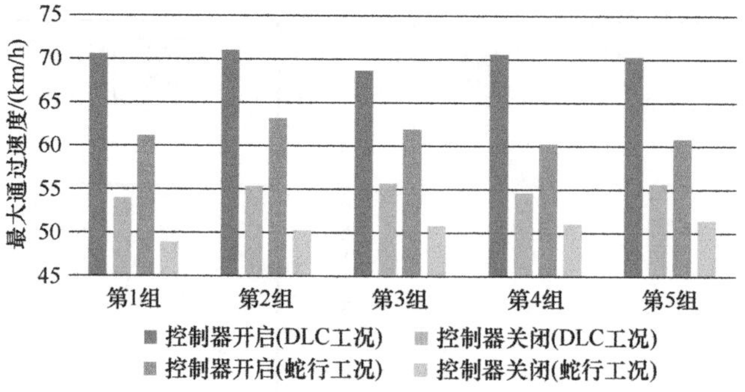

图 4.17　重复实验的最大通过速度

第5章

考虑节能优化的汽车横摆稳定预测控制

2022年5月，国际能源署官员指出，全球同时面临石油、天然气和电力三重危机，应对新一轮能源危机已经成为全球性问题。为了应对全球能源危机，降低汽车能耗成为紧迫任务，而转矩分配优化技术是汽车节能领域中备受瞩目的解决方案。同时，在车辆的运动稳定性方面，转矩分配优化策略可以通过动态调整不同车轮的驱制动转矩，产生附加横摆力矩，进一步改善车辆稳定性能。然而，转矩分配优化涉及非线性动力学、多变量优化、实时性要求、不确定性和实际约束等多方面的难点，需要综合运用控制理论、优化理论和数值计算。目前，学术界和工业界在汽车能耗降低和运动稳定性提升方面进行了大量研究。研究方法包括基于城市交通枢纽信息平台的交通层面的动态规划、车辆自身层面的转矩分配优化。在分布式驱动电动汽车中，转矩分配策略可以分为一体化架构下的协同控制和分层控制。协同控制主要基于模糊控制和滑模控制理论，以全局的视角进行优化，考虑各个子系统之间的相互影响，但也存在计算负担较大、灵活性较低的问题。分层控制架构降低了优化策略的维数，具有较小的计算负担。同时，车辆转矩分配需要考虑车辆运动稳定性提升、电机能量损耗最小等控制目标，并处理电机物理约束，模型预测控制可以很好地处理此类多目标、多约束的优化问题。

在具体的转矩分配策略中，本章节基于轮胎滑移动力学模型，运用模型预测控制方法，详细探讨了横摆稳定与转矩分配协同优化策略和分层优化策略的实施。首先在5.2小节中，介绍了一种基于前轮主动转向和附加横摆力矩的横摆稳定改善策略。5.3小节根据两级转矩分配方法，进行电动汽车优化转矩矢量控制，并实现考虑节能优化的电动汽车操纵稳定控制。本章中所采用的转矩分配策略不仅在正常行驶条件下表现卓越，在极端工况下也同样表现出色，为深入理解和解决转矩分配优化这一问题提供了重要的理论基础。

5.1 轮胎纵向滑移模型建立

采用轮胎滑移动力学模型[44-45]来反映单个轮胎的运动，描述车辆与路面之间的力传递和运动特性，动力学表达式如下：

$$\dot{\lambda}_r=\left(-\frac{R_e^2}{JV_x}-\frac{\lambda_t+1}{\frac{1}{4}mV_x}\right)C_{\lambda i}\lambda_t+\frac{R_e}{JV_x}T_i \tag{5-1}$$

式中，$C_{\lambda i}$为轮胎纵向刚度，计算公式如下：

$$C_{\lambda i}=F_{zi}\left(p_1+p_2\frac{F_{zj}-F_{z0}}{F_{z0}}\right)e^{p_3\frac{F_{zj}-F_{z0}}{F_{z0}}} \tag{5-2}$$

式中，p_1、p_2、p_3和F_{z0}是可以通过模型验证和匹配方法获得的系数；F_{zi}是轮胎垂向载荷，可表示为如下形式：

$$F_{zf}=\frac{m}{2}\left(\frac{L_r}{L_f+L_r}g-\frac{h_{cg}}{L_f+L_r}a_x\right) \tag{5-3}$$

$$F_{zr}=\frac{m}{2}\left(\frac{L_f}{L_f+L_r}g+\frac{h_{cg}}{L_f+L_r}a_x\right) \tag{5-4}$$

式中，h_{cg}为车辆质心高度；a_x为车辆纵向加速度。

轮胎纵向滑移率λ_t表示为如下形式：

$$\lambda_t=\frac{\omega_i R_e-V_x}{\max(\omega_i R_e,V_x)} \tag{5-5}$$

5.2 汽车横摆稳定与节能集中优化策略

5.2.1 基于前轮主动转向和附加横摆力矩的横摆稳定控制

本小节基于前馈-反馈方法，设计了一种车辆操纵和稳定性改善控制器，输出前轮转角和附加横摆力矩，其中前馈控制器可以通过干预前轮转角来提高系统响应速度，反馈控制器可以根据当前状态测量值反馈信息进一步改善车辆动态。

基于前馈控制方法，令车辆的质心侧偏角和横摆角速度为其对应的参考输入，可得：

$$\frac{F_{yf}(\delta_f,\beta^*,\gamma^*,V_x)+F_{yr}(\beta^*,\gamma^*,V_x)}{mV_x}-\gamma^*=0 \tag{5-6}$$

由于车辆的非线性轮胎力模型中具有高阶项，式（5-6）是一个一元三次方程，待

求解变量 δ_f 的解可以表示为：

$$\delta_f = f_f(\beta^*, \gamma^*, V_x) \tag{5-7}$$

虽然上述高阶方程的解不是唯一的，但可以设计如下规则来确保选择合理的解：

1）前轮转角必须是实数。

2）同一坐标系下前轮转角的方向与侧向力的方向相同。

进一步，在上述前馈控制得到前轮转角的情况下，基于反馈控制方法，定义 $e=\gamma^*-\gamma$，可得：

$$\dot{e} = \dot{\gamma}^* - \dot{\gamma} = \dot{\gamma}^* - \frac{L_f F_{yf}(\beta,\gamma,\delta_f) - L_r F_{yr}(\beta,\gamma) + \Delta M_z}{I_z} \tag{5-8}$$

设计如下反馈控制律：

$$\Delta M_z^* = I_z \dot{\gamma}^* - L_f F_{yf}(\beta,\gamma,\delta_f) + L_r F_{yr}(\beta,\gamma) + I_z\left(K_P e + K_I \int e\mathrm{d}t + K_D \dot{e}\right) \tag{5-9}$$

通过选取控制器参数 $K_P>0$、$K_I>0$ 和 $K_D>0$ 可以保证系统平衡点的稳定。

5.2.2　基于预测控制方法的横摆控制与节能集中优化

定义状态向量 $\boldsymbol{x}_i = [\lambda_{fl}, \lambda_{fr}, \lambda_{rl}, \lambda_{rr}]^{\mathrm{T}}$，控制输入 $\boldsymbol{u}_i = [T_{fl}, T_{fr}, T_{rl}, T_{rr}]^{\mathrm{T}}$，系统输出 $y=\Delta M_z$。轮胎纵向滑移率的数学模型如下所示：

$$\begin{cases} \dot{\boldsymbol{x}}_i = \boldsymbol{A}\boldsymbol{x}_i + \boldsymbol{B}\boldsymbol{u}_i \\ \boldsymbol{y} = \boldsymbol{C}\boldsymbol{x}_i \end{cases} \tag{5-10}$$

其中，相应系数 A，B，$\boldsymbol{C}$ 见式（5-11）~式（5-13）：

$$A = \left(-\frac{R_e^2}{JV_x} - \frac{\boldsymbol{x}_i + 1}{\frac{1}{4} m V_x} \right) C_{\lambda i} \tag{5-11}$$

$$B = \frac{R_e}{JV_x} \tag{5-12}$$

$$\boldsymbol{C} = \frac{d}{2}[-C_{\lambda fl}, C_{\lambda fr}, -C_{\lambda rl}, C_{\lambda rr}] \tag{5-13}$$

通过定义 $\boldsymbol{X}_i = \left[\frac{\lambda_{fl}}{\lambda_{\max}}, \frac{\lambda_{fr}}{\lambda_{\max}}, \frac{\lambda_{rl}}{\lambda_{\max}}, \frac{\lambda_{rr}}{\lambda_{\max}}\right]^{\mathrm{T}}$，$\boldsymbol{U}_i = \left[\frac{T_{fl}}{T_{\max}}, \frac{T_{fr}}{T_{\max}}, \frac{T_{rl}}{T_{\max}}, \frac{T_{rr}}{T_{\max}}\right]^{\mathrm{T}}$，$\boldsymbol{Y} = \frac{\Delta M_z}{M_{\max}}$，状态空间模型可以重写为：

$$\begin{cases} \dot{\boldsymbol{X}}_i = A'\boldsymbol{X}_i + B'\boldsymbol{U}_i \\ \boldsymbol{Y} = \boldsymbol{C}'\boldsymbol{X}_i \end{cases} \tag{5-14}$$

其中，相应系数表达式如下：

$$A' = \left(-\frac{R_e^2}{JV_x} - \frac{X_i \lambda_{\max} + 1}{\frac{1}{4} m V_x} \right) C_{\lambda i} \tag{5-15}$$

$$B' = \frac{R_e}{JV_x} \frac{T_{\max}}{\lambda_{\max}} \tag{5-16}$$

$$C' = \frac{d}{2} [-C_{\lambda fl}, C_{\lambda fr}, -C_{\lambda rl}, C_{\lambda rr}] \frac{\lambda_{\max}}{T_{\max}} \tag{5-17}$$

用 N_c 表示控制时域，用 N_p 表示预测时域。对于非线性系统，在采样时刻 k，预测状态和输出计算如下：

$$X_i(k+1) = f^k [X_i(k), U_i(k)] T_s + X_i(k) \tag{5-18}$$

$$Y(k) = C' X_i(k) \tag{5-19}$$

式中，f^k 是时间 k 处的梯度；T_s 是采样时间。

为了提高车辆的操纵性并降低控制能量消耗，给出了考虑多个优化需求的目标函数，主要控制要求是确保实际附加横摆力矩跟踪主动安全控制层生成的期望附加横摆力矩 ΔM_z^*。因此，设计跟踪附加横摆力矩的目标函数为：

$$J_1 = \| Y(k) - R(k) \|_Q^2 = \sum_{j=1}^{N_p} \left[\left(Y(k+j \mid k) - \frac{\Delta M_z^*(k)}{M_{\max}} \right)^2 \right] Q \tag{5-20}$$

式中，Q 是用于调整附加横摆力矩的跟踪性能的权重因子。

由于较大的车轮纵向滑移率会降低驾驶舒适性并加剧轮胎磨损，因此应设计对轮胎纵向滑移率的约束。求解模型预测控制问题时，施加多个约束会影响求解速度，因此，对纵向滑移率设计软约束如下：

$$E_{\lambda i}(k) = \begin{cases} |X_i(k)| - 1, & X_i(k) > 1 \\ X_i(k), & X_i(k) < 1 \end{cases} \tag{5-21}$$

$$J_2 = \| E_{\lambda i}(k) \|_H^2 = \sum_{j=1}^{N_p} \left[\sum_i E_{ii}^2(k+j \mid k) \right] H \tag{5-22}$$

式中，H 是调整纵向车轮滑移率的权重系数。

电机效率描述的是电能与机械能之比（图 5.1），因此是反映资源利用率和能量损耗率的指标。在电机转速恒定的情况下，随着电机转矩的增加，电机效率会先增加后降低。因此，如果已知电机转速，就可以通过电机效率图来查找最高效点所对应的转矩 T_η^*。为了提高电机效率，提出了以下与资源利用率和能量损耗相关的目标函数：

$$J_3 = \| 1 - \eta(k) \|_G^2 = \sum_{j=0}^{N_c - 1} \left[\sum_i U_i(k+j \mid k) - \frac{T_\eta^*}{T_{\max}} \right] G \tag{5-23}$$

式中，G 是用于调整电机效率性能的权重系数。

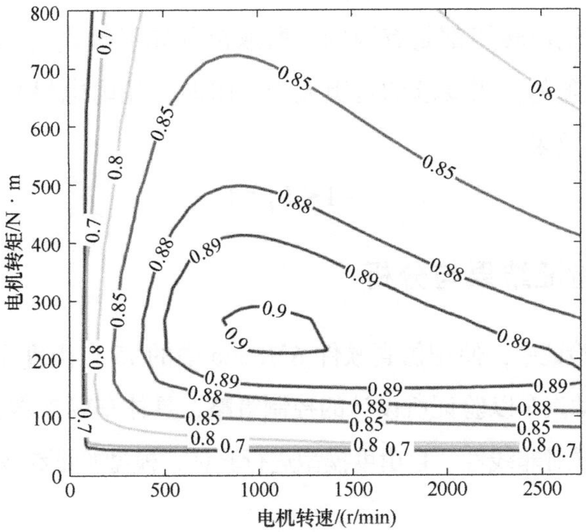

图 5.1 轮毂电机的效率图

电动汽车在道路上行驶时，四个车轮的电机速度相近。从轮内电机的效率图中可以发现，当转矩相等时，速度相近的电机效率几乎相等。对于同侧的轮内电机，最好确保其转矩相等，这样其效率也会大致相等。这样，不同电机的损耗和老化就比较接近，寿命也比较均衡。因此，设计了如下目标函数来平衡电机效率：

$$J_4 = \|E_{T,l}(k)+E_{T,r}(k)\|_F^2 = \sum_{j=0}^{N_p-1}\{[U_{fl}(k+j|k)-U_{rl}(k+j|k)]^2\}F+ \sum_{j=0}^{N_p-1}\{[U_{fr}(k+j|k)-U_{rr}(k+j|k)]^2\}F \tag{5-24}$$

式中，F 为权重系数，用于调整车辆同侧轮内电机的效率误差。

对于所提出的优化目标，使同侧电机效率误差和电机总能量损失最小化的最终目标函数，即 MEEMEL，可表示为下式形式：

$$\min J = J_1+J_2+J_3+J_4 \tag{5-25}$$

5.2.3 预测控制输入约束

为满足实际工程应用的需要，应考虑某些限制因素。为确保车辆的动力性能满足驾驶员的需求，四个轮内电机的转矩总和即式（5-26）应以驾驶员给定的总转矩的不等式（5-27）为界。这种对输出功率的限制减少了对控制器操作的限制，同时改善了驾驶员的驾驶体验。

$$U_{total} = U_{fl}+U_{fr}+U_{rl}+U_{rr} \tag{5-26}$$

$$0.8\frac{T_t}{T_{max}} \leqslant U_{total} \leqslant 1.2\frac{T_t}{T_{max}} \tag{5-27}$$

每个轮内电机的输出转矩都是有限的，所取范围如不等式（5-28）所示，这是因为电机转矩不可能是无限的。当要求的转矩大于上限时，轮内电机只能输出其上限值，这将影响所达到的控制效果。

$$-1 \leqslant U_i \leqslant 1 \tag{5-28}$$

5.2.4 仿真验证结果与分析

在控制策略仿真验证中，使用仿真软件 AMESim 中的 15 自由度车辆动态模型作为被控对象，模拟实际的电动汽车以验证所设计的控制策略，具体车辆参数见表 5.1。通过现有的积雪动态路面实验数据对非线性二自由度模型进行验证，模型验证结果如图 5.2 所示。

表 5.1 车辆参数

符号	取值	符号	取值	符号	取值
m	1365kg	L_r	1.344m	C_r	51175.7660N/rad
I_z	1900kg·m^2	d	1.450m	J	1.3kg·s^2
L_f	1.056m	C_f	41850.8534N/rad	R_e	0.294m

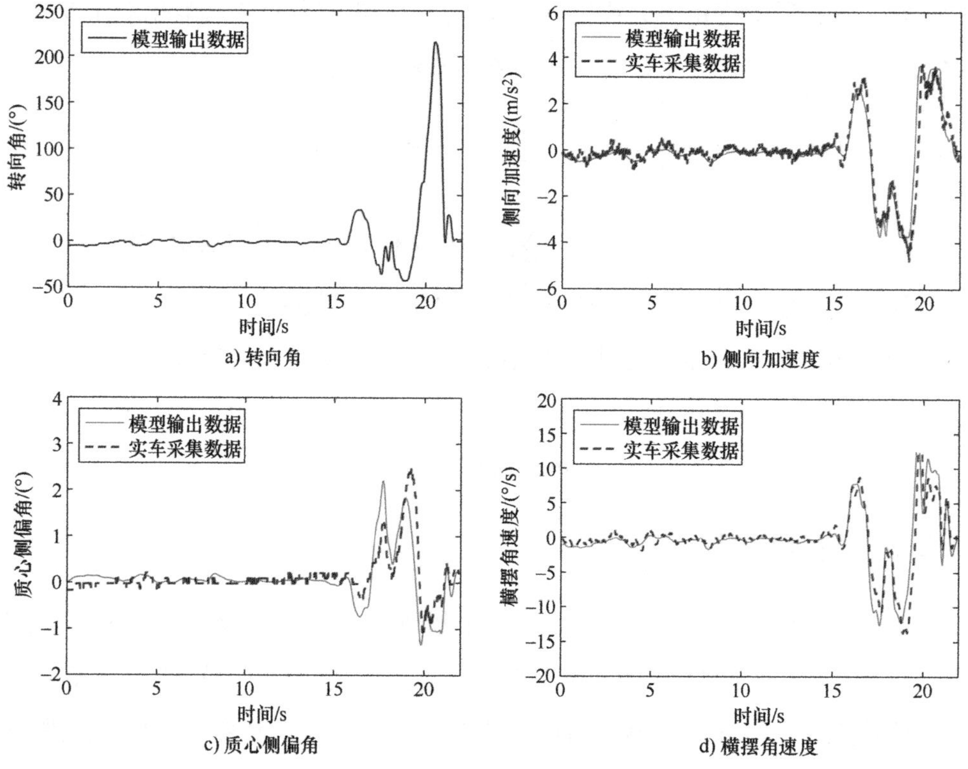

图 5.2 基于东风乘用车的模型验证结果

同时，与仿真模型相比，非线性二自由度模型的横摆角速度和质心侧偏角误差小于 5%，5.2 节所提出的轮胎纵向滑移率的数学模型的滑移率误差小于 17.4%。其中，仿真模型考虑了车轮载荷的变化，并包含了以数据文件表示的电机。

测试了三种转矩分配方法，即传统的轴分配策略（AD）、最小控制能耗转矩分配策略（MEC）[46]和提议的最大电机效率转矩分配策略（MEEMEL）。双移线工况和直线加速工况用于评估不同转矩分配策略下的各种性能指标。

（1）双移线工况

为了在极端条件下更全面地测试所提出的策略，在摩擦系数为 0.3 的平坦道路上进行了双移线工况的效果验证，车辆的纵向速度设置为 80km/h。根据车辆参数和操纵条件，设置权重因子、预测时域 N_p和控制时域 N_c，见表 5.2。

表 5.2　MPC 控制器参数

符号	取值	符号	取值
Q	10	F	1
H	6.25	N_p	5
G	1	N_c	5

图 5.3a 和 b 分别为车辆的横摆角速度和质心侧偏角，可以看出，使用 MEC 和 MEEMEL，车辆的横摆角速度能够跟踪其参考输入，并且不超过道路附着系数施加的限制。然而，当参考横摆角速度较大时，MEC 的跟踪性能比 MEEMEL 差。这是因为 MEC 策略总是最小化车辆的转矩，而车辆没有足够的横摆力矩。采用 AD 策略，车辆的横摆角速度也可以遵循参考值，但在某些时候会超过路面附着力极限。同时，车辆的质心侧偏角被限制在很小的值，表明稳定性能得到提高。相比之下，如果没有控制器，横摆角速度无法跟随参考值，并且车辆的质心侧偏角较大。

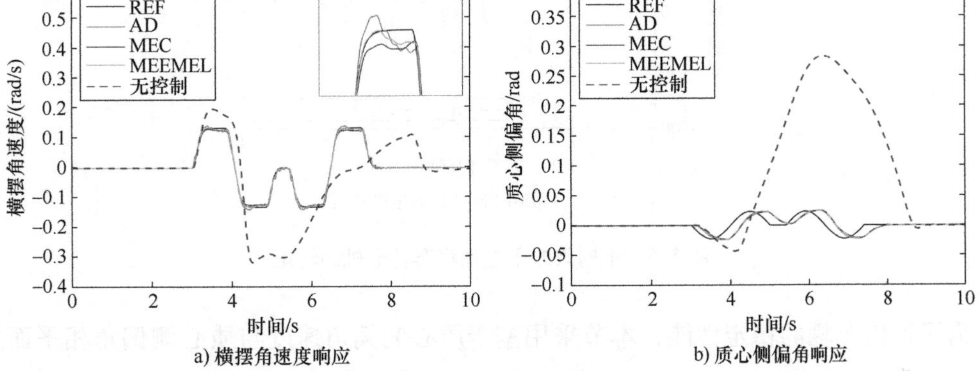

a) 横摆角速度响应　　b) 质心侧偏角响应

图 5.3　车辆状态响应

图 5.4 展示了 AD、MEC 和 MEEMEL 对应的前轮转角。与驾驶员的值相比，控制器的前轮转角较小。不同策略下车辆各电机的转矩如图 5.5 所示，与 AD 策略相比，MEC 和 MEEME 策略能够产生更平滑的转矩。此外，当采用 MEEMEL 策略时，车辆同一侧的轮内电机具有相似的转矩。因此，通过 MEEMEL，车辆同一侧的电机效率得以平衡。

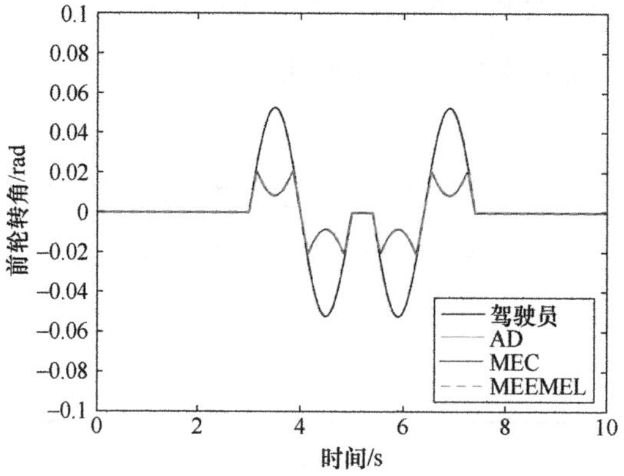

图 5.4　不同控制策略下的前轮转角

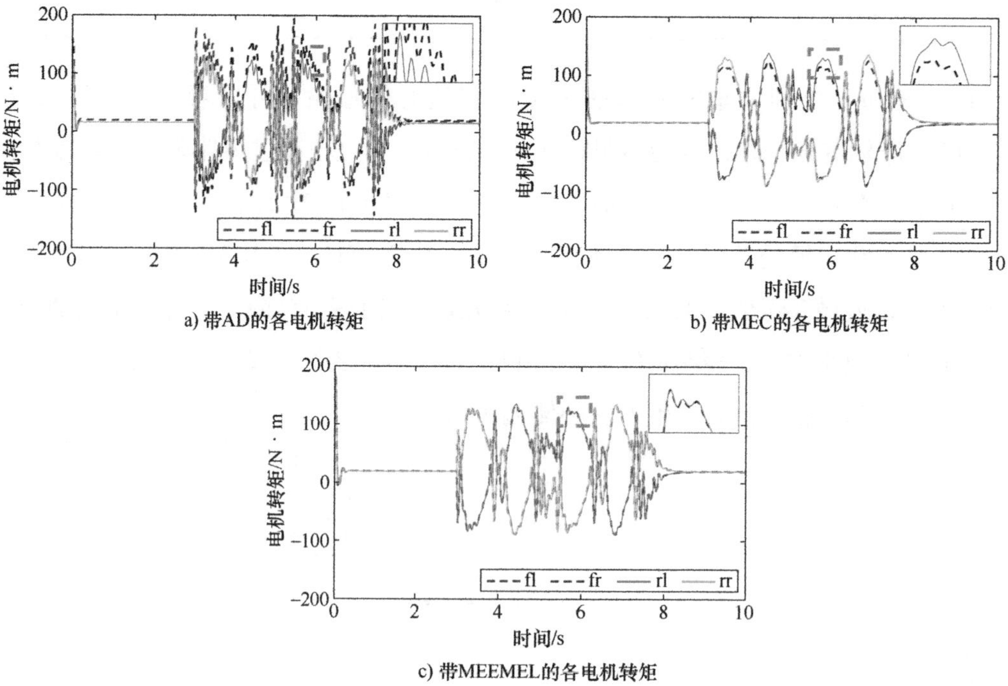

图 5.5　不同策略下电动汽车各电机的转矩

为了评价车辆的稳定性能，本节采用基于质心侧偏角速度与质心侧偏角相平面的稳定性评价方法。通过式（5-29）~式（5-31）可以确定稳定区域：

$$|\dot{\beta}+E\beta|\leqslant B \tag{5-29}$$

$$E=0.56\mu^2+4.94\mu+14.61 \tag{5-30}$$

$$B=|0.11\mu^2+0.99\mu+0.01V_x^2-0.38V_x+4.77| \tag{5-31}$$

为了更好地分析车辆的稳定性，设计了轮胎侧滑指数形式如下：

$$S_{lateral}=|\gamma_{actual}|-\frac{\mu g}{V_x} \tag{5-32}$$

如果 $S_{lateral}>0$，那么轮胎会出现侧向打滑，不利于车辆稳定性。

图5.6展示了不同控制策略下的轮胎侧滑指数。对于AD，指数部分位于滑移区域，而MEC和MEEMEL的指数位于无滑移区域。因此，采用MEC或MEEMEL的车辆表现出更好的稳定性能。

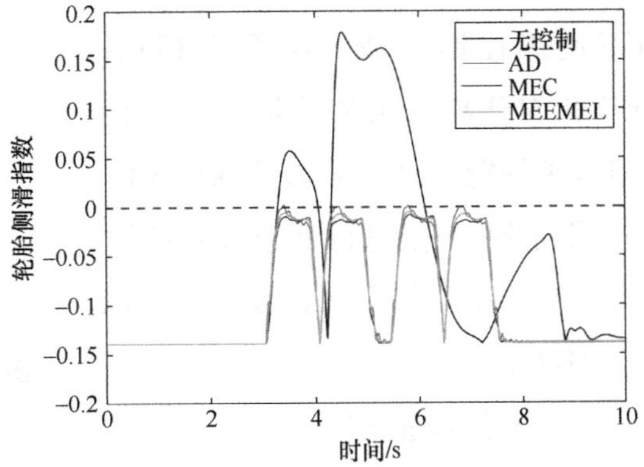

图5.6 不同控制策略下的轮胎侧滑指数

选择6个评价指标来评价每种策略的性能，见表5.3，其中 e_r 为实际横摆角速度与期望横摆角速度之间的绝对误差之和，e_v 为实际纵向速度与期望速度之间的绝对误差之和。E 为轮毂电机的能耗，δ 为驾驶员转向角与实际转向角的绝对误差之和，η 为轮毂电机的总效率，η_i 为每个电机的效率，$\overline{\eta}$ 为四台电机的平均效率。

表5.3 评价指标

评价指标	取值
操控性和稳定性能	$Q_1=1+\frac{e_r,AD-e_r}{e_r,AD}$
动力性能	$Q_2=1+\frac{e_v,AD-e_v}{e_v,AD}$
节能性能	$Q_3=1+\frac{E_{AD}-E}{E_{AD}}$
减轻转向系统的负担	$Q_4=1-\frac{\delta_{AD}-\delta}{\delta_{AD}}$
增效性能	$Q_5=1-\frac{\eta_{AD}-\eta}{\eta_{AD}}$
效率平衡性能	$Q_6=1+\frac{\sum_i(\eta_i-\overline{\eta})_{AD}-\sum_i(\eta_i-\overline{\eta})}{\sum_i(\eta_i-\overline{\eta})_{AD}}$

图 5.7 为不同策略针对表 5.3 的性能比较，其中值越大表示性能越好。与 AD 相比，MEC 和 MEEMEL 在横摆角速度跟踪和控制节能方面表现出更好的性能。此外，AD 和 MEEMEL 具有相似的纵向速度保持性能值，而 MEC 在这方面表现较差。从上面的评估可以看出，MEEMEL 在四个所考虑的指标中比其他策略表现出更好的性能。

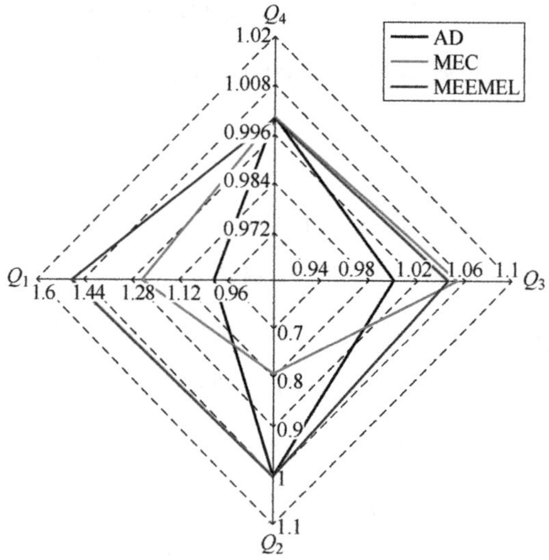

图 5.7 双移线工况下不同控制策略性能比较结果

以上双移线工况的验证结果证明，与不使用控制器或 AD 策略相比，MEC 和 MEEMEL 策略能够提高稳定性和操控性能，而且 MEC 或 MEEMEL 策略消耗的控制能量也低于 AD 策略。此外，MEEMEL 的纵向速度保持性能优于 MEC。

（2）直线加速工况

直线加速工况主要用于验证节能和提高电机效率方面的性能，选择摩擦系数较低（0.3）的平坦道路，总模拟时间为 7s，驾驶员从 0s 加速到 5s，达到 80km/h，并在 5s 后停止加速。根据车辆参数和操纵条件，设置了表 5.4 所示的权重系数、预测时域 N_p 和控制时域 N_c。

如图 5.8a、c、e 所示，AD、MEC 和 MEEMEL 各电机的转矩各不相同。在 AD 和 MEC 策略中，同侧电机的转矩不同。因此，电机的效率是不平衡的。相比之下，采用 MEEMEL 策略所获得的转矩显然接近于电机最高效工作的值，电机效率达到了平衡。

表 5.4 MPC 控制器参数

符号	取值	符号	取值
Q	20	F	4
H	1	N_p	3
G	5	N_c	3

图 5.8b、d、f 为 AD、MEC 和 MEEMEL 对应的总转矩和总转矩约束。三种方法都能满足约束条件，但 MEC 策略的总转矩总是与下限重合，这可能会导致车辆动力性能不足。

图 5.9 为不同策略下的车辆纵向速度。AD 和 MEEMEL 在 $t=7$s 时的纵向速度相同，

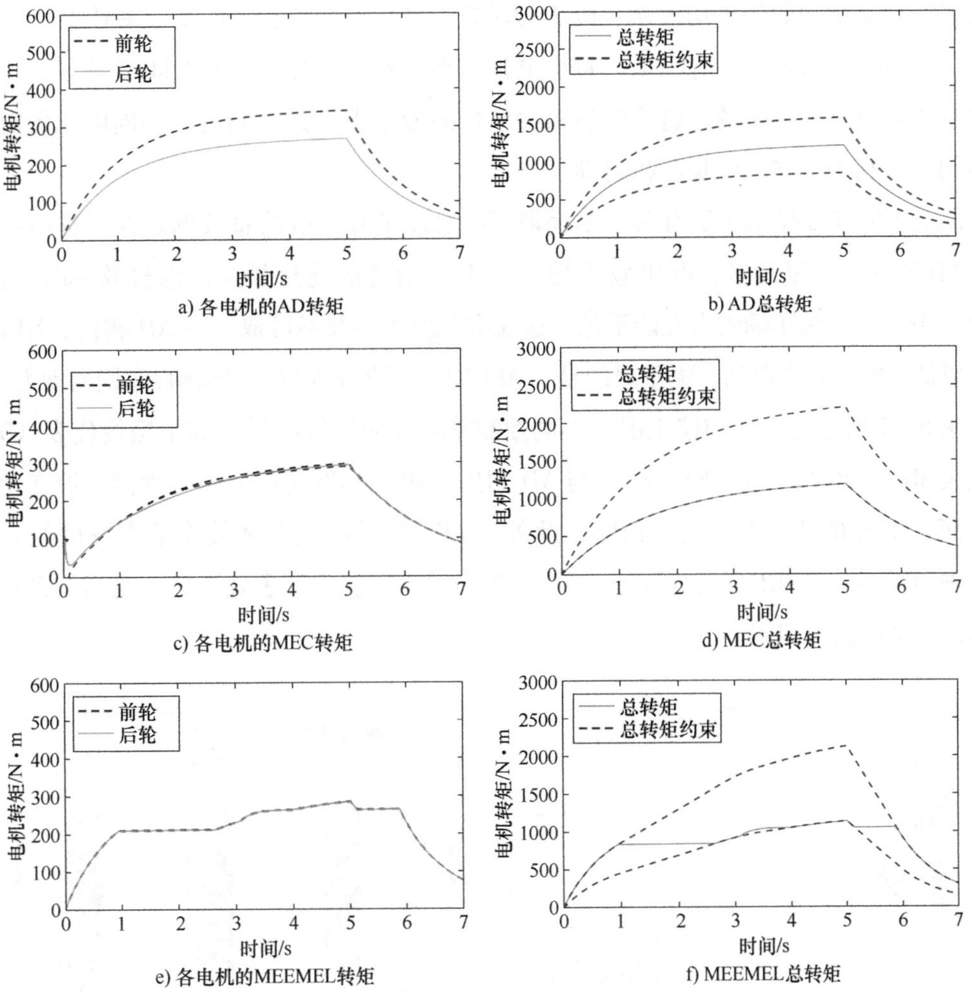

a) 各电机的AD转矩　b) AD总转矩

c) 各电机的MEC转矩　d) MEC总转矩

e) 各电机的MEEMEL转矩　f) MEEMEL总转矩

图 5.8　单个电机转矩和总转矩

表明 MEEMEL 实现了与 AD 相同的动力性能。相比之下，当 $t=7\mathrm{s}$ 时，使用 MEC 的纵向速度低于使用 AD 的纵向速度，因为 MEC 总是能使电机转矩最小化。

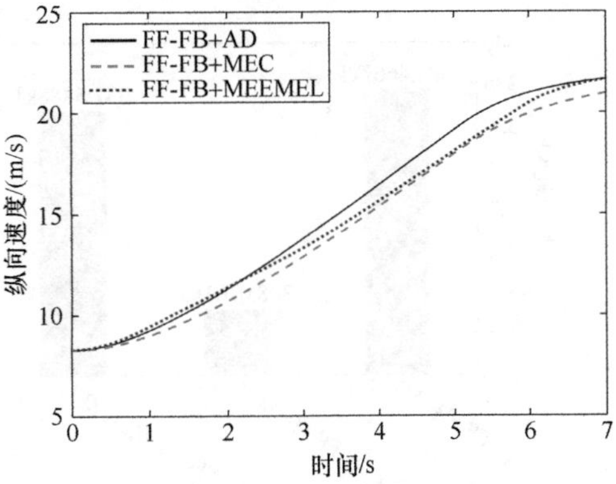

图 5.9　直线加速工况下不同控制策略的车辆纵向速度

图 5.10a 显示了四个电机在不同时间的平均效率。如图所示，当 $0<t<1$ 时，加速踏板开度增大，MEEMEL 产生的转矩比 MEC 产生的转矩更接近最高效率转矩。因此，当 $0<t<1$ 时，MEEMEL 策略的四个电机的平均效率高于其他策略。当 $1<t<5$ 时，三种方法

实现了四个电机相似的平均效率，因为对转矩的最小约束接近于最高效率转矩。

图5.10b显示了所有时间段内每个电机的平均效率。对于AD和MEC来说，不同电机的平均效率是不平衡的，这意味着每台电机的能量损失是不同的。不同电机的能量损失不同，不利于节能和延长电机寿命。

图5.10c和d显示了所有时段车辆消耗的总能量和电机的总效率。在三种控制方法中，AD消耗的能量最多，电机效率最低。MEC消耗的能量最少，电机效率略有提高；不过，MEC会导致车辆动力性能不足，这在实际应用中并不可取。与AD相比，MEEMEL能耗更低，电机效率最高。更重要的是，MEEMEL不会像MEC那样牺牲车辆的动力。

图5.11所示为直线加速工况下不同控制策略性能比较结果，其中黑线代表AD，蓝线代表MEC，红线代表MEEMEL。与AD相比，MEC具有更好的节能性能；但在动力性能方面，MEC的性能不如其他策略。此外，MEC在效率提升和效率平衡方面的表现也不如MEEMEL。MEEMEL在节能、提高效率和效率平衡方面表现良好，尤其是在动力性能方面与AD表现相同。

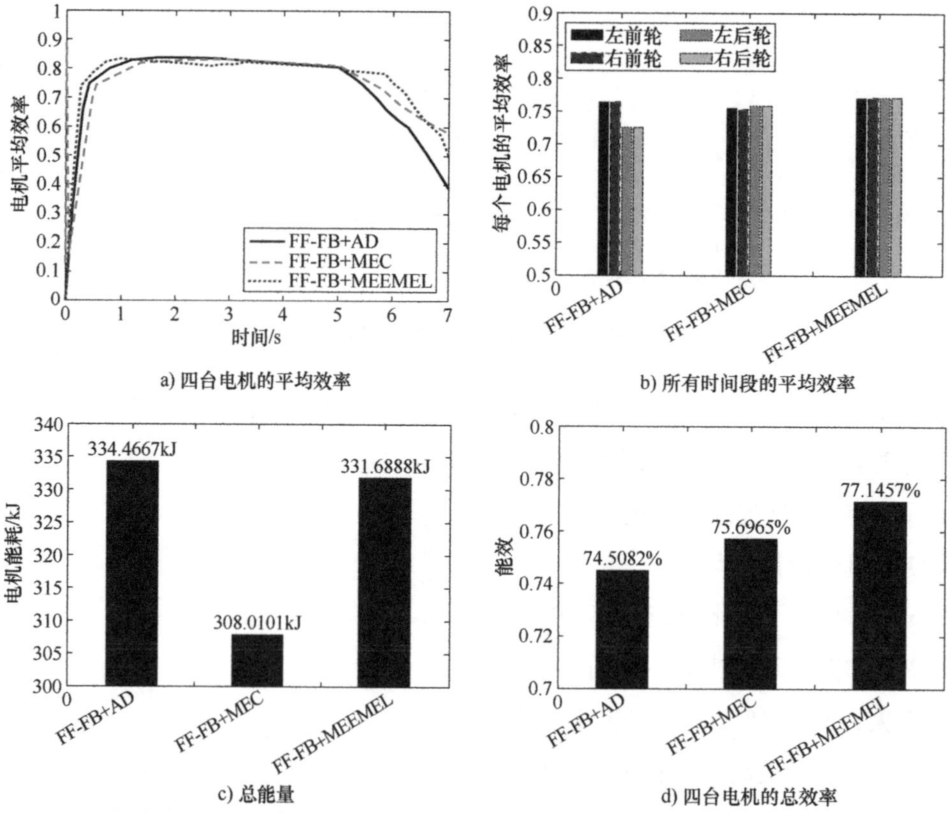

图5.10　不同控制策略的能效表现

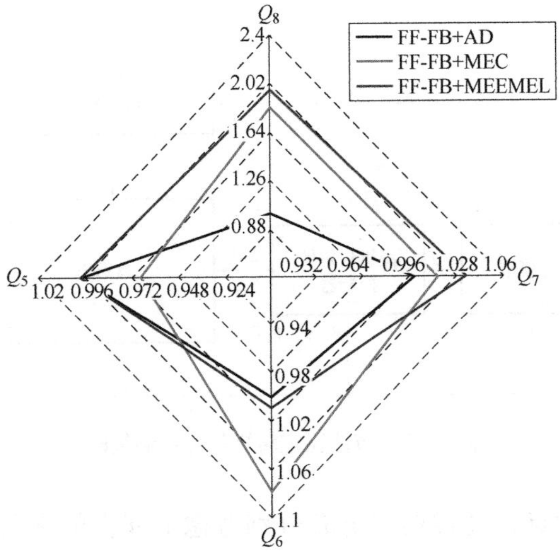

图 5.11 直线加速工况下不同控制策略性能比较结果

以上直线加速工况的验证结果表明，与 AD 策略相比，MEC 和 MEEMEL 策略都可以降低能耗并提高电机效率（表 5.5）。其中，MEEMEL 在节能和电机效率提高方面实现了增强的性能，同时尽可能不损失车辆动力性能。

表 5.5 基于 AD 策略的不同转矩分配策略的性能比较

指标	操纵	MEC	MEEMEL
操纵稳定性	双移线	24.17%↑	47.40%↑
节能性能	双移线	5.37%↑	4.50%↑
	直线加速行驶	7.91%↑	0.80%↑
动力性能	双移线	20.82%↓	0.08%↓
	直线加速行驶	5.71%↓	0.01%↑

5.3 汽车横摆稳定与节能分层优化策略

在 5.2 节中，转矩分配模块将驱动器 T_t 的转矩分配到四个电机并实现目标节能并保证稳定性。为了避免稳定性和节能之间的矛盾，本节基于模型预测控制和车辆动力学提出了包括两级分配的转矩分配控制器，提出了一种适合极端条件的节能转矩分配策略（ESD），以降低能耗并确保车辆稳定性，如图 5.12 所示，包括转矩分配模块和附加横摆力矩决策模块。在转矩初次分配策略中，车辆的总转矩被优化分配到前后轴。然后，在转矩二次分配策略中对左右转矩进行修正，以产生适当的附加横摆力矩。

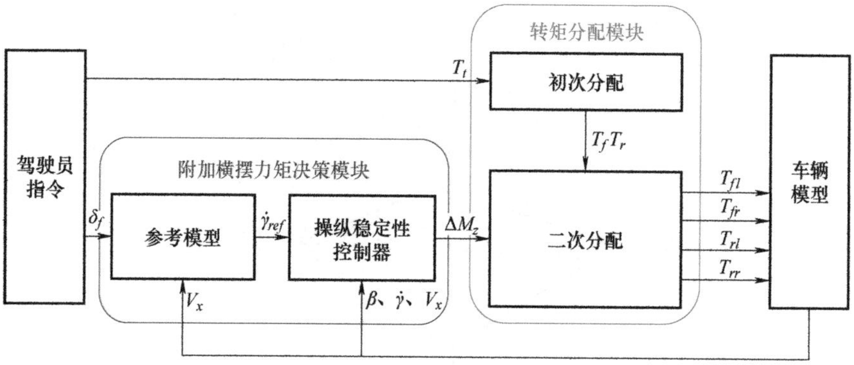

图 5.12　节能稳定转矩矢量控制策略

这种两级策略的优点是通过两级分布分别考虑节能性能和稳定性性能，如图 5.13 所示，这样节能和稳定性提高不会相互影响。此外，两层结构通过最优分配和基于规则的分配的适当结合，尽可能减少了计算负担。

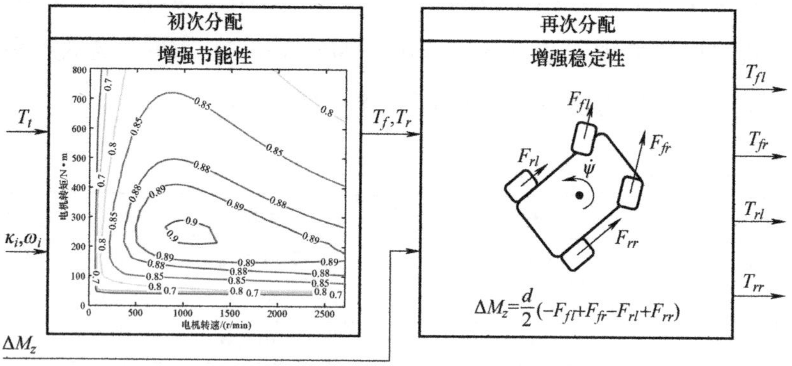

图 5.13　所提出的转矩分配模块图

5.3.1　考虑汽车节能优化的转矩初次分配

根据轮胎滑移动力学模型，定义状态空间方程及相应系数如下：

$$\dot{x}_i = A\boldsymbol{x}_i + B\boldsymbol{u}_i \tag{5-33}$$

$$A=\left(-\frac{R_e^2}{JV_x}-\frac{\boldsymbol{x}_i+1}{\frac{1}{4}mV_x}\right)C_{\lambda i},B=\frac{R_e}{JV_x}$$

其中状态向量为 $\boldsymbol{x}_i=[\lambda_f,\lambda_r]^{\mathrm{T}}$，控制向量为 $\boldsymbol{u}_i=[T_f,T_r]^{\mathrm{T}}$，$i=f,r$。

利用欧拉公式进行离散化，得到如下离散时间模型：

$$x_i(k+1)=\dot{f}^k[x_i(k),u_i(k)]T_s+x_i(k) \tag{5-34}$$

式中，f^k是时间 k 处的梯度；T_s是采样时间。

根据模型预测控制理论[30,47]，与线性模型预测控制问题不同，非线性模型预测控制问题无法找到预测方程。通过数值求解方法得到预测时域 N_p上的未来状态，并得到可行解。由于外部干扰和模型设备不匹配，仅将所获得的控制序列的第一个元素应用于系统。然后在下一步中使用新的状态测量重复上述过程，并实现滚动优化。为了降低能耗并满足约束条件，设计了考虑节能和轮胎打滑抑制的目标函数。

车辆行驶过程中，驾驶员所需转矩在某些时段小于电机高效区对应转矩，尤其是匀速行驶时。如果四个电机中的一些电机工作在高效状态，而其他电机断电，则可以减少电机热损失[48]。具体来说，选择前电机趋于工作、后电机趋于断电，可以降低车辆在低附着力路面行驶时的轮胎滑移率，提高车辆的纵向稳定性。因此，设计目标函数如下：

$$J_1=\sum_{j=1}^{N_p}\left[\left|u_f(k+j|k)\right|-T_\eta^*(k)\right]^2 \tag{5-35}$$

$$J_2=\sum_{j=1}^{N_p}u_r^2(k+j|k) \tag{5-36}$$

式中，T_η^*是根据电机效率图使电机在当前速度下效率最高的转矩。

仅仅基于电机效率的转矩分配会影响驾驶员所需的总驱动转矩，如果车辆的总转矩与驾驶员的意图相反，驾驶员可能会惊慌失措。因此，通过设计目标函数式（5-37），使车辆的总转矩遵循驾驶员的需求：

$$J_3=\sum_{j=1}^{N_p}\left[2(u_f(k+j|k))+u_r(k+j|k)-T_t(k)\right]^2 \tag{5-37}$$

在极端条件下，轮胎的纵向滑移率较大，会使得行驶不安全。为了降低轮胎的纵向滑移率并加快计算速度，设计软约束如下：

$$J_4=\sum_{j=1}^{N_p}\left[E_{\lambda,f}^2(k+j|k)+E_{\lambda,r}^2(k+j|k)\right] \tag{5-38}$$

$$E_{\lambda i}(k)=\begin{cases}0, & |x_i(k)|<\lambda_{\max}\\ \dfrac{|x_i(k)|-\lambda_{\max}}{\lambda_{\max}}, & |x_i(k)|\geqslant\lambda_{\max}\end{cases} \tag{5-39}$$

对于提出的优化目标，目标函数可以表述为：

$$\min J_{MPC}=\boldsymbol{\Gamma}_1J_1+\boldsymbol{\Gamma}_2J_2+\boldsymbol{\Gamma}_3J_3+\boldsymbol{\Gamma}_4J_4 \tag{5-40}$$

式中，$\boldsymbol{\Gamma}_1$、$\boldsymbol{\Gamma}_2$、$\boldsymbol{\Gamma}_3$为平衡节能性能和车辆动力性能的权重因子；$\boldsymbol{\Gamma}_4$为调节轮胎纵向滑移率抑制性能的权重因子。

为了满足实际工程应用的要求，考虑电机转矩约束如下：

$$-T_{max} \leqslant u_i \leqslant T_{max} \tag{5-41}$$

5.3.2 考虑汽车横摆稳定的转矩二次分配

二次分配通过修正前后轴转矩来保证车辆的稳定性，电机转矩产生额外的横摆力矩，可增强操控性和稳定性能，如下式所示：

$$\Delta M_z = \frac{d}{2R_e}(-T_{fl}+T_{fr}-T_{rl}+T_{rr}) \tag{5-42}$$

为了保证动力性能，电机转矩之和应满足以下约束：

$$T_{fl}+T_{fr}+T_{rl}+T_{rr} = 2u_f+2u_r \tag{5-43}$$

通过附加横摆力矩决策模块可以获得保证车辆稳定性的附加横摆力矩。因此，可以根据转矩初次分配策略可能的优化结果来设计转矩二次分配策略。如果后轮转矩的方向与前轮相反，前后轮的动力就会发生冲突。因此，如果 $T_t u_r \leqslant 0$，则转矩二次分配策略可表示为式（5-44）~式（5-46）：

$$T_{fl} = u_f - \frac{R_e \Delta M_z}{d} + u_r \tag{5-44}$$

$$T_{fr} = u_f + \frac{R_e \Delta M_z}{d} + u_r \tag{5-45}$$

$$T_{rl} = T_{rr} = 0 \tag{5-46}$$

如果 $T_t u_r > 0$，则表示前后轮动力不冲突，因此转矩二次分配策略可以设计如下：

$$T_{fl} = u_f - \frac{R_e \Delta M_z}{d} \tag{5-47}$$

$$T_{fr} = u_f + \frac{R_e \Delta M_z}{d} \tag{5-48}$$

$$T_{rl} = T_{rr} = u_r \tag{5-49}$$

二次分配得到的转矩满足：

$$T_{fl}+T_{fr}+T_{rl}+T_{rr} = 2u_f+2u_r$$

$$\Delta M_z = \frac{d}{2R_e}(-T_{fl}+T_{fr}-T_{rl}+T_{rr})$$

当电机转矩满足约束条件时，由上式可知，二次分配对车辆动力性能和稳定性能没有不利影响。由于大功率和快速转向需求，确实有小概率导致电机转矩超出约束，例如驾驶员全速加速时紧急避障。在这些情况下，如果前轮转矩超过约束 T_{max}，则最大转矩 T_{max} 被施加到前轮，并且多余的转矩被施加到后轮。如果后轮转矩也超过约束，则将被限制为最大转矩。然而，所提出的非线性参考模型可以使期望的横摆角速度更加平滑并减少横摆角速度的超调，这使得上述概率更小。

5.3.3 仿真验证结果与分析

本节通过仿真和硬件在环实验验证了所提出的转矩矢量控制策略的节能性和稳定性能，选择EPA城市测功机驾驶计划（UDDS）、新欧洲驾驶循环（NEDC）以及低附着系数（$\mu=0.35$）的双移线工况。在下面的分析中，比较了两种参考模型，即非线性参考模型（REFNL）和带有道路约束的参考模型（REF-Sat）。此外，还比较了三种转矩分配策略，即传统转矩分配策略（AD）、轮胎工作负载使用转矩分配策略（WUD）[49]和提出的节能转矩分配策略（ESD）。传统的转矩分配策略是基于车辆结构的，而轮胎工作负载使用转矩分配策略可以通过减小轮胎纵向力来减少轮胎工作负载和能量消耗。

模型预测控制的求解计算量较大，近年来研究者提出了一些先进的算法来实现模型预测控制的快速求解。文献［50］设计了一种新颖的实时非线性模型预测控制策略，并将其应用于车辆横摆稳定控制。在本节中，非线性模型预测控制问题通过GRAMPC工具箱[51-52]实现。它适用于采样时间在毫秒范围内的动态系统，并且允许嵌入式硬件高效实现。GRAMPC工具箱可以设置优化算法的最大迭代次数，如果长时间找不到最优解，工具箱将输出次优解。

（1）参数设置

通过设置不同目标的权重系数，将多目标优化问题转化为单目标问题[53-54]。在对目标函数成分的最大值进行归一化处理后，使用不同的权重系数进行模拟，以选择合适的控制器参数。为评估优化问题中的不同目标，选择了节能、动力性和防滑性能三个指标，见表5.6。其中，N_k为模拟结束时间q_k和T_k分别为k的能耗和车辆总转矩，λ_k为k时车轮纵向滑移比的绝对值之和，q_{up}、T_{up}和λ_{up}分别为不同控制器参数下q_k、T_k和λ_k的最大值。

表5.6 评价指标

指标	数学表达
节能性能	$Q_1=\dfrac{1}{N_k q_{up}}\sum_{k=1}^{N_k} q_k$
车辆动力性能	$Q_2=\dfrac{1}{N_k T_{up}}\sum_{k=1}^{N_k} \lvert T_k-T_t \rvert$
防滑性能	$Q_3=\dfrac{1}{N_k \lambda_{up}}\sum_{k=1}^{N_k} \lambda_k$

首先，将$\boldsymbol{\Gamma}_1$设置为1作为基准，将$\boldsymbol{\Gamma}_3$设置为5，大于$\boldsymbol{\Gamma}_1$以保证车辆的动力性能，因为动力性能不好意味着驾驶员难以控制车辆。然后，使用不同的$\boldsymbol{\Gamma}_2$和$\boldsymbol{\Gamma}_4$进行模拟，并评估不同的性能。图 5.14 显示了表 5.6 中提到的三个指标的两个网络评估图。在图 5.14a 中，可以通过牺牲很少的节能性能来提高动力性能，并且当$\boldsymbol{\Gamma}_2 = 0.1 \cdot \boldsymbol{I}_{N_p \times N_p}$和$\boldsymbol{\Gamma}_2 = 0.5 \cdot \boldsymbol{I}_{N_p \times N_p}$时车辆性能相似。不同$\boldsymbol{\Gamma}_4$的比较结果如图 5.14b 所示。随着$\boldsymbol{\Gamma}_4$的增大，抑制滑移性能和动力性能提高，但牺牲了节能性能。根据上述分析，确定权重矩阵系数分别为1、0.1、5、1，预测时域N_p和控制时域N_c均设置为6。

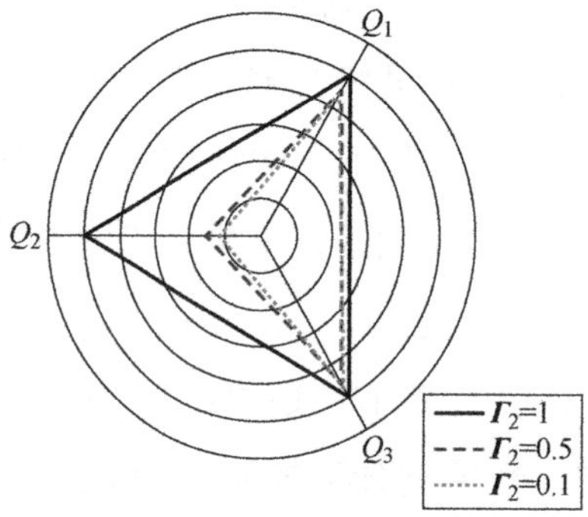

a) 不同Γ_2比较结果

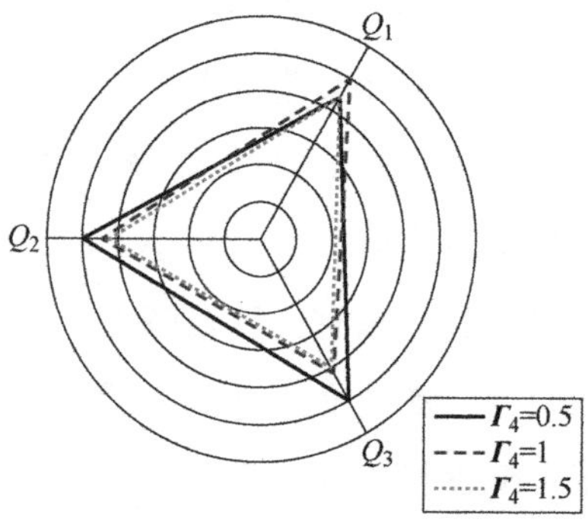

b) 不同Γ_4比较结果

图 5.14　不同权重下性能比较

对于附加的横摆力矩决策模块，滑模控制的反馈增益主要影响跟踪横摆角速度和抑制质心侧偏角的能力。将反馈增益设置为2，并且在仿真和硬件在环实验的所有情况下都使用该值。

（2）车辆节能性能分析

图 5.15 和图 5.16 显示了 UDDS 操作的模拟结果，图 5.15 分别显示了车辆速度、总转矩和电机转矩的轨迹。图 5.16a、b 图显示了时间范围 $t \in (0,400)$ 内车辆总转矩和电机转矩与 ESD 的轨迹，图 5.16c 显示了不同转矩分配策略下的能耗。车速的参考值由 EPA 城市测功机驾驶时间表给出，总转矩的参考值表示驾驶员的转矩需求，由以车速误差为输入的比例控制器获得。结果发现，实际车速接近参考值，总转矩也接近驾驶员的需求，因此采用建议的 ESD 策略的车辆在车辆动力方面表现良好。对于四个车轮的转矩，当驾驶员的转矩需求较小时，如车辆匀速行驶或缓慢加速时，四个电机中只有一部分工作。因此，在保证驾驶员转矩需求的情况下，可以减少电机损耗造成的能耗。

图 5.17 显示了 UDDS 操作 AD、WUD 和 ESD 之间的电机效率差异。如图 5.17c 所示，在保证驾驶员转矩需求的前提下，前桥电机大多工作在高效率区域。相比之下，采用 AD 或 WUD 的电机工作状态在高效率区和低效率区分布比较均匀，不利于效率的提

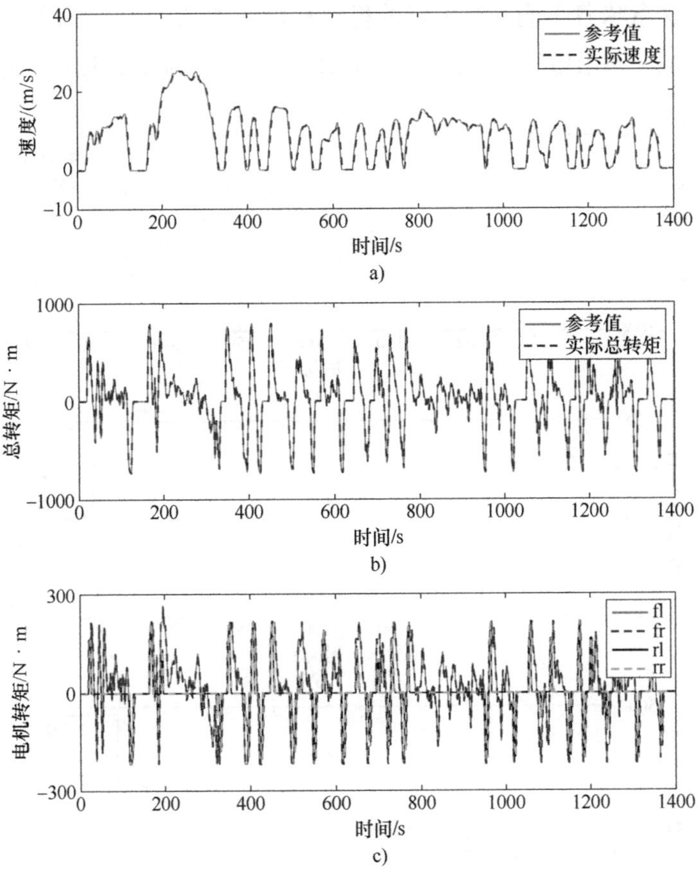

图 5.15　使用 UDDS 操作评估所提出的 ESD 策略性能的仿真结果

升。节能性能如图 5.16 所示，UDDS 操作时 AD、WUD 和 ESD 的能耗分别为 4260kJ、4052.71kJ 和 3399.97kJ。从结果中可以看出，配备 ESD 的车辆消耗的能量最少，因为通过前后轴之间合理的转矩分配来提高电机效率。NEDC 工况下的能耗比 AD 和 WUD 分别降低 20.19%和 16.11%。

双移线工况代表了避障情况，所提出的策略在避障下也具有良好的节能性能。REF-Sat+AD、REF-Sat+WUD 和 REF-NL+ESD 的车辆能耗分别为 163.15kJ、142.12kJ 和 138.48kJ。可以看出，REF-NL+ESD 在双移线工况下实现了 15.12%的能耗降低，非线性参考模型和转矩分配方法都对此做出了贡献。

（3）车辆稳定性能分析

在双移线工况中，方向盘角度由 CarSim 软件中的驾驶员模型生成，车辆目标速度设定为 80km/h，仿真结果如图 5.18 所示。使用相同的转矩分配方法 ESD，REF-NL 对横摆角速度的跟踪性能优于 REF-Sat，这是因为 REF-NL 的参考信号平滑且斜率小。相平面图可用于评估稳定性能[55]，可以看出，与 REF-Sat 和无控制器相比，REF-NL 的质心侧偏角较小，这意味着车辆具有更好的稳定性能，如图 5. 18c 所示。车辆轨迹是双移线工况的关键指标，与 REF-Sat 不同，使用 REF-NL 的轨迹偏差较小，车辆会更安全。

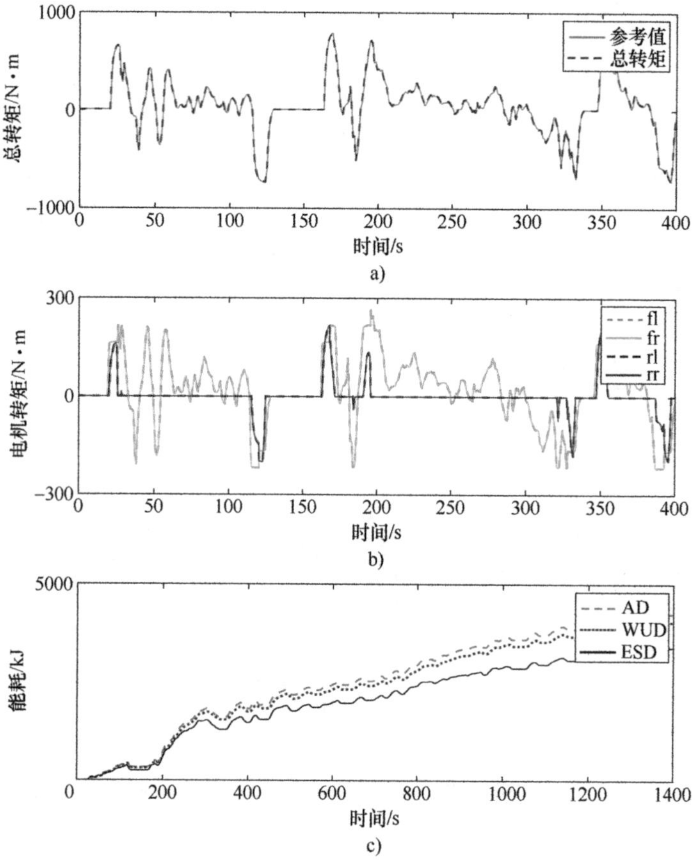

图 5. 16　UDDS 机动的模拟结果

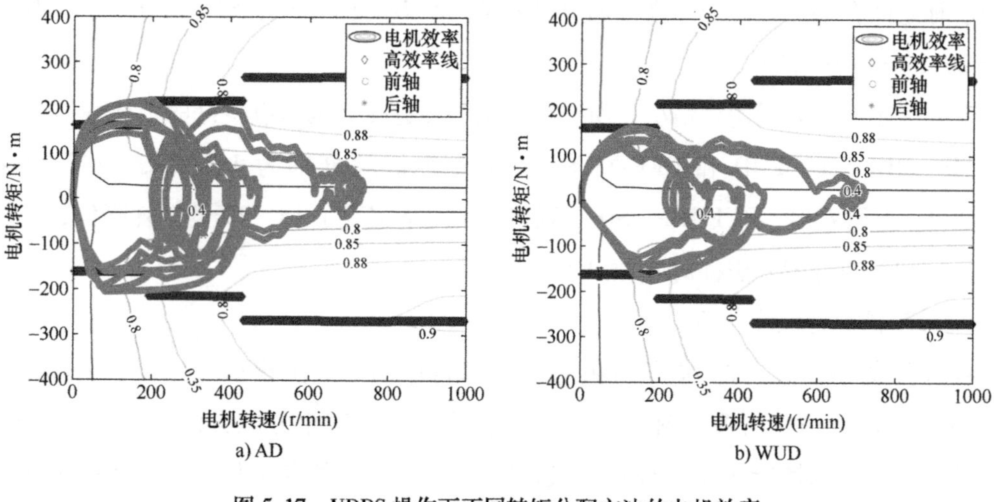

图 5. 17　UDDS 操作下不同转矩分配方法的电机效率

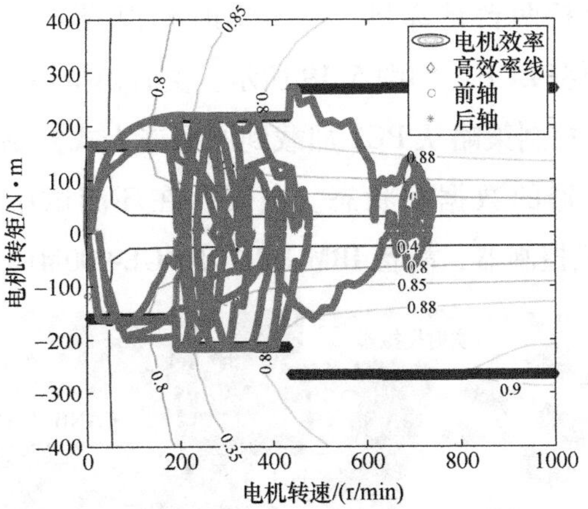

c) ESD

图 5.17　UDDS 操作下不同转矩分配方法的电机效率（续）

在车辆纵向稳定性方面，图 5.18e 和图 5.18f 给出了有滑移控制和无滑移控制时的轮胎纵向滑移比。如图所示，有滑移控制时的最大轮胎纵向滑移比为 0.1619，而无滑移控制时为 0.1965。除了最大减小 17.61%之外，滑移比在任何时候都会受到一定程度的抑制，因此，采用所提出策略的车辆具有良好的纵向稳定性能。

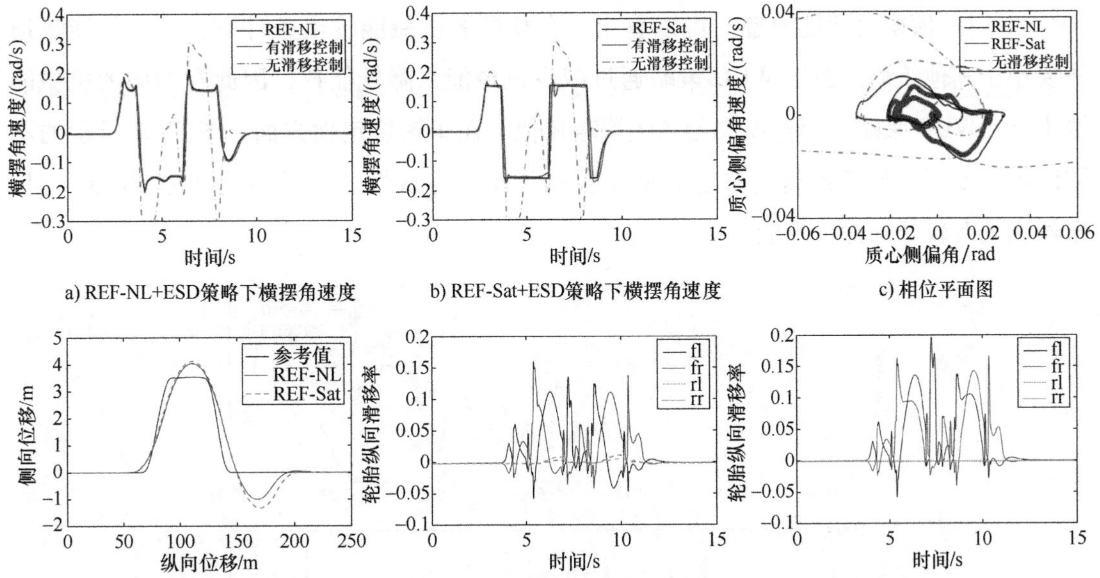

a) REF-NL+ESD策略下横摆角速度　b) REF-Sat+ESD策略下横摆角速度　c) 相位平面图

d) 车辆轨迹　e) 采用滑移控制的轮胎纵向滑移率　f) 无滑移控制的轮胎纵向滑移率

图 5.18　双移线工况下的仿真结果

（4）硬件在环实验结果

硬件在环（HiL）实验用于验证所提出的转矩矢量控制策略的有效性，控制周期设定为 10ms。HiL 平台包括两台计算机、一个实时模拟器、一个电源、一个 CANBUS-TCP/IP 转换器和一个原型 ECU，如图 5.19 所示。实时模拟器由计算机 PC2 监控，并与原型 ECU 通信。建议的控制策略从 PC1 加载到原型嵌入式控制器，同时计算机 PC1 可以监控原型嵌入式控制器的数据和状态。在硬件在环测试中，dSPACE/MicroAutoBox DS-1401 作为原型嵌入式控制器，配备 IBM PPC 750 GL-900MHz 处理器。

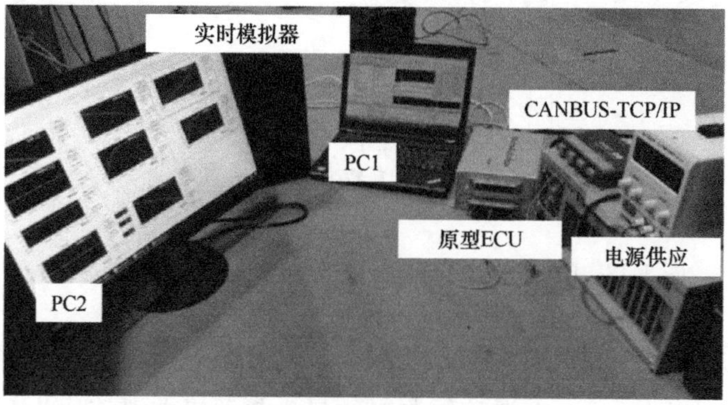

图 5.19　HiL 实验平台

图 5.20 和图 5.21 显示了 NEDC 和双移线工况的实验结果，图 5.20 分别为相同机械能输出下车辆速度、电机转矩和能量损失的轨迹，图 5.21 分别为 60km/h、70km/h 和 80km/h 时的横摆角速度轨迹。可以看出，在相同的机械能输出条件下，ESD 的能量损失要小于其他策略。由于 WUD 策略通过减少机械能来降低能耗，因此在相同的机械能输出下，WUD 策略的能量损失与 AD 策略相似。在车辆稳定性方面，图 5.21 所示的不同纵向速度下的横摆角速度轨迹验证了控制策略的有效性。当纵向速度为 80km/h 时，车辆仍具有较好的操控性能。

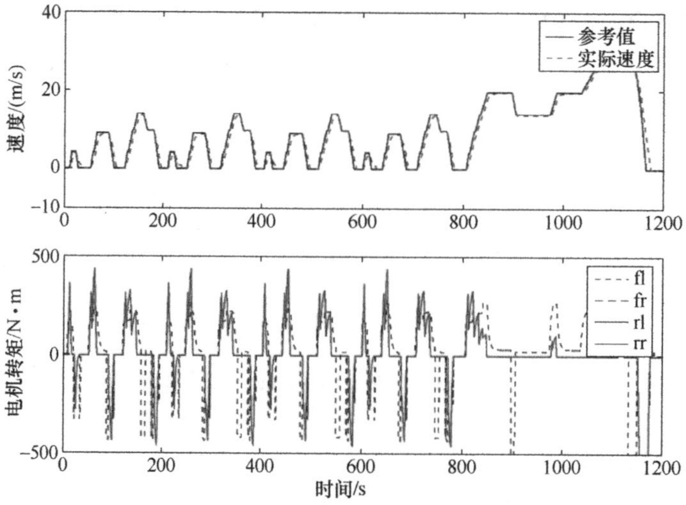

图 5.20　NEDC 机动的实验结果

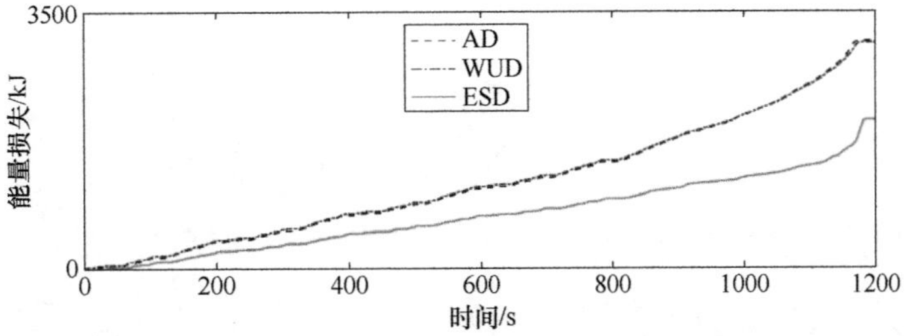

图 5.20　NEDC 机动的实验结果（续）

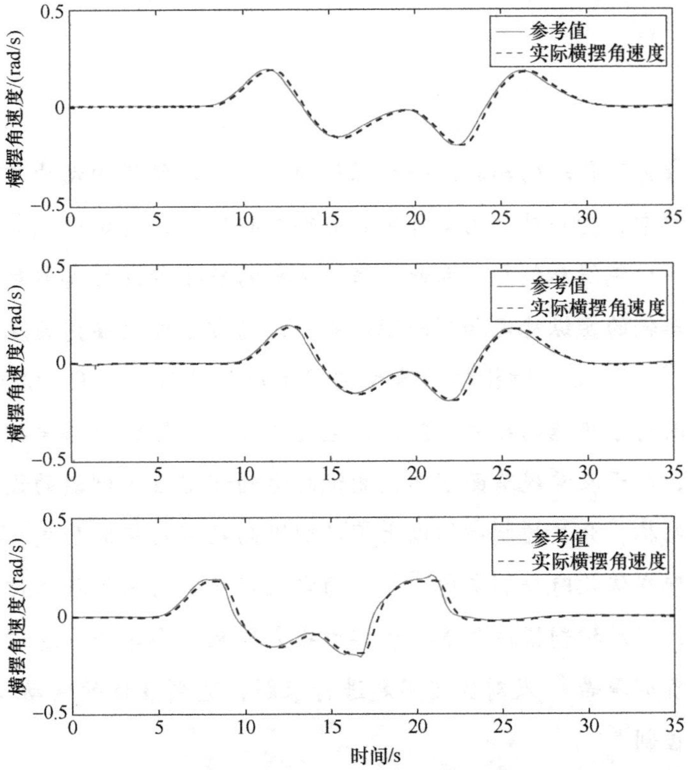

图 5.21　双移线工况的实验结果

第 6 章

汽车侧纵向主动安全分层协同控制

在冰雪路面条件下行驶的车辆是一个强耦合、时变非线性的动力学系统，车辆稳定性要求其行驶过程中，受到外部因素作用时能够自行保持或者迅速恢复原行驶状态，不致发生失控从而导致侧滑和倾翻，因此，保证车辆的整体稳定性需要对侧纵向稳定进行协同控制。对于车辆的操纵稳定和侧向稳定能力，通常通过横摆角速度和质心侧偏角或侧向速度来表征[56]，主要是对横摆角速度期望响应进行跟踪以及对质心侧偏角或侧向速度进行抑制。而对于车辆的纵向稳定性，主要体现于车轮的滑移率抑制上，防止车轮打滑抱死。目前，对于在常规路面下车辆侧纵向运动稳定性控制器的设计，主要有分层和集中两种控制结构。分层控制结构以上下层侧纵向控制解耦的形式，将稳定性控制需求与纵向力矩分配在优化时分别考虑[57-58]，通常上层控制器根据状态控制需求计算得到所需的横摆力矩，下层控制模块负责将横摆力矩分配至各个车轮，通过目标函数的设计比如降低轮胎的负荷率等[59]及对优化问题进行求解，达到最优的制动/驱动力矩分配效果实现车辆稳定控制[60]。

如前分析所述，模型预测控制方法对于该类问题的求解与处理具有很好的潜力和应用前景，在预测模型中可以保留车辆和轮胎侧纵向运动耦合特性，从而基于非线性车辆模型对系统未来状态进行准确预测，但对于非线性优化问题的求解仍需考虑其实时性。于是，在本章中对于冰雪路面条件下的汽车侧纵向稳定协同控制，设计了分层式的控制策略，将车辆的稳定性控制需求与电机转矩分配进行解耦。在该控制系统架构下，上层在 MPC 的控制框架下设计稳定性控制器，对所搭建车辆模型进行简化，得到非线性预测模型，并在其中对多个稳定性控制目标进行优化，实现非线性优化问题的实时求解；下层根据上层得到的虚拟控制量及轮胎力关系，得到实际控制量，实现对附加电机转矩的解析，从而对车辆运动行为进行调整，保证车辆在冰雪路面条件下的行驶稳定与安全。

6.1　面向车辆侧纵向稳定需求的上层控制器

本章节所提出的分层协同控制结构控制框图如图 6.1 所示，上层在模型预测控制框架下设计控制器对控制目标进行跟踪，满足稳定性控制需求；下层转矩解析模块将虚拟控制量变换为能够实际作用于车辆执行机构的附加电机转矩。本节主要对分层控制架构中面向车辆稳定性需求的上层控制器的设计进行介绍，首先基于第 2 章内容建立模型，考虑车辆-轮胎系统在冰雪路面条件下的强非线性，得到三自由度车体模型作为预测模型；然后在模型预测控制的框架下设计稳定性控制器，并给出了作为车辆操纵性能及侧向稳定控制指标的横摆角速度及侧向速度的期望响应的计算公式。

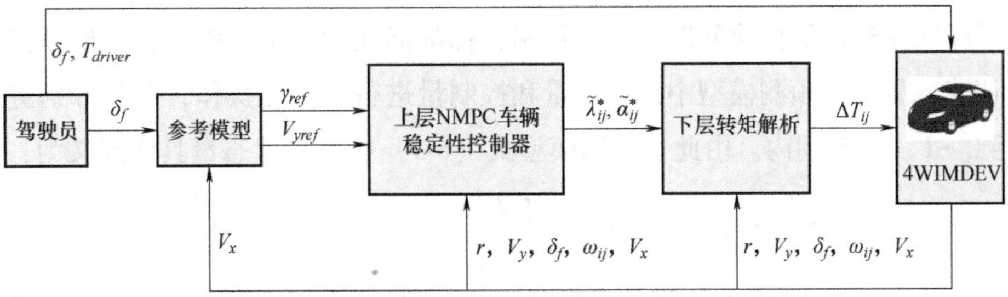

图 6.1　车辆侧纵向稳定分层协同控制结构框图

6.1.1　车辆状态预测模型

预测模型是模型预测控制器设计的基础，需要基于预测模型实现对未来状态的预测，结合未来信息得到最优的当前控制输入。首先，基于第 2 章中所建立的整车模型，根据控制目标进行合理简化，仅保留车体的纵向、侧向及横摆运动，并忽略空气阻力和滚动阻力的影响，得到车辆三自由度动力学模型如下：

$$\begin{cases}\dot{V}_x=\gamma V_y+\dfrac{1}{m}[(F_{xfl}+F_{xfr})\cos\delta_f-(F_{yfl}+F_{yfr})\sin\delta_f+F_{xrl}+F_{xrr}]\\ \dot{V}_y=-\gamma V_x+\dfrac{1}{m}[(F_{yfl}+F_{yfr})\cos\delta_f-(F_{xfl}+F_{xfr})\sin\delta_f+F_{yrl}+F_{yrr}]\\ \dot{\gamma}=\dfrac{1}{I_z}[L_f((F_{xfl}+F_{xfr})\sin\delta_f+(F_{yfl}+F_{yfr})\cos\delta_f)-L_r(F_{yrl}+F_{yrr})+\\ \quad\dfrac{d}{2}((F_{xfr}-F_{xfl})\cos\delta_f+(F_{xrr}-F_{xrl})+(F_{yfl}-F_{yfr})\sin\delta_f)]\end{cases}$$

其中，轮胎纵向及侧向力的计算如第 2 章中介绍的，考虑了轮胎在冰雪路面条件下呈现的非线性力学特性。

对于分层控制结构而言，需要选择合适的虚拟控制量，以能够在下层中进行合理转换。针对四轮轮毂驱动电动汽车的驱动结构，最终影响车辆运动的控制变量为电机转矩，于是考虑从轮胎力的层面去选择虚拟控制量。而在冰雪路面条件下，正如之前所分析的，轮胎纵向力会受到轮胎纵滑和侧偏的共同影响，由此，在本章所设计的分层控制结构中，选择各车轮的滑移率$\tilde{\lambda}_{ij}$和侧偏角$\tilde{\alpha}_{ij}$作为虚拟控制量。

于是，根据上述模型，以车辆的纵向速度、侧向速度和横摆角速度作为状态变量$\boldsymbol{x}$，四个车轮的纵向滑移率及侧偏角作为虚拟控制量$\boldsymbol{u}$，得到面向上层稳定性控制器的非线性预测模型如下：

$$\dot{\boldsymbol{x}}(t)=f(\boldsymbol{x}(t),\boldsymbol{u}(t),\delta_f(t)) \tag{6-1}$$

其中$\delta_f(t)$为控制系统中除状态量和控制量的需要由驾驶员决定的变量。在控制器设计中，为了保证在整体的优化问题中每项控制目标都能在同一个量级上，以便于控制目标的权重调节，需要对预测模型中的状态量和控制量进行归一化操作，对其分别进行放缩并统一到[-1,1]范围内。由此，预测模型式（6-1）中的各状态量具体定义为：

$$\boldsymbol{x}=[x_1,\quad x_2,\quad x_3]^{\mathrm{T}}=\left[\frac{2V_x}{V_{x\max}}-1,\quad \frac{V_y}{V_{y\max}},\quad \frac{\gamma}{\gamma_{\max}}\right]^{\mathrm{T}}$$

其中，下标max代表为该值归一化所设置的最大变化范围。对于纵向速度，取其变化范围为0~120km/h，即$V_{x\max}=120\mathrm{km/h}\approx33.3\mathrm{m/s}$；而侧向速度和横摆角速度的最大取值范围与路面条件和车辆状态有关，具体计算如下：

$$\begin{cases}\gamma_{\max}=\dfrac{\mu g}{V_x}\\[2ex] V_{y\max}=V_x\tan\left[\mu g\left(\dfrac{L_r}{V_x^2}+\dfrac{mL_f}{C_rL}\right)\right]\end{cases} \tag{6-2}$$

其中$L=L_f+L_r$为车辆前轴到后轴的距离。相似地，将系统的虚拟控制量具体定义为：

$$\boldsymbol{u}=[\boldsymbol{u}_x^{\mathrm{T}},\quad \boldsymbol{u}_{fy}^{\mathrm{T}},\quad \boldsymbol{u}_{ry}^{\mathrm{T}}]^{\mathrm{T}} \tag{6-3}$$

将虚拟控制量式（6-3）中的纵向滑移率、前轮侧偏角和后轮侧偏角分别定义为：

$$\begin{cases}\boldsymbol{u}_x=\left[\dfrac{\tilde{\lambda}_{fl}}{\lambda_{\max}},\dfrac{\tilde{\lambda}_{fr}}{\lambda_{\max}},\dfrac{\tilde{\lambda}_{rl}}{\lambda_{\max}},\dfrac{\tilde{\lambda}_{rr}}{\lambda_{\max}}\right]^{\mathrm{T}}\\[2ex] \boldsymbol{u}_{fy}=\left[\dfrac{\tilde{\alpha}_{fl}}{\alpha_{f\max}},\dfrac{\tilde{\alpha}_{fr}}{\alpha_{f\max}}\right]^{\mathrm{T}}\\[2ex] \boldsymbol{u}_{ry}=\left[\dfrac{\tilde{\alpha}_{rl}}{\alpha_{r\max}},\dfrac{\tilde{\alpha}_{rr}}{\alpha_{r\max}}\right]^{\mathrm{T}}\end{cases}$$

同样地，下标 max 指代的是对应该量用于归一化的最大取值。需要说明的是，对于状态量和控制量的归一化最大取值，仅是为了能够将各控制目标的量级统一，以便于在权重调节进行比较，并不代表在控制系统中对于状态量和控制量实际大小的约束条件。综上，基于车辆三自由度模型得到非线性预测模型式（6-1），对冰雪路面条件下的车辆状态进行预测，作为面向控制策略设计模型。

6.1.2　模型预测控制器设计

由前文章节中的二自由度参考模型可知，质心侧偏角期望响应的上限值根据式（6-2）换算计算如下：

$$\beta_{\lim}=\mu g\left(\frac{L_r}{V_x}+\frac{mL_f}{C_rL}\right)$$

车辆质心侧偏角和横摆角速度的期望响应计算可表达如下：

$$\begin{cases}\beta_{ref}=\operatorname{sgn}(\delta_f)\min\{|\beta^*|,\beta_{\lim}\}\\ \gamma_{ref}=\operatorname{sgn}(\delta_f)\min\{|\gamma^*|,\gamma_{\lim}\}\end{cases}$$

而对于车辆侧向速度的期望响应，可以根据质心侧偏角的期望响应进行换算。在质心侧偏角较小时，其值可看作是车辆侧向速度与纵向速度的比值，故根据 β_{ref} 可得到侧向速度的期望响应 V_{yref} 计算如下：

$$V_{yref}=\operatorname{sgn}(\delta_f)V_x\cdot\min\{|\beta^*|,\beta_{\lim}\}$$

于是，以本节中得到的期望横摆角速度和侧向速度作为控制系统中的理想响应，在控制器设计中考虑对其进行跟踪，以实现车辆操纵及侧向稳定性的控制需求。

上层控制器的主要作用为实现车辆在冰雪路面条件下的侧纵向稳定控制需求，首先为了保证车辆的操纵性和侧向稳定，在控制器设计时，需要对 6.1.1 节中所介绍的期望横摆角速度和侧向速度响应进行跟踪，具体目标函数定义如下：

$$J_1=\int_k^{k+N}\left\|x_2(t)-\frac{V_{yref}(t)}{V_{y\max}(t)}\right\|^2\mathrm{d}t$$

$$J_2=\int_k^{k+N}\left\|x_3(t)-\frac{\gamma_{ref}(t)}{\gamma_{\max}(t)}\right\|^2\mathrm{d}t$$

式中，k 代表当前时刻；N 代表预测时域；$x_2(t)$ 和 $x_3(t)$ 分别表示车辆侧向速度和横摆角速度的预测未来状态。

另外，为了保证车辆的纵向稳定，防止轮胎在冰雪路面条件上打滑抱死，对虚拟控制量轮胎滑移率进行抑制，定义目标函数为：

$$J_3=\int_k^{k+N}\|\boldsymbol{u}_x(t)\|^2\mathrm{d}t$$

除了控制目标外，为了更好地保证车辆在冰雪路面条件下的行驶安全，需要对车辆的纵向及侧向行驶状态进行一定的约束，首先针对车辆的纵向安全，对轮胎滑移率进行约束，由于在控制器设计时已对状态量和控制量进行了归一化，所以该项约束可定义为：

$$\boldsymbol{u}_x(t)\in[-\boldsymbol{I}_{4\times1},\boldsymbol{I}_{4\times1}] \tag{6-4}$$

式中，$\boldsymbol{I}$ 代表全一矩阵，其下标为该矩阵的维度。

对于车辆侧向稳定的安全行驶，通常为对车辆质心侧偏角的变化范围进行限制。鉴于在本控制结构中轮胎侧偏角作为虚拟控制量之一，于是代替对车辆质心侧偏角进行定值的约束限制，在本节中根据文献［62］关于横摆角速度和质心侧偏角的平行四边形包络边界，从而映射为对车辆后轮侧偏角的约束。车辆质心侧偏角可近似计算为 $\beta=\dfrac{V_y}{V_x}$，后轮转角也可计算如下：

$$\alpha_{rl}=\alpha_{rr}=-\frac{V_y-L_r\gamma}{V_x}=-\beta+\frac{L_r}{V_x}\gamma$$

于是可根据后轮侧偏角对车辆质心侧偏角和横摆角速度进行约束如下：

$$\left|-\beta+\frac{L_r}{V_x}\gamma\right|<\alpha_{r\max} \tag{6-5}$$

对后轮侧偏角进行如下约束，以约束质心侧偏角和横摆角速度保证操纵能力：

$$\boldsymbol{u}_{ry}(t)\in[-\boldsymbol{I}_{2\times1},\boldsymbol{I}_{2\times1}]$$

综合上述的控制目标及约束，可将上层 NMPC 需要求解的非线性优化问题整合如下：

$$\begin{aligned}&\min_{\boldsymbol{u}(t)}J=\min_{\boldsymbol{u}(t)}\boldsymbol{\Gamma}_v J_1+J_2+\boldsymbol{\Gamma}_u J_3\\&\text{s. t.}\quad (6\text{-}1),(6\text{-}4),(6\text{-}5)\end{aligned} \tag{6-6}$$

其中，$\boldsymbol{\Gamma}_v$ 和 $\boldsymbol{\Gamma}_u$ 分别为控制目标 J_1 和 J_3 的权重系数矩阵。本节采用 GRAMPC 工具箱对所建立优化问题进行求解，根据模型预测控制理论，求解得到的最优控制输入序列中只有第一个元素可以被应用于系统中，并在每一个采样时刻重复该计算过程。于是，得到当前时刻的状态反馈控制律 $\boldsymbol{u}^*(t)$，其为一组系统最优的控制输入向量，在本控制结构中，具体为包含轮胎滑移率 $\tilde{\lambda}_{ij}^*$ 和侧偏角 $\tilde{\alpha}_{ij}^*$ 的虚拟控制量。

6.2 下层附加电机转矩解析

在 6.1 节中通过控制器求解得到的虚拟控制量，需要经过变换解析，得到能够直接作用于车辆执行机构的实际控制量，鉴于四轮轮毂驱动电动汽车的结构，在分层控制结构的下层部分，将虚拟控制量变换为附加电机转矩。由此在本节中，将上层控制器给出的虚拟控制量 $\tilde{\lambda}_{ij}^*$ 和 $\tilde{\alpha}_{ij}^*$ 作为轮胎滑移率和侧偏角的期望值，根据轮胎实际的滑移率和侧偏角与其之间的偏差量，利用轮胎纵向力与滑移率、侧偏角之间的动力学关系，将偏差量解析为轮毂电机的附加转矩，作为实际控制量改善车辆的侧纵向运动稳定性。

基于冰雪路面条件下轮胎力存在的复合滑移特性，轮胎纵向力的计算需要考虑纵滑和侧偏特性的共同影响，故轮胎纵向力的变化 ΔF_x 也与滑移率的变化 $\Delta\lambda$ 和侧偏角的变化 $\Delta\alpha$ 有关，具体可表示为：

$$\begin{bmatrix} \Delta F_{xfl} \\ \Delta F_{xfr} \\ \Delta F_{xrl} \\ \Delta F_{xrr} \end{bmatrix} = Jac \cdot \begin{bmatrix} \Delta\lambda_{fl} \\ \Delta\lambda_{fr} \\ \Delta\lambda_{rl} \\ \Delta\lambda_{rr} \\ \Delta\alpha_{fl} \\ \Delta\alpha_{fr} \\ \Delta\alpha_{rl} \\ \Delta\alpha_{rr} \end{bmatrix} \tag{6-7}$$

其中的雅可比矩阵计算如下：

$$Jac = \begin{bmatrix} \frac{\partial F_{xfl}}{\partial\lambda_{fl}} & 0 & 0 & 0 & \frac{\partial F_{xfl}}{\partial\alpha_{fl}} & 0 & 0 & 0 \\ 0 & \frac{\partial F_{xfr}}{\partial\lambda_{fr}} & 0 & 0 & 0 & \frac{\partial F_{xfr}}{\partial\alpha_{fr}} & 0 & 0 \\ 0 & 0 & \frac{\partial F_{xrl}}{\partial\lambda_{rl}} & 0 & 0 & 0 & \frac{\partial F_{xrl}}{\partial\alpha_{rl}} & 0 \\ 0 & 0 & 0 & \frac{\partial F_{xrr}}{\partial\lambda_{rr}} & 0 & 0 & 0 & \frac{\partial F_{xrr}}{\partial\alpha_{rr}} \end{bmatrix} \tag{6-8}$$

矩阵式（6-8）中元素 $\frac{\partial F_{xij}}{\partial\lambda_{ij}}$ 和 $\frac{\partial F_{xij}}{\partial\alpha_{ij}}$ 分别代表轮胎纵向力对滑移率和侧偏角的偏导，根据复合滑移 LuGre 轮胎模型，可以得到轮胎纵向力对纵向滑移量的偏导 $\frac{\partial F_{xij}}{\partial v_{rxij}}$ 和侧向滑移量的偏导 $\frac{\partial F_{xij}}{\partial v_{ryij}}$，具体计算如下：

$$
\begin{cases}
\dfrac{\partial F_x}{\partial v_{rx}}=\dfrac{\partial F_x}{\partial \rho}\dfrac{\partial \rho}{\partial v_{rx}}+\dfrac{\partial F_x}{\partial v_{rx}} \\
\quad =\dfrac{\rho F_z}{\|\boldsymbol{v}_r\|+\rho\phi}-\dfrac{\rho v_{rx}F_z}{(\|\boldsymbol{v}_r\|+\rho\phi)^2}\times\dfrac{v_{rx}}{\|\boldsymbol{v}_r\|^2}+\sigma_{2x}F_z \\
\dfrac{\partial F_x}{\partial v_{ry}}=\dfrac{\partial F_x}{\partial \rho}\dfrac{\partial \rho}{\partial v_{ry}}+\dfrac{\partial F_x}{\partial v_{ry}} \\
\quad =-\dfrac{\rho v_{rx}F_z}{(\|\boldsymbol{v}_r\|+\rho\phi)^2}\times\dfrac{v_{ry}}{\|\boldsymbol{v}_r\|^2}
\end{cases}
$$

上式中$\rho=\mu g(v_r)$，$\phi=\dfrac{\kappa_x R_e|\omega|}{\sigma_{0x}}$，可以继续推导轮胎纵向力对滑移率和侧偏角的偏导，分别计算如下：

$$
\begin{cases}
\dfrac{\partial F_x}{\partial \lambda}=\dfrac{\partial F_x}{\partial v_{rx}}\times\max(R_e\omega,V_{wx}) \\
\dfrac{\partial F_x}{\partial \alpha}=\dfrac{\partial F_x}{\partial v_{ry}}\times V_x
\end{cases}
$$

由上层 NMPC 控制器得到虚拟控制量，作为满足车辆侧纵向稳定的期望滑移率$\tilde{\lambda}_{ij}^*$和期望侧偏角$\tilde{\alpha}_{ij}^*$，与车辆实际的滑移率λ和侧偏角α之间会存在一定偏差量，该偏差可看作为滑移率和侧偏角在想要满足控制器控制目标时所产生的变化，于是可以得到下列关系：

$$
\begin{cases}
\Delta\lambda_{ij}=|\tilde{\lambda}_{ij}^*-\lambda_{ij}| \\
\Delta\alpha_{ij}=|\tilde{\alpha}_{ij}^*-\alpha_{ij}|
\end{cases}
$$

然后需要将其转变为轮胎侧纵向滑移量的变换量，计算如下：

$$
\begin{cases}
\Delta v_{rxij}=\max(R_e\omega_{ij},V_x)\Delta\lambda_{ij} \\
\Delta v_{ryij}=V_x\Delta\alpha_{ij}
\end{cases}
$$

最后，再根据式（6-7）将偏差量转换为所需的纵向力变化ΔF_{xij}，然后计算得到作用于每个轮毂电机上的附加力矩ΔT_{ij}如下，并考虑执行器的可执行范围对其进行限制：

$$
\Delta T_{ij}=\mathrm{sgn}(\Delta F_{xij})\min\{|\Delta F_{xij}R_e,\Delta T_{\max}|\}
$$

式中，$\Delta T_{\max}$代表可作用于轮毂电机的附加电机转矩的最大值。

6.3 分层式控制策略仿真验证结果与分析

本节将对所提出的冰雪路面条件下侧纵向稳定分层协同控制方案效果进行仿真验

证，在 MATLAB/Simulink 和 CarSim 联合仿真环境以及硬件在环环境下分别进行了验证。

6.3.1　权值选取准则

首先在 MATLAB/Simulink 和 CarSim 联合仿真环境下验证控制效果，仿真环境参数、控制器参数以及参考模型参数的具体设置见表 6.1。由于模型预测控制需要在每一步都执行求解过程，进行非线性优化问题的求解与迭代，需要考虑控制策略在面向车载应用时的实时求解能力。模型预测控制算法对硬件运行速度提出了较高要求，但随着硬件技术发展，最新的硬件设备也逐步能满足算法的实时性需求。虽然目前本节的控制策略主要是在仿真环境下进行验证，但对其实时性加以考虑可以使所设计的控制方案具有更好的应用前景和潜力。由此，选择系统采样周期为 10ms，预测时域和控制时域 N 都为 10，以满足所设计控制方法在本节验证及后文中的硬件在环实验验证的实时性要求。

表 6.1　仿真设置中参数使用符号定义说明

符号	定义	数值
μ	路面摩擦系数	0.35
ΔT_{max}	最大电机附加转矩	800N · m
λ_{max}	最大车轮滑移率	0.1
$\boldsymbol{\Gamma}_v$	关于目标函数 J_1 的权重矩阵	$0.03\boldsymbol{I}_{N\times N}$
$\boldsymbol{\Gamma}_u$	关于目标函数 J_3 的权重矩阵	$0.25\boldsymbol{I}_{4N\times 4N}$
N	预测时域和控制时域	10
T_s	采样时间	10ms
C_f、C_r	参考模型前/后轮侧偏刚度	90700N/rad，109000N/rad

控制目标的权值选择会直接影响控制效果，对其调整是保证控制器控制性能的重要步骤。于是在本节中，基于不同权重系数下的蛇行工况仿真验证结果，为权值的调整过程提供一些指导。对于本章所提出的控制策略，目标函数式（6-6）包含对操控能力、车辆侧向速度抑制能力和车轮滑移率抑制能力的要求，各性能指标的具体数学描述见表 6.2，该数学描述的值越小代表该项性能越强。

表 6.2　性能评价指标

性能指标	数学描述
操纵能力	$\gamma_p = \dfrac{\int_0^{t_T} \lvert \gamma(t) - \gamma_{ref}(t) \rvert \mathrm{d}t}{t_T \gamma_{max}}$

（续）

性能指标	数学描述
侧向速度抑制能力	$V_{yp}=\dfrac{\int_0^{t_T}\lvert V_y(t)\rvert \mathrm{d}t}{t_T V_{y\max}}$
轮胎滑移率抑制能力	$\lambda_p=\dfrac{\int_0^{t_T}\lvert \boldsymbol{I}_{4\times4}\cdot \boldsymbol{u}_x(t)/4\rvert \mathrm{d}t}{t_T \lambda_{\max}}$

为了更直观地对比不同权值对控制效果的影响，根据表 6.2 给出的性能评价指标绘制“雷达图”并进行解释说明，图 6.2 和图 6.3 分别以雷达图的形式给出了对于不同 $\boldsymbol{\Gamma}_v$ 和 $\boldsymbol{\Gamma}_u$ 选取情况下的性能指标比较情况。从图中可以看出，不同的权重系数值确实会影响到控制器对各性能指标的控制能力，并通过雷达图中所形成三角形的面积进行反映，更小的三角形面积，对应着更好的车辆整体控制性能。根据两图反映出的比较情况，通过对多组权重选择进行评估，发现当加权因子 $\boldsymbol{\Gamma}_v=0.25\cdot \boldsymbol{I}_{N\times N}$、$\boldsymbol{\Gamma}_u=0.03\cdot \boldsymbol{I}_{4N\times 4N}$ 时，可以避免通过一些性能的牺牲以对其他性能进行提升，能够更好地平衡整体的控制性能指标。

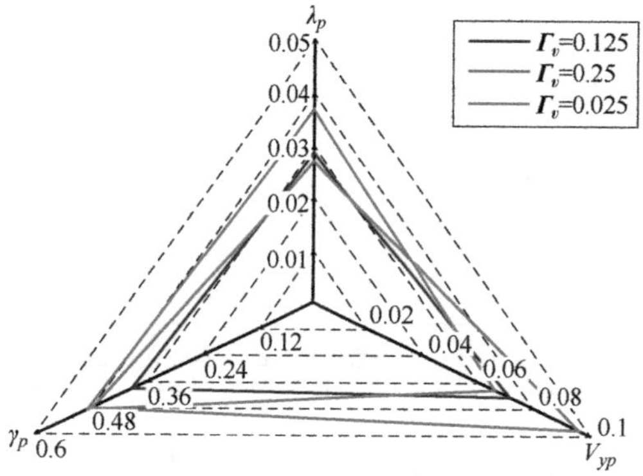

图 6.2　不同 $\boldsymbol{\Gamma}_v$ 的性能指标比较

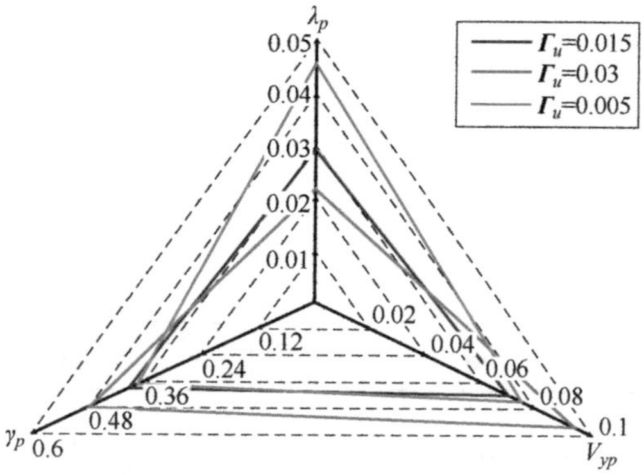

图 6.3　不同 $\boldsymbol{\Gamma}_u$ 的性能指标比较

6.3.2　多工况仿真验证

针对车辆在冰雪路面条件下的侧纵向稳定性，所选择的验证工况主要包括 J-turn 工况、双移线工况，以及蛇行工况。J-turn 工况主要用于验证车辆操纵能力，在冰雪路面条件下，当驾驶员在高速时突然转向，很容易使车辆发生一定的晃动，以影响车辆的操纵稳定性。而在双移线工况和蛇行工况中主要为模拟换道以及连续转向操作，可以充分验证车辆的操纵能力、侧向稳定性以及轮胎的打滑抱死情况。首先在 J-turn 和蛇行工况下对控制策略效果进行验证，并结合仿真结果进行分析。

（1）J-turn 工况

车辆在μ=0.35 的路面上以 70km/h 的速度行驶，J-turn 工况的方向盘转角输入情况如图 6.4 所示，方向盘转角从 0 增加到 60°附近，然后再恢复到零。车辆状态控制效果对比如图 6.5 所示。

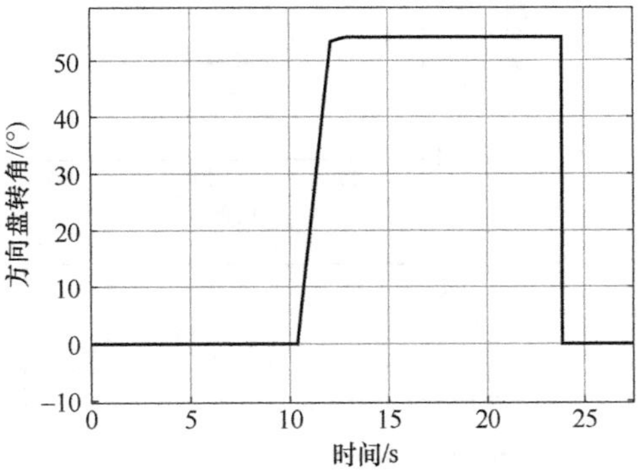

图 6.4　J-turn 工况方向盘转角输入

图 6.5b ~ e 展示了当控制器开启或关闭时的车辆横摆角速度、侧向速度、车轮滑移率以及附加电机转矩。当控制器关闭时，横摆角速度无法在保持转向过程中达到其参考信号，会导致车辆操控性能变差，很容易失去稳定性。而在控制器的辅助下，车辆的横摆角速度可以更好地跟踪其参考信号，并且没有任何振荡，这表明所设计控制策略使得在冰雪路面条件下转向过程中的车辆的操控性能得到了有效的改善。

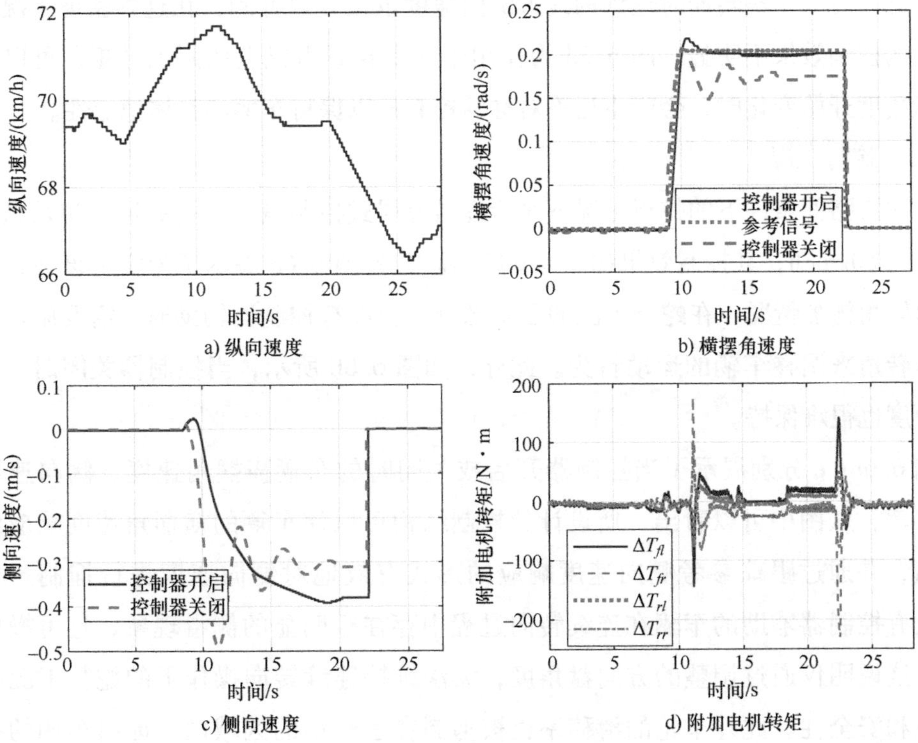

图 6.5　J-turn 工况仿真验证结果

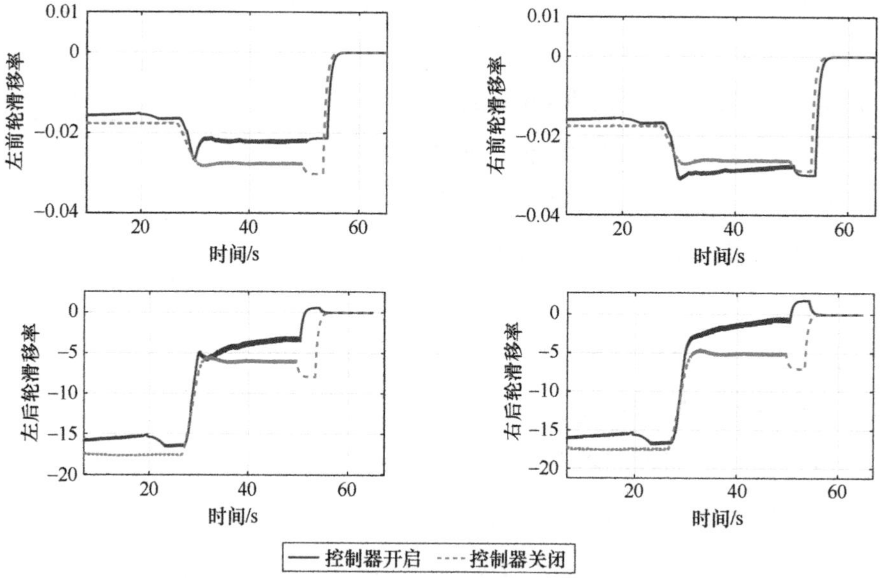

e) 车轮滑移率

图 6.5　J-turn 工况仿真验证结果（续）

与此同时，车辆转向时达到的最大侧向速度也被有效抑制，在这种验证工况下，纵向稳定的控制效果不明显。图 6.5d 为作用于四个轮毂电机上的附加转矩，可以看出当方向盘角度开始变化时，会产生近乎对称的控制量以保持车辆的整体稳定性。

（2）蛇行工况

在冰雪路面条件下的蛇行工况下对所提出分层式控制策略进行验证，初始纵向速度被设定为 80km/h，其控制效果如图 6.6 所示。首先图 6.6a 展示了为实现该验证工况的方向盘转角施加情况，在蛇行工况的后半部分，当没有控制器辅助时，需要施加更大的方向盘转角来调整车辆的运动行为。此外，如图 6.6b 所示，当控制器关闭时，车辆的行驶速度也很难保持。

图 6.6c～e 分别展示了当控制器开启或关闭时的车辆横摆角速度、侧向速度和车轮滑移率，从图中可以看出，所设计的控制结构可以使车辆的横摆角速度响应跟踪其参考值，并通过跟踪参考侧向速度响应的形式有效地对侧向速度进行抑制。相比之下，没有控制器辅助的车辆在连续转向过程中存在很明显的侧滑现象，且可操作性也较差，这说明仅通过调整的方向盘角度，无法维持连续转向操作下的蛇行工况的车辆稳定性和安全性。此外车轮的滑移率也被抑制在了较小的区域内，证明车辆的纵向和侧向的稳定性以及操控性都得到了有效改善，图 6.6f 为施加在各轮毂电机上的附加转矩情况。

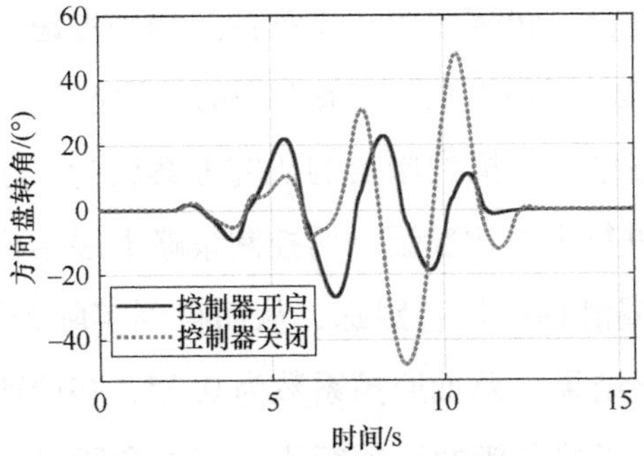

a) 方向盘转角

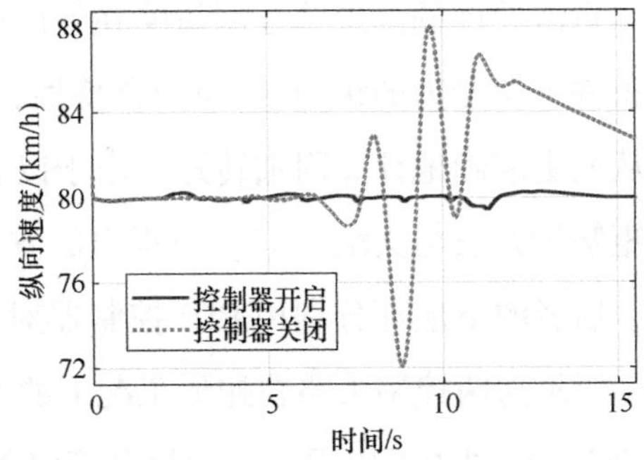

b) 纵向速度

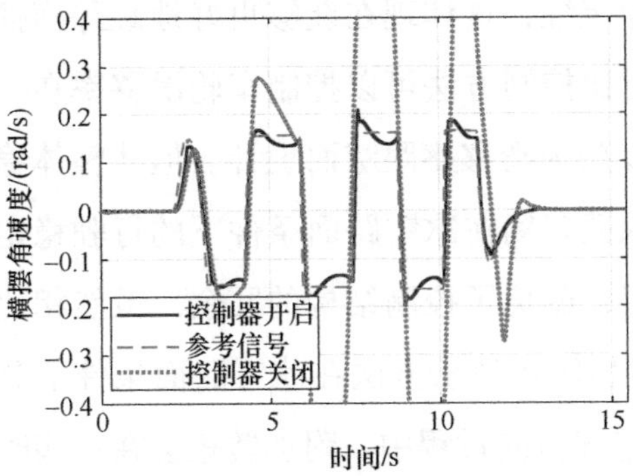

c) 横摆角速度

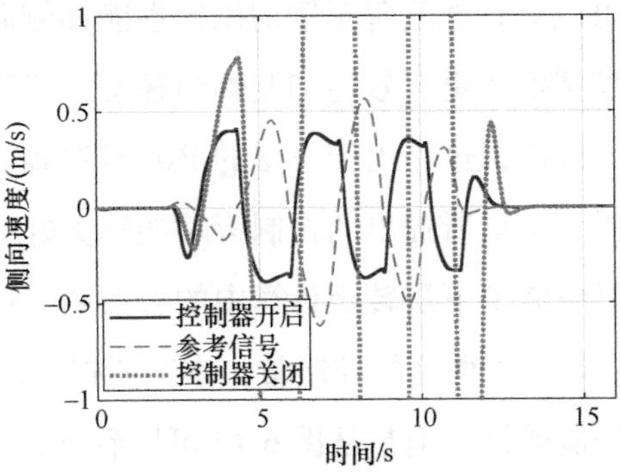

d) 侧向速度

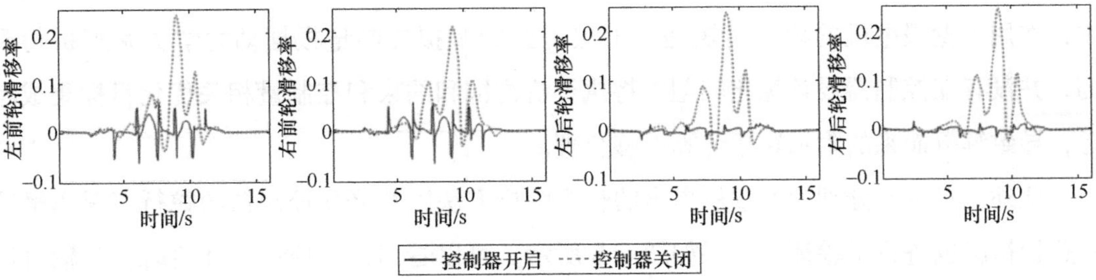

e) 车轮滑移率

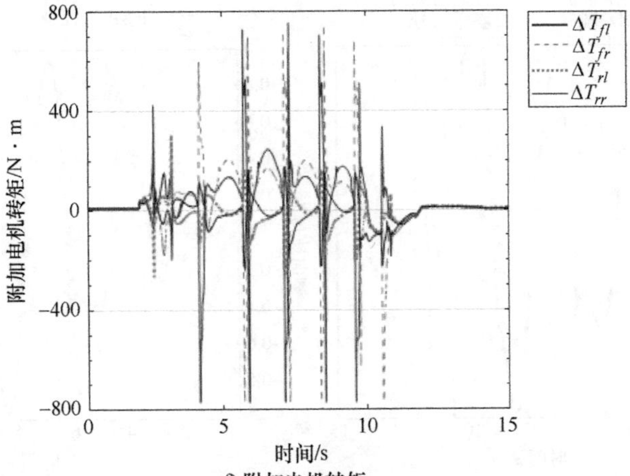

f) 附加电机转矩

图 6.6 蛇行工况仿真验证结果

本章所设计的分层式控制策略在下层中进行了转矩解析，在解析过程中考虑了冰雪路面条件下轮胎力的纵滑-侧偏耦合特性，可以捕捉冰雪路面条件下的轮胎滑移变化情况，从而更准确地计算附加转矩。由于以状态作为虚拟控制量的研究方案较少，于是将该转矩解析方法与文献［61］所提出的方法进行了对比验证，两控制策略上层结构保持一致，后者的下层部分利用PID控制器对期望滑移率进行跟踪，从而得到实际控制量。图6.7所示为两控制策略在蛇形工况下的对比结果（路面摩擦系数为0.35，初始速度为60km/h）。从图中可以看出，两控制策略都能调整车辆的运动行为，而本章所设计的控制器可以更好地改善车辆的操控性能和侧向稳定性，这体现在能够更好地跟踪横摆角速度的期望值和更有效地抑制侧向速度。然而对比控制方法可以控制车轮滑移率在一个更小的范围内，这是由于下层的PID控制器是专门为滑移率跟踪而设计。但从整体稳定控制来看，本章所提出的控制策略能够更好地保证车辆在冰雪路面条件下的行驶稳定与安全，且省略了下层转矩计算中的参数调节过程，避免了控制结构的冗余。虽然相比通过PID控制方法得到的控制量，本节所提出的附加转矩解析方法在冰雪路面条件下具有更好的控制效果，但是从图6.6f可以看出，在连续转向过程中，附加转矩会在一些时刻达到执行机构的饱和值，且会变化非常剧烈，影响驾驶舒适性。这是由于分层式控制架构中，作用于轮毂电机的附加转矩是由上层得到的虚拟控制量根据动力学关系解析得到的，并没有在控制器设计优化问题中将执行机构饱和约束和控制量相关优化目标集成考虑，导致解析而来的附加转矩计算不够合理。

此外，对下层分别为本章所提出的转矩解析方法以及PID控制器的蛇行工况车辆行驶路径情况也进行了验证，结果如图6.8所示。可以看出，当控制器开启时，车辆可以

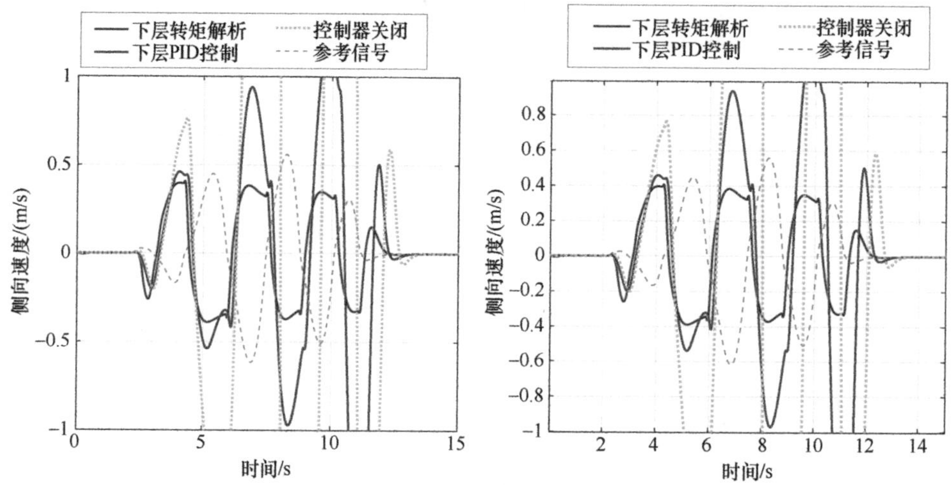

a) 横摆角速度　　b) 侧向速度

图6.7　不同控制策略下蛇行工况仿真验证对比

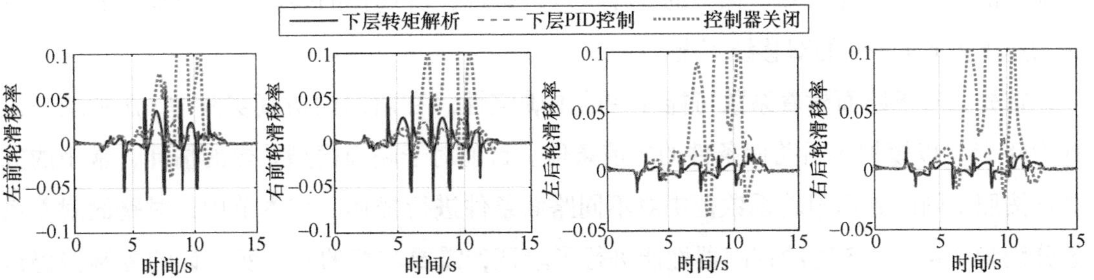

c) 车轮滑移率

图 6.7 不同控制策略下蛇行工况仿真验证对比（续）

更好地跟踪目标轨迹。另一方面，对平均侧向位置误差也进行了计算，对比结果见表6.3。可以看出，在本章所提出分层式控制策略的辅助下，车辆在冰雪路面条件下跟踪目标轨迹时的侧向位置误差更小，可以更好地帮助车辆在设定的路径上行驶。

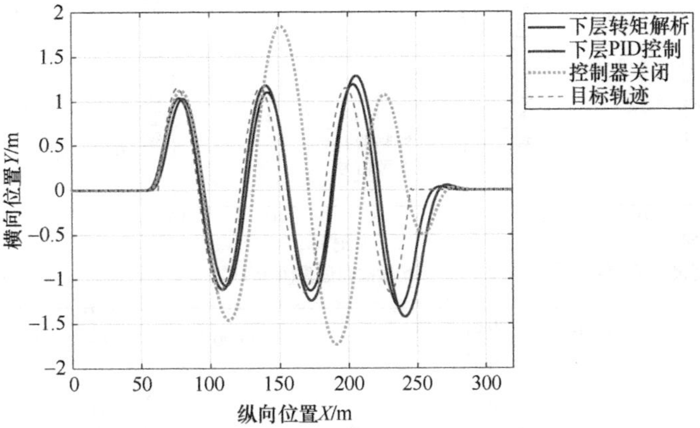

图 6.8 不同控制策略下蛇行工况的车辆行驶路径

表 6.3 蛇行工况不同下层控制情况下平均侧向位置误差

控制情况	平均侧向位置误差/m
下层转矩解析	0.0185
下层 PID 控制	0.0276
控制器关闭	0.0597

6.3.3 分层式控制策略鲁棒性验证

控制系统在行驶过程中，路面附着系数和车辆质量的变化都存在着一定的不确定性，虽然模型预测控制所基于的前馈-反馈控制结构可以对模型中存在的一些不确定性进行考虑，但不准确的预测模型会对控制效果产生一定的影响。因此，通过仿真实验对所提出的控制策略在未知变化下的鲁棒性进行验证，所选择的验证工况为低附着路面下初始速度为 60km/h 的双移线工况。

首先，对于路面附着系数可能存在的不确定性，在前面的仿真实验中，μ 被统一设置为 0.35，以模拟冰雪路面条件的环境条件。目前对于路面模型系数的估计，常用的方法是按照不同的路面附着系数范围对不同路面条件进行描述。在本节中，对路面附着系数分别为 0.4 和 0.3 时的控制器性能进行了验证，需要注意的是，所设计的控制器仍认为道路摩擦系数为 0.35，仿真验证对比结果如图 6.9 所示。

从图 6.9 中可以看出，尽管在路面附着系数不准确的冰雪路面条件上，本章所提出的控制器可以有效地保持车辆的操控性能和侧向稳定性，被有效抑制的车轮滑移率也可反映出在控制器辅助下的车辆纵向稳定。如果在 $\mu=0.3$ 时关闭控制器，车辆会出现明

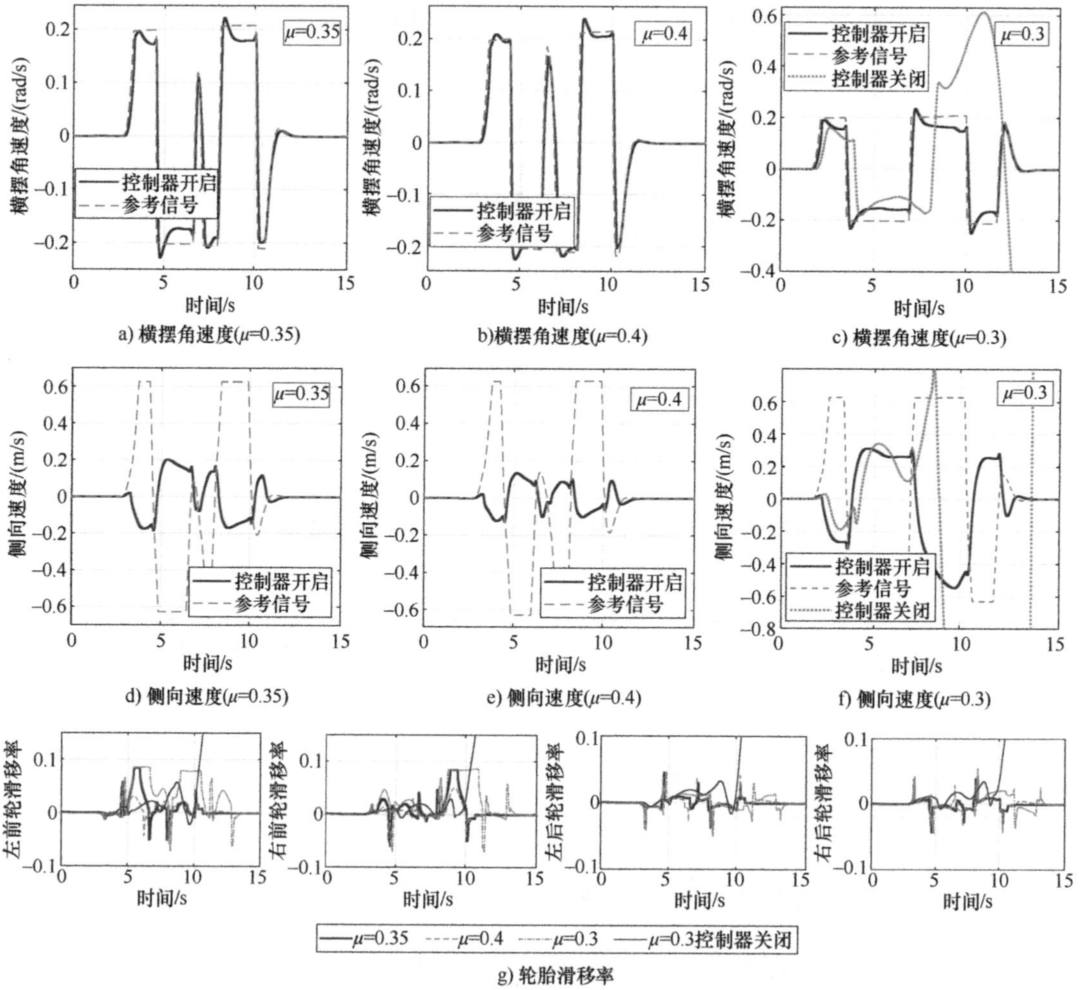

图 6.9　不同路面附着系数下的双移线工况仿真验证结果

显的偏航，偏离既定路线，从而导致危险的行驶情况。但从整体控制效果来看，也证明了基于更为准确的预测模型可以更好地保证控制策略的控制性能，更有效地保证车辆行驶稳定与安全。

然后，对车辆质量变化时控制器的鲁棒性进行了验证。本研究中所对标的车辆质量为 1430kg，考虑到车辆的老化和磨损，其质量会降低，而当车辆装载乘客或货物时，整体质量会增加。因此，对车辆质量为 1410kg（−20kg）和 1680kg（+250kg）时控制器的性能进行了验证。同样此时，控制器认为车辆的质量仍然是 1430kg，仿真验证对比结果如图 6.10 所示。

当车辆质量为 1430kg 时的仿真结果与图 6.9a、d、g 相同，而当车辆磨损时，质量下降，对控制器的控制效果影响不大；当车辆携带乘客或货物时，增加的质量会使车辆运动惯性增加。尽管如此，在控制器的辅助下，车辆的操纵性和纵向/侧向稳定性仍可以得到有效的保持。通过上述仿真验证和分析，可以看出，即使道路附着系数和车辆质量均存在不确定性，所设计的控制方案也能有效保证控制效果，从而证明了该控制方案在存在不确定干扰时的鲁棒性。

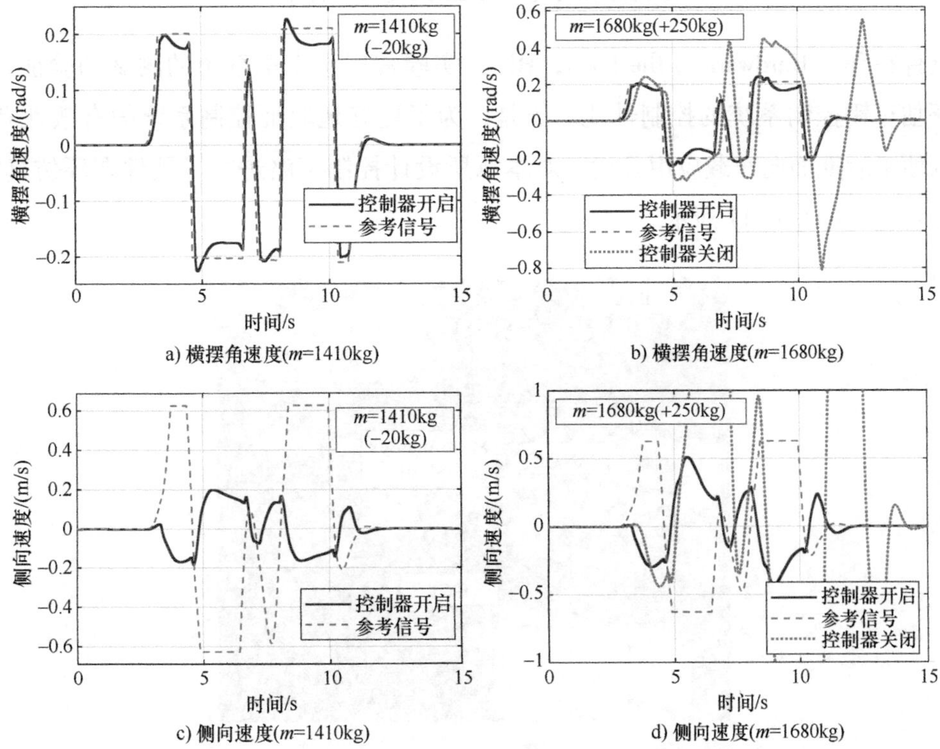

图 6.10　不同车辆质量的双移线工况仿真验证结果

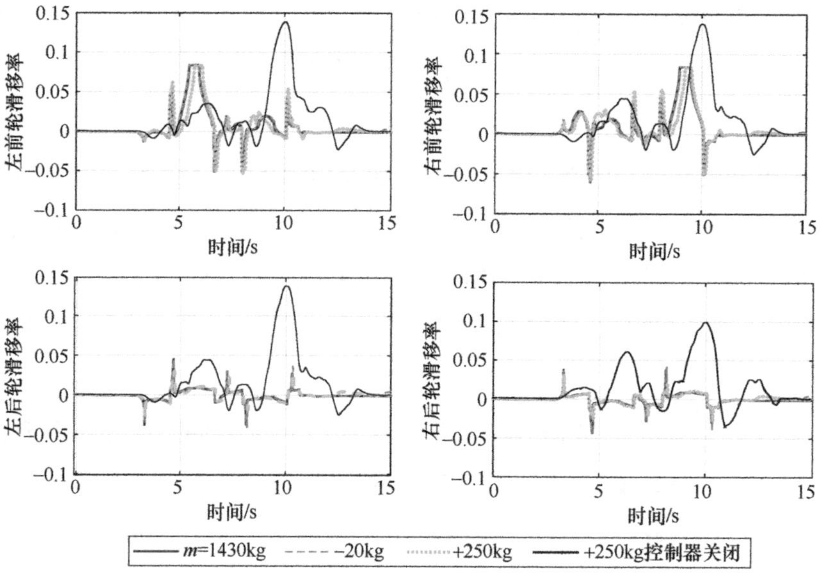

e) 轮胎滑移率

图 6. 10　不同车辆质量的双移线工况仿真验证结果（续）

6. 3. 4　硬件在环实验验证平台设置及验证结果

硬件在环（Hardware-in-the-Loop，HiL）实验常用于车辆系统的测试和验证，可以有效评估车辆控制系统的控制性能。于是，为了更好地验证控制系统的有效性和实时性，以便于后期面向车载应用开发，对本章所设计控制策略进行了硬件在环仿真实验，测试平台设置如图 6. 11 所示。

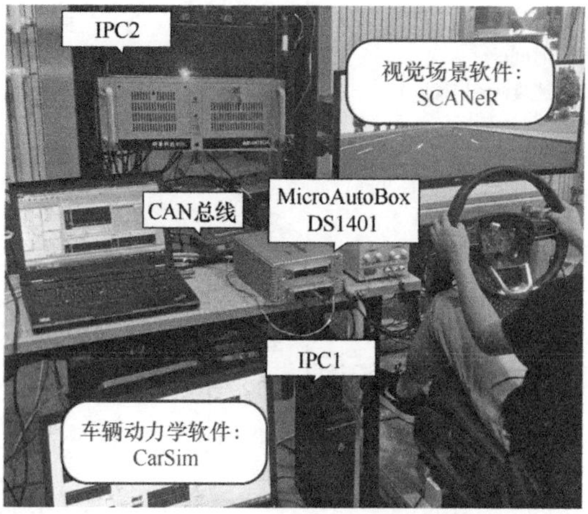

图 6. 11　硬件在环测试系统

图 6. 11 中的 HiL 仿真系统主要包括三个仿真平台，分别为 dSPACE MicroAutoBox

DS1401 以及两台工控机（IPC）。IPC1 主要用于搭载车辆动力学软件 CarSim 进行车辆动力学仿真，IPC2 搭载视觉场景软件 SCANeR 为驾驶员提供模拟驾驶环境。所使用的 IPC 都是由 2. 8GHz 的奔腾双核 E7400 进行驱动，并有 2GB 的内存。另外，dSPACE Micro-AutoBox DS1401 主要被用作快速原型控制器，它有 16MB 的主内存和 900MHz 的处理器。此外，控制器区域网络（CAN）总线被用来在上述平台之间传输数据，各平台之间数据的输入-输出传递关系如图 6. 12 所示。

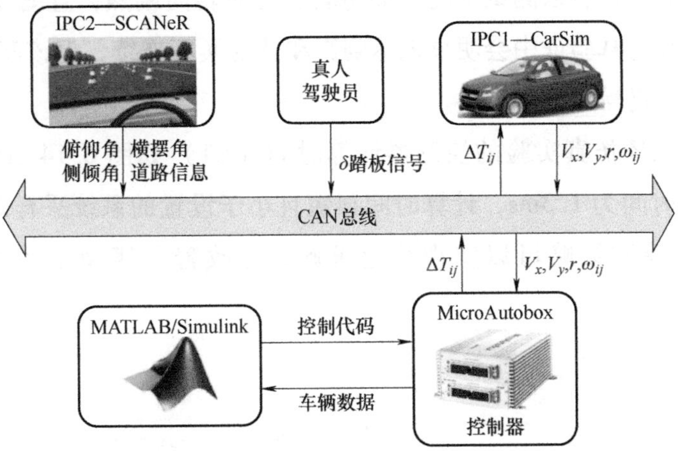

图 6. 12　硬件在环系统各平台间数据传递关系

接下来，基于此硬件在环仿真测试平台对所设计控制策略进行验证，对其有效性和实时性进行评估。验证工况为冰雪路面条件下的双移线工况，结果如图 6. 13 所示。在验证过程中要求驾驶员尽量操纵车辆以相似的初始速度通过 DLC 的设定路线。然而，在硬件在环实验中，每次驾驶员的方向盘转角输入是无法保持精准一致的，如图 6. 13a 所示，当控制器关闭时，驾驶员需要调整方向盘转角以确保车辆不偏离既定路线。尤其是在高速行驶的低附着路面条件下，车辆在转向时很容易发生侧滑。相反，当控制器开启时，车辆可以完成 DLC 工况，通过工况既定路线，而不需要驾驶员对方向盘转角额外调整。另一方面，对于驾驶员的踏板信号，当控制器开启时，除了车辆可以顺利通过既定路线外，驾驶员还可以在行驶过程中深踩加速踏板，实现车辆的加速，提高通过速度，如图 6. 13b 所示；而当控制器关闭时，车辆在冰雪路面条件下转向时会失去可操纵能力和稳定性，驾驶员将制动以确保行驶安全。

另外对于所设计控制策略在硬件在环仿真环境下的控制效果，从图 6. 13c 和图 6. 13d 中可以看出，在控制器的辅助下，车辆的横摆角速度可以有效跟踪其参考信号，而且侧向速度可以被有效抑制，特别是在验证工况的后半部分。当行驶时间>13s

时，如果在控制器关闭的情况下，在冰雪路面条件下行驶的汽车难以保证其操纵性和侧向稳定性，并会偏离既定路线。这也说明车辆在冰雪路面条件下以图 6.13b 所示的速度行驶，驾驶员仅靠调整方向盘转角是无法完成 DLC 工况的，而且路面附着系数低，摩擦力小，更难及时地进行调节，而在所提出控制策略的辅助下，可以将车辆的通过速度提高到70~80km/h。此外，车轮滑移率也得到了抑制，如图 6.13e 所示，有效防止车轮打滑和抱死，保证车辆的纵向稳定性。由于在硬件在环实验中，主要是对控制策略的有效性和实时性进行验证，所以测试工况不如仿真验证时转向剧烈，且图 6.13f 所示的附加电机转矩也不像在仿真验证中会明显地达到饱和且变换不连续，但该问题在分层式控制架构中仍然存在并仍需进一步解决。

此外，硬件在环仿真实验的控制器计算时间（CT）如图 6.14 所示，整个控制过程中的平均计算时间为 1.3ms，计算时间很短且小于设置的系统采样时间 10ms，说明所设计的分层式控制策略可以实现快速求解，在改善车辆稳定的同时保证计算实时性。

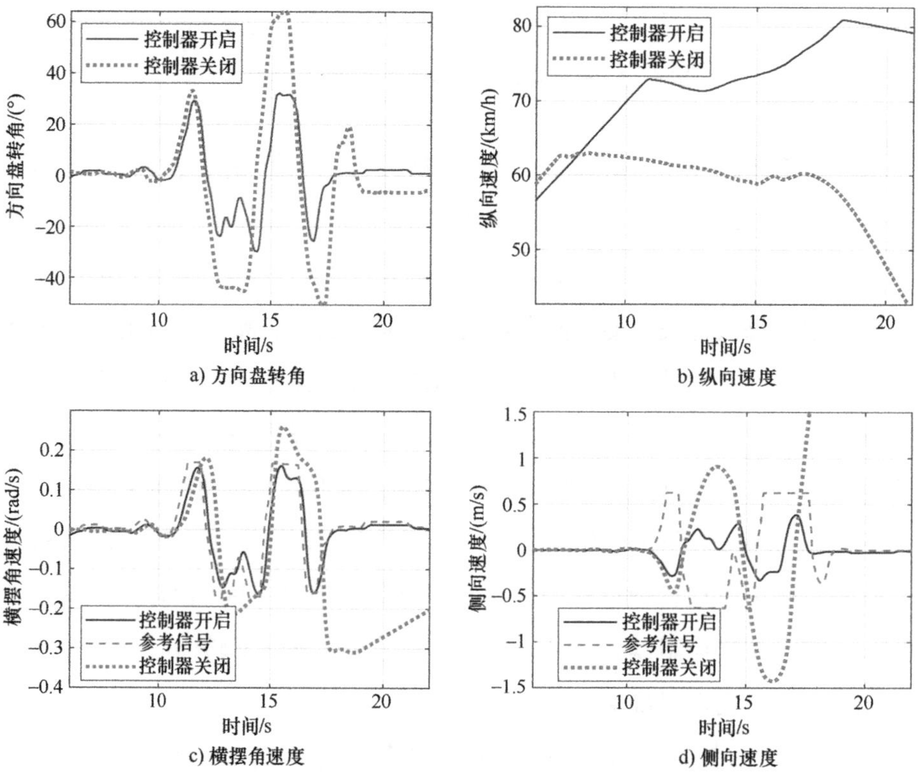

a) 方向盘转角　b) 纵向速度　c) 横摆角速度　d) 侧向速度

图 6.13　DLC 工况硬件在环实验验证结果

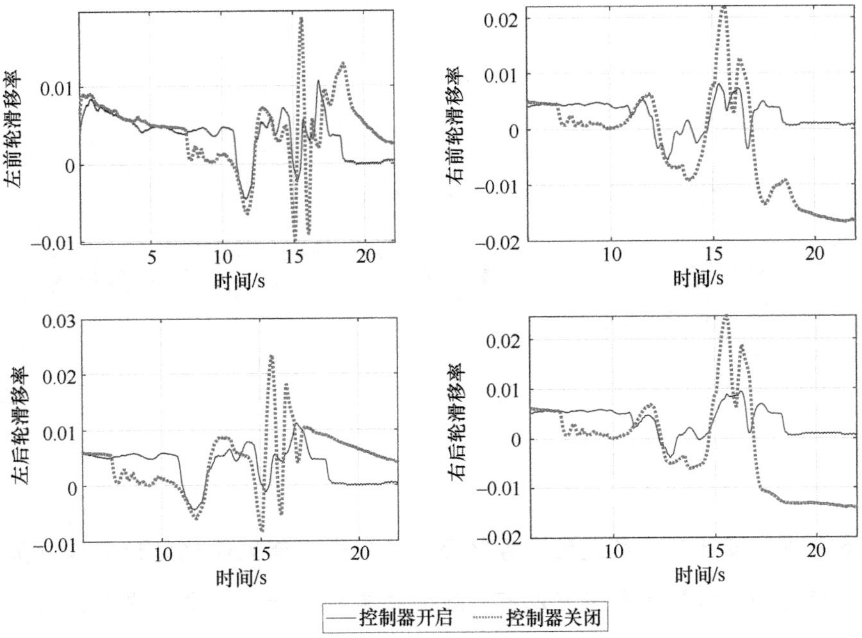

e) 轮胎滑移率

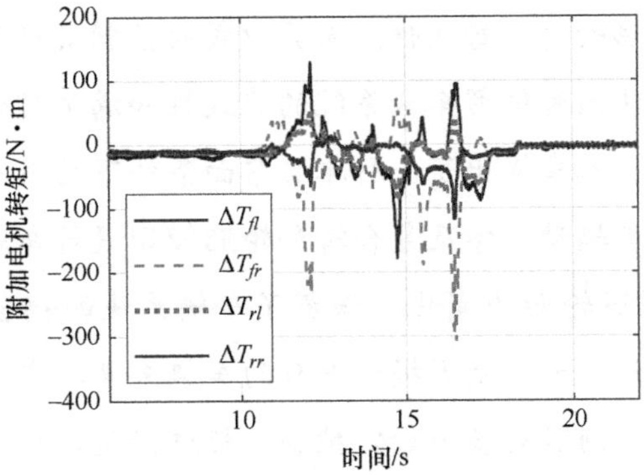

f) 附加电机转矩

图 6.13　DLC 工况硬件在环实验验证结果（续）

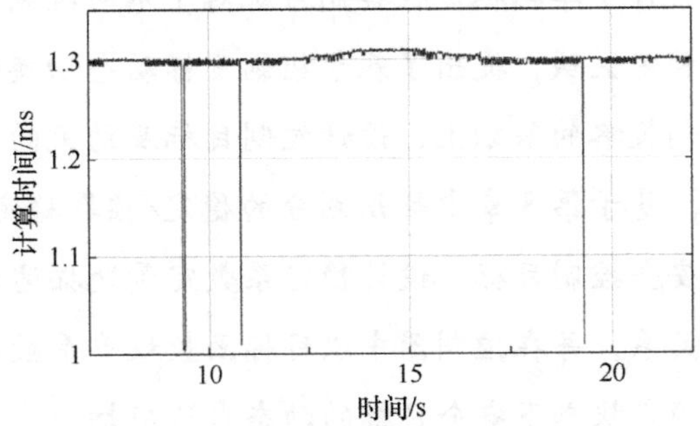

图 6.14　硬件在环仿真实验计算时间

第 7 章

汽车侧纵向主动安全集中协同控制

在第 6 章中，设计了分层式的冰雪路面条件下汽车侧纵向稳定协同控制策略，由验证结果及分析可知，该策略虽然可以有效地保证车辆的行驶稳定与安全，但分层结构未能在优化问题中对控制量进行相关考虑，导致控制量变化不连续且转向剧烈时附加转矩变化波动较大，很容易影响驾驶舒适性。而集中式的控制策略往往会基于高阶次的状态预测模型进行设计，无法同时保留车辆系统的非线性和满足控制器的实时求解能力。由此，为了解决上述问题，本章提出了一种冰雪路面条件下的汽车侧纵向稳定性集中式协同控制策略。首先根据车辆动力学及复合滑移轮胎模型设计车辆状态预测模型，捕捉轮胎纵滑-侧偏变化状态描述轮胎力变化，保留了车辆系统的耦合非线性，并通过轮胎力协同车辆纵向与侧向运动，为控制器提供准确的车辆未来状态预测信息；基于模型预测控制理论，设计集中式控制器对多个稳定控制目标进行集成协同优化，构建多目标多约束二次序列规划问题，并对其进行求解，得到能够直接应用于执行机构的附加电机转矩。

为了提高冰雪路面条件下车辆稳定性控制系统对于不同控制目标的自适应能力，结合评估车辆稳定程度的稳定区域，提出了基于控制目标动态切换的车辆侧纵向稳定协同控制策略。在集中式控制策略的基础上，设计控制目标及约束的自适应调节方案，以实现控制目标的动态切换。基于第 3 章中辨识划分的稳定/临界稳定/不稳定区域，在各区域分别对应不同的行驶安全控制目标，设计稳定系数定量地描述车辆稳定程度，建立其与控制目标切换之间的关系，并在控制器中以目标函数权重系数以及约束值的形式进行映射，实现车辆在不同稳定状态下安全目标的动态自适应切换，更针对性且有效地保证了车辆行驶的整体稳定与安全性能。

7.1 车辆侧纵向运动状态预测模型

对于本章节所提出的集中式控制架构，其控制框图如图7.1所示。建立较为准确的预测模型对未来车辆状态进行预测是MPC保证控制效果的基础，由于集中式控制框架，需要将多控制目标集成考虑，所以所涉及的预测模型需要综合包含车辆的侧纵向、横摆运动和车轮转动，这意味着所建立的预测模型具有较高的阶次。其中的轮胎力计算除了要考虑轮胎的复合滑移特性，还要通过其来协同车辆的侧纵向运动，以综合体现车辆侧纵向运动耦合。于是，本节首先对面向控制的相关车辆与轮胎模型进行介绍。

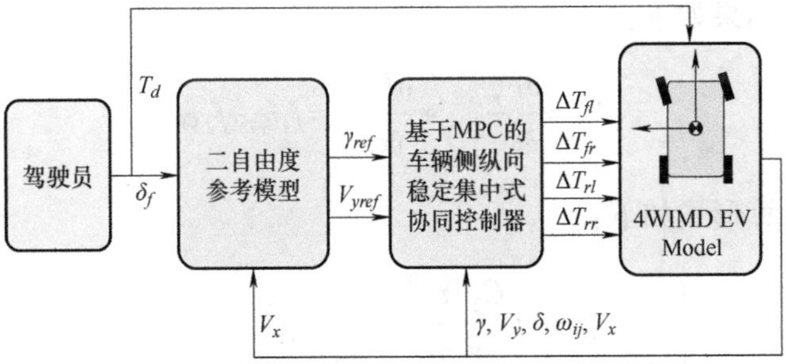

图7.1 车辆侧纵向稳定集中式协同控制结构框图

7.1.1 面向控制的复合滑移LuGre轮胎模型

在之前的章节中，分析了轮胎在冰雪路面条件下的非线性特性以及考虑复合滑移特性的重要性，其对未来车辆状态进行预测时不能忽略。但是之前所使用的轮胎模型不仅结构复杂，而且很难直接用于设计控制器，其引入的非线性会使得控制系统运算量增大且求解困难，很难满足面向车载应用的实时性需求。由此，本节在之前所使用的LuGre轮胎模型的基础上，进一步推导面向控制的复合滑移LuGre轮胎模型。所推导的模型不仅能够保留对冰雪路面条件下轮胎力纵滑-侧偏耦合非线性特性的描述能力，还能够便于实现在控制器设计中的应用，简化控制器设计方案从而提高优化求解速度。

根据介绍的LuGre轮胎模型，纵向力和侧向力可以分别计算如下：

$$F_x(v_{rx},v_{ry})=\left(\frac{\sigma_{0x}}{\dfrac{\sigma_{0x}\|\boldsymbol{v}_r\|}{\mu g(v_r)}+\kappa_x R_e|\omega|}+\sigma_{2x}\right)v_{rx}F_z \tag{7-1}$$

$$F_y(v_{rx},v_{ry})=\left(\frac{\sigma_{0y}}{\frac{\sigma_{0y}\|\boldsymbol{v}_r\|}{\mu g(v_r)}+\kappa_y R_e|\omega|}+\sigma_{2y}\right)v_{ry}F_z \tag{7-2}$$

首先对于轮胎侧向力，当车轮处于驱动情况时，描述摩擦特性的 Stribeck 方程可以近似为 $g_{tr}=C_1-\frac{C_2}{R_e\omega}v_{rx}-\frac{C_3V_x}{R_e\omega}\alpha$，这里定义 $d_{tr}=\|\boldsymbol{v}_r\|+\frac{\kappa_y R_e\omega\mu g_{tr}}{\sigma_{0y}}$，于是式（7-2）可以重新描述为：

$$F_y^{tr}=\left(\frac{\mu g_{tr}}{d_{tr}}+\sigma_{2y}\right)V_x\alpha F_z \tag{7-3}$$

接下来可以对式（7-3）进行求导，用于表达轮胎侧向力受车辆其他状态变化影响的变化情况，推导结果如下：

$$\dot{F}_y^{tr}=\frac{\partial F_y^{tr}}{\partial v_{rx}}\dot{v}_{rx}+\frac{\partial F_y^{tr}}{\partial\alpha}\dot{\alpha}=f_1\dot{v}_{rx}+f_2\dot{\alpha} \tag{7-4}$$

其中的偏导公式计算形式如下：

$$\begin{cases}f_1=\dfrac{-\mu\alpha V_x\left(\dfrac{C_2\|\boldsymbol{v}_r\|}{R_e\omega}+\dfrac{g_{tr}}{\|\boldsymbol{v}_r\|}v_{rx}\right)}{d_{tr}^2}F_z\\ f_2=\left[\dfrac{-\mu\alpha V_x^2\left(\dfrac{C_3\|\boldsymbol{v}_r\|}{R_e\omega}+\dfrac{V_xg_{tr}}{\|\boldsymbol{v}_r\|}\alpha\right)}{d_{tr}^2}+V_x\rho_{tr}\right]F_z\end{cases} \tag{7-5}$$

式中，$\rho_{tr}=\frac{\mu g_{tr}}{d_{tr}}+\sigma_{2y}$。

同样地，对于车辆制动情况（$v_{rx}<0$），也可以通过类似的方法进行推导，此时 Stribeck 方程可近似为 $g_{br}=C_1-\frac{C_2}{V_x}v_{rx}-\frac{C_3R_e\omega}{V_x}\alpha$，定义 $d_{br}=\|\boldsymbol{v}_r\|+\frac{\kappa_yR_e\omega\mu g_{br}}{\sigma_{0y}}$，可以得到侧向力及其导数表示如下：

$$\begin{cases}F_y^{br}=\left(\dfrac{\mu g_{br}}{d_{br}}+\sigma_{2y}\right)V_x\alpha F_z\\ \dot{F}_y^{br}=\dfrac{\partial F_y^{br}}{\partial v_{rx}}\dot{v}_{rx}+\dfrac{\partial F_y^{br}}{\partial\alpha}\dot{\alpha}=\bar{f}_1\dot{v}_{rx}+\bar{f}_2\dot{\alpha}\end{cases} \tag{7-6}$$

其中的偏导公式计算如下：

$$
\begin{cases}
\bar{f}_1=\dfrac{\mu\alpha\left(C_2\|\boldsymbol{v}_r\|-\dfrac{V_x g_{tr}}{\|\boldsymbol{v}_r\|}v_{rx}\right)}{d_{br}^2}F_z \\
\bar{f}_2=\left[\dfrac{-\mu\alpha\left(C_3R_e\omega\|\boldsymbol{v}_r\|+\dfrac{V_x^3 g_{tr}}{\|\boldsymbol{v}_r\|}\alpha\right)}{d_{br}^2}+V_x\rho_{br}\right]F_z
\end{cases}
$$

式中，$\rho_{br}=\dfrac{\mu g_{br}}{d_{br}}+\sigma_{2y}$。于是，综合上述推导，根据式（7-4）和式（7-6），可以将轮胎侧向力变化提取为关于轮胎纵向滑移量变化和侧偏角变化的形式，整合如下：

$$
\dot{F}_y=\begin{cases} f_1\dot{v}_{rx}+f_2\dot{\alpha} & (v_{rx}\geqslant 0) \\ \bar{f}_1\dot{v}_{rx}+\bar{f}_2\dot{\alpha} & (v_{rx}<0)\end{cases}
$$

然后，对于轮胎侧偏角的变化，可以根据式（2-13）~式（2-16）计算得到，假设前轮转角 δ_f 和速度 V_x 为定值，得到 $\dot{\alpha}_{ij}$ 如下：

$$
\dot{\alpha}_{ij}=\frac{\partial\alpha_{ij}}{\partial\gamma}\dot{\gamma}+\frac{\partial\alpha_{ij}}{\partial V_y}\dot{V}_y=k_{ij}^{\gamma}\dot{\gamma}+k_{ij}^{v}\dot{V}_y \tag{7-7}
$$

其中轮胎侧偏角对横摆角速度的偏导计算，按照前后轴轮胎，可分别推导如下：

$$
\begin{cases}
k_{fj}^{\gamma}=\dfrac{-\left(L_fV_x-k_jV_y\dfrac{d}{2}\right)}{\left(V_x+k_j\gamma\dfrac{d}{2}\right)^2\left[1+\left(\dfrac{V_y+L_f\gamma}{V_x+k_j\gamma\dfrac{d}{2}}\right)^2\right]} \\
k_{rj}^{\gamma}=\dfrac{L_rV_x+k_jV_y\dfrac{d}{2}}{\left(V_x+k_j\gamma\dfrac{d}{2}\right)^2\left[1+\left(\dfrac{V_y-L_r\gamma}{V_x+k_j\gamma\dfrac{d}{2}}\right)^2\right]}
\end{cases} \tag{7-8}
$$

同样地，可以得到前后轴轮胎侧偏角对侧向速度的偏导结果如下：

$$
\begin{cases}
k_{fj}^{v}=\dfrac{-\left(V_x+k_jV_y\dfrac{d}{2}\right)}{\left(V_x+k_j\gamma\dfrac{d}{2}\right)^2(V_y+L_f\gamma)^2} \\
k_{rj}^{v}=\dfrac{-\left(V_x+k_jV_y\dfrac{d}{2}\right)}{\left(V_x+k_j\gamma\dfrac{d}{2}\right)^2(V_y-L_r\gamma)^2}
\end{cases} \tag{7-9}
$$

式中，下标$j \in \{l,r\}$，$k_l=-k_r=1$。

由此可以得到面向控制的复合滑移 LuGre 轮胎模型前/后轴侧向力计算的最终形式，根据同轴两侧车轮驱制动形式的不同分别计算如下：

$$\dot{F}_{yf}=\begin{cases} f_{1fl}\dot{v}_{rxfl}+f_{1fr}\dot{v}_{rxfr}+h_{f1}^{\gamma}\dot{\gamma}+h_{f1}^{v}\dot{V}_y & (v_{rxfl}\geqslant 0,v_{rxfr}\geqslant 0) \\ f_{1fl}\dot{v}_{rxfl}+\bar{f}_{1fr}\dot{v}_{rxfr}+h_{f2}^{\gamma}\dot{\gamma}+h_{f2}^{v}\dot{V}_y & (v_{rxfl}\geqslant 0,v_{rxfr}<0) \\ \bar{f}_{1fl}\dot{v}_{rxfl}+f_{1fr}\dot{v}_{rxfr}+h_{f3}^{\gamma}\dot{\gamma}+h_{f3}^{v}\dot{V}_y & (v_{rxfl}<0,v_{rxfr}\geqslant 0) \\ \bar{f}_{1fl}\dot{v}_{rxfl}+\bar{f}_{1fr}\dot{v}_{rxfr}+h_{r4}^{\gamma}\dot{\gamma}+h_{r4}^{v}\dot{V}_y & (v_{rxfl}<0,v_{rxfr}<0) \end{cases} \tag{7-10}$$

$$\dot{F}_{yr}=\begin{cases} f_{1rl}\dot{v}_{rxrl}+f_{1rr}\dot{v}_{rxrr}+h_{r1}^{\gamma}\dot{\gamma}+h_{r1}^{v}\dot{V}_y & (v_{rxrl}\geqslant 0,v_{rxrr}\geqslant 0) \\ f_{1rl}\dot{v}_{rxrl}+\bar{f}_{1rr}\dot{v}_{rxrr}+h_{r2}^{\gamma}\dot{\gamma}+h_{r2}^{v}\dot{V}_y & (v_{rxrl}\geqslant 0,v_{rxrr}<0) \\ \bar{f}_{1rl}\dot{v}_{rxrl}+f_{1rr}\dot{v}_{rxrr}+h_{r3}^{\gamma}\dot{\gamma}+h_{r3}^{v}\dot{V}_y & (v_{rxrl}<0,v_{rxrr}\geqslant 0) \\ \bar{f}_{1rl}\dot{v}_{rxrl}+\bar{f}_{1rr}\dot{v}_{rxrr}+h_{r4}^{\gamma}\dot{\gamma}+h_{r4}^{v}\dot{V}_y & (v_{rxrl}<0,v_{rxrr}<0) \end{cases} \tag{7-11}$$

该计算形式通过捕捉车辆侧纵向运动变化来计算轮胎侧向力，将轮胎侧向力$\dot{F}_y$的变化描述成关于车辆侧向运动变化$\dot{V}_y$、横摆运动变化$\dot{\gamma}$以及车轮纵向滑移变化$\dot{v}_{rx}$的形式，在轮胎力的层面实现车辆侧纵向运动的协同耦合，式（7-10）与式（7-11）中的部分参数计算见表 7.1。

表 7.1　面向控制的复合滑移轮胎模型侧向力计算参数

前轴轮胎侧向力	后轴轮胎侧向力
$h_{f1}^{\gamma}=f_{2fl}k_{fl}^{\gamma}+f_{2fr}k_{fr}^{\gamma}$	$h_{r1}^{\gamma}=f_{2rl}k_{rl}^{\gamma}+f_{2rr}k_{rr}^{\gamma}$
$h_{f1}^{v}=f_{2fl}k_{fl}^{v}+f_{2fr}k_{fr}^{v}$	$h_{r1}^{v}=f_{2rl}k_{rl}^{v}+f_{2rr}k_{rr}^{v}$
$h_{f2}^{\gamma}=f_{2fl}k_{fl}^{\gamma}+\bar{f}_{2fr}k_{fr}^{\gamma}$	$h_{r2}^{\gamma}=f_{2rl}k_{rl}^{\gamma}+\bar{f}_{2rr}k_{rr}^{\gamma}$
$h_{f2}^{v}=f_{2fl}k_{fl}^{v}+\bar{f}_{2fr}k_{fr}^{v}$	$h_{r2}^{v}=f_{2rl}k_{rl}^{v}+\bar{f}_{2rr}k_{rr}^{v}$
$h_{f3}^{\gamma}=\bar{f}_{2fl}k_{fl}^{\gamma}+f_{2fr}k_{fr}^{\gamma}$	$h_{r3}^{\gamma}=\bar{f}_{2rl}k_{rl}^{\gamma}+f_{2rr}k_{rr}^{\gamma}$
$h_{f3}^{v}=\bar{f}_{2fl}k_{fl}^{v}+f_{2fr}k_{fr}^{v}$	$h_{r3}^{v}=\bar{f}_{2rl}k_{rl}^{v}+f_{2rr}k_{rr}^{v}$
$h_{f4}^{\gamma}=\bar{f}_{2fl}k_{fl}^{\gamma}+\bar{f}_{2fr}k_{fr}^{\gamma}$	$h_{r4}^{\gamma}=\bar{f}_{2rl}k_{rl}^{\gamma}+\bar{f}_{2rr}k_{rr}^{\gamma}$
$h_{f4}^{v}=\bar{f}_{2fl}k_{fl}^{v}+\bar{f}_{2fr}k_{fr}^{v}$	$h_{r4}^{v}=\bar{f}_{2rl}k_{rl}^{v}+\bar{f}_{2rr}k_{rr}^{v}$

接下来，根据式（7-1），对轮胎纵向力进行相似的操作以得到面向控制的轮胎纵向力计算模型，首先将式（7-1）按照车轮驱动或制动形式重新分别描述为如下形式：

$$F_x^{tr}=\left(\frac{\mu g_{tr}}{d_{tr}^x}+\sigma_{2x}\right)v_{rx}F_z \tag{7-12}$$

$$F_x^{br}=\left(\frac{\mu g_{br}}{d_{tr}^x}+\sigma_{2x}\right)v_{rx}F_z \tag{7-13}$$

其中 $d_{tr}^x=\|\boldsymbol{v}_r\|+\dfrac{\kappa_x R_e\omega\mu g_{tr}}{\sigma_{0x}}$，$d_{br}^x=\|\boldsymbol{v}_r\|+\dfrac{\kappa_x R_e\omega\mu g_{br}}{\sigma_{0x}}$。对式（7-12）和式（7-13）进行求导，得到轮胎纵向力变化对于车轮纵向滑移变化和侧偏角变化的形式，推导结果分别如下：

$$\dot{F}_x^{tr}=\frac{\partial F_x^{tr}}{\partial v_{rx}}\dot{v}_{rx}+\frac{\partial F_x^{tr}}{\partial\alpha}\dot{\alpha}=f_1^x\dot{v}_{rx}+f_2^x\dot{\alpha} \tag{7-14}$$

$$\dot{F}_x^{br}=\frac{\partial F_x^{br}}{\partial v_{rx}}\dot{v}_{rx}+\frac{\partial F_x^{br}}{\partial\alpha}\dot{\alpha}=\bar{f}_1^x\dot{v}_{rx}+\bar{f}_2^x\dot{\alpha} \tag{7-15}$$

根据式（7-9）~式（7-11），可以再将 $\dot{\alpha}$ 分解为关于 $\dot{\gamma}$ 和 $\dot{V}_y$ 的形式，于是式（7-14）和式（7-15）也可以再推导为 $\dot{F}_x$ 关于 $\dot{v}_{rx}$、$\dot{\gamma}$ 和 $\dot{V}_y$ 的形式，具体计算如下：

$$\dot{F}_{xij}=\begin{cases}f_1^x\dot{v}_{rxij}+f_2^x(k_{ij}^{\gamma}\dot{\gamma}+k_{ij}^{v}\dot{V}_y) & (v_{rx}\geqslant 0)\\ \bar{f}_1^x\dot{v}_{rxij}+\bar{f}_2^x(k_{ij}^{\gamma}\dot{\gamma}+k_{ij}^{v}\dot{V}_y) & (v_{rx}<0)\end{cases}$$

其中的参数 k_{ij}^{γ} 和 k_{ij}^{v} 与式（7-8）和式（7-9）计算相同，其余参数计算如下：

$$\begin{cases}f_1^x=\left[\dfrac{-\mu v_{rx}V_x\left(\dfrac{C_2\|\boldsymbol{v}_r\|}{R_e\omega}+\dfrac{g_{tr}^x}{\|\boldsymbol{v}_r\|}v_{rx}\right)}{d_{tr}^{x2}}+\rho_{tr}^x\right]F_z\\ f_2^x=\dfrac{-\mu v_{rx}\left(\dfrac{C_3\|\boldsymbol{v}_r\|}{R_e\omega}+\dfrac{V_x g_{tr}^x}{\|\boldsymbol{v}_r\|}\alpha\right)}{d_{tr}^{x2}}F_z\\ \bar{f}_1^x=\left[\dfrac{-\mu v_{rx}\left(\dfrac{C_2R_e\omega}{V_x}\|\boldsymbol{v}_r\|+\dfrac{V_x^2g_{tr}^x}{\|\boldsymbol{v}_r\|}v_{rx}\right)}{d_{tr}^{x2}}+\rho_{br}^x\right]F_z\\ \bar{f}_2^x=\dfrac{\mu v_{rx}\left(\dfrac{C_3}{V_x}\|\boldsymbol{v}_r\|-\dfrac{V_x g_{tr}^x}{\|\boldsymbol{v}_r\|}\alpha\right)}{d_{br}^{x2}}F_z\end{cases} \tag{7-16}$$

式中，$\rho_{tr}^x=\dfrac{\mu g_{tr}^x}{d_{tr}^x}+\sigma_{2x}$；$\rho_{br}^x=\dfrac{\mu g_{br}^x}{d_{br}^x}+\sigma_{2x}$。综上所述，经过推导得到了面向控制的轮胎纵向力计算模型式（7-16），与侧向力计算模型式（7-10）和式（7-11）共同描述轮胎力

在冰雪路面条件下的非线性特性，将车辆的侧纵向运动通过轮胎力进行耦合，引入控制系统中从而对车辆状态进行准确预测。

为了验证经过推导后的面向控制轮胎模型是否能在保留非线性的同时准确计算轮胎力，与原 LuGre 模型在相同侧偏纵滑条件下计算轮胎力进行对比。图 7.2 所示为原 LuGre 轮胎模型与面向控制轮胎模型的对比验证结果，在 $\mu=0.35$ 的低附着冰雪路面条件下的轮胎滑移率和侧偏角情况分别如图 7.2a 和图 7.2b 所示，两模型涉及参数均为 2.1.3 节中的轮胎模型参数辨识结果。图 7.2c 和图 7.2d 分别为两模型计算的纵向力和侧向力的对比结果，从图中可以看出，面向控制轮胎模型的轮胎力计算结果与原 LuGre 模型在趋势和幅值上都能保持一致。由此，所推导的面向控制 LuGre 轮胎模型以捕捉车辆侧纵向运动变化的形式，在保证轮胎力计算准确的前提下，还体现轮胎在低附着路面上的非线性特性，可以有效应用于后续的控制策略设计。

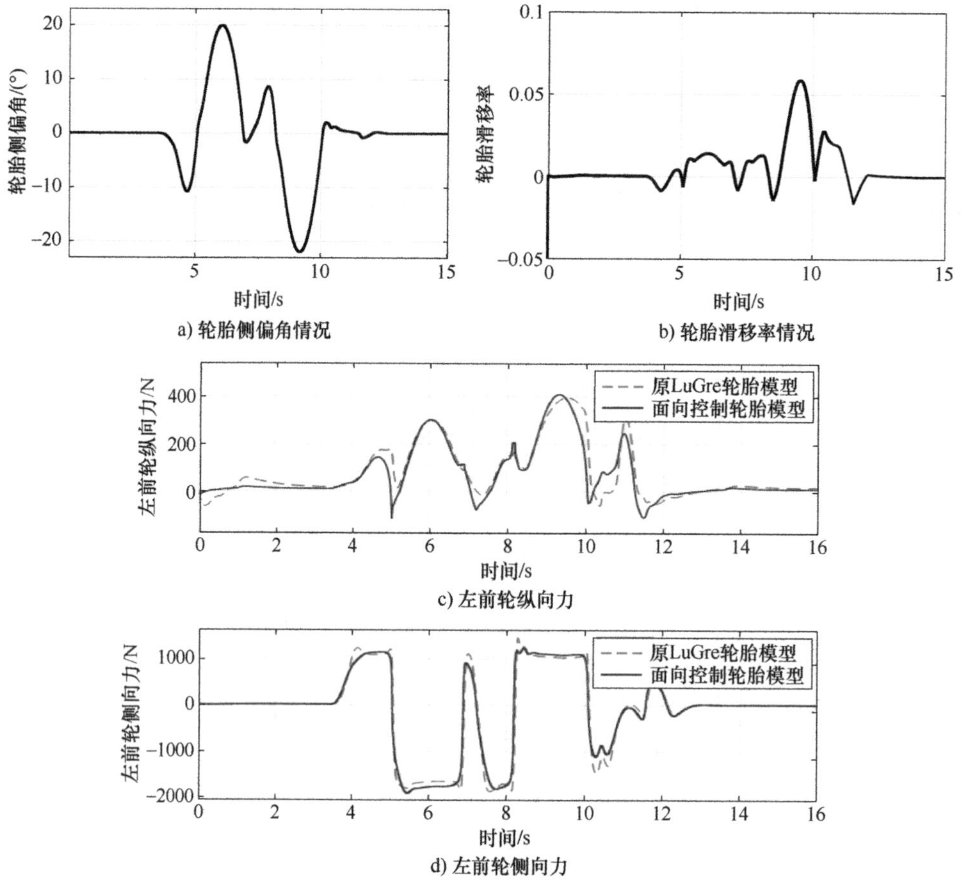

图 7.2 原 LuGre 轮胎模型与面向控制轮胎模型对比验证结果

7.1.2　车辆状态预测模型

在得到面向控制的轮胎模型后，将其与车辆动力学模型相结合，以作为预测模型对冰雪路面条件下车辆的未来状态进行准确预测，从而提高预测模型的精度并提升控制效果。基于第 2 章中所介绍的车体及车轮动力学模型，对车辆侧向及横摆运动和车轮转动重新描述如下：

$$I_z\dot{\gamma}=F_{yf}L_f\cos\delta_f-F_{yr}L_r+\left(F_{xfl}+\frac{\Delta T_{fl}}{R_e}\right)\left(L_f\sin\delta_f-\frac{d\cos\delta_f}{2}\right)-\left(F_{xfr}+\frac{\Delta T_{fr}}{R_e}\right)\left(L_f\sin\delta_f+\frac{d\cos\delta_f}{2}\right)+\left[-\left(F_{xrl}+\frac{\Delta T_{rl}}{R_e}\right)+\left(F_{xrr}+\frac{\Delta T_{rr}}{R_e}\right)\right]\frac{d}{2} \tag{7-17}$$

$$m(\dot{V}_y+\gamma V_x)=(F_{yfl}+F_{yfr})\cos\delta_f+F_{yrl}+F_{yrr}+\left(F_{xfl}+\frac{\Delta T_{fl}}{R_e}+F_{xfr}+\frac{\Delta T_{fr}}{R_e}\right)\sin\delta_f \tag{7-18}$$

$$I_w\dot{\omega}_{ij}=\Delta T_{ij} \tag{7-19}$$

轮胎纵向滑移量的计算可近似为 $v_{rxij}=R_e\omega_{ij}-V_x$，将滑移量计算与车轮转动式（7-19）相结合，可以得到轮胎纵向滑移量的变化为：

$$\dot{v}_{rxij}=\frac{R_e}{I_w}\Delta T_{ij}-\dot{V}_x \tag{7-20}$$

结合式（7-17）、式（7-18）、式（7-20）与 7.1.1 节中得到的面向控制 LuGre 轮胎模型，选择系统状态变量为车辆横摆角速度、侧向速度、轮胎前后轴侧向力、轮胎纵向滑移量和轮胎纵向力，具体定义如下：

$$\boldsymbol{x}=[x_\gamma \quad x_y \quad \boldsymbol{x}_{F_y}^{\mathrm{T}} \quad \boldsymbol{x}_{rx}^{\mathrm{T}} \quad \boldsymbol{x}_{F_x}^{\mathrm{T}}]^{\mathrm{T}}$$

其中的状态量进行了归一化，具体各项 $x_\gamma=\dfrac{\gamma}{\gamma_{\max}}$，$x_y=\dfrac{V_y}{V_{y\max}}$，$\boldsymbol{x}_{F_y}=\left[\dfrac{F_{yf}}{F_{yfm}} \quad \dfrac{F_{yr}}{F_{yrm}}\right]$，$\boldsymbol{x}_{rx}=\left[\dfrac{v_{rxfl}}{v_{rxm}} \quad \dfrac{v_{rxfr}}{v_{rxm}} \quad \dfrac{v_{rxrl}}{v_{rxm}} \quad \dfrac{v_{rxrr}}{v_{rxm}}\right]^{\mathrm{T}}$，$\boldsymbol{x}_{F_x}=\left[\dfrac{F_{xfl}}{F_{xm}} \quad \dfrac{F_{xfr}}{F_{xm}} \quad \dfrac{F_{xrl}}{F_{xm}} \quad \dfrac{F_{xrr}}{F_{xm}}\right]^{\mathrm{T}}$，其中横摆角速度和侧向速度的归一化最大值见式（6-2），在后续推导中缩写为下标 m，其余状态量中的下标 m 表示该量的归一化最大值，轮胎滑移量的归一化最大值 $v_{rxm}=0.1\times\max(R_e\omega,V_x)$。同样对于系统的控制量，在集中式框架中可直接得到作用于执行机构的控制量附加电机转矩，将其同样进行归一化操作后定义如下：

$$\boldsymbol{u}=\left[\frac{\Delta T_{fl}}{T_m} \quad \frac{\Delta T_{fr}}{T_m} \quad \frac{\Delta T_{rl}}{T_m} \quad \frac{\Delta T_{rl}}{T_m}\right]^{\mathrm{T}}$$

式中，T_m为控制量用于归一化的最大取值范围。

于是，综合上述定义，构建状态空间形式的车辆状态预测模型如下：

$$\boldsymbol{M}(t)\dot{\boldsymbol{x}}(t)=\tilde{\boldsymbol{A}}(t)\boldsymbol{x}(t)+\tilde{\boldsymbol{B}}_u(t)\boldsymbol{u}(t)+\tilde{\boldsymbol{B}}_d(t)$$

其中的系统矩阵定义见式（7-22）~式（7-25），可将连续的系统状态方程式（7-20）利用前向欧拉法进行离散，得到离散化的系统状态空间方程作为状态预测模型如下：

$$\boldsymbol{x}(k+1)=\boldsymbol{A}(k)\boldsymbol{x}(k)+\boldsymbol{B}_u(k)\boldsymbol{u}(k)+\boldsymbol{B}_d(k) \tag{7-21}$$

其中的系统矩阵定义为 $\boldsymbol{A}(k)=\boldsymbol{M}^{-1}(k)(\tilde{\boldsymbol{A}}(k)T_s+\boldsymbol{M}(k))$，$\boldsymbol{B}_u(k)=\boldsymbol{M}^{-1}(k)\tilde{\boldsymbol{B}}_u(k)T_s$，$\boldsymbol{B}_d(k)=\boldsymbol{M}^{-1}(k)\tilde{\boldsymbol{B}}_d(k)T_s$，$k$ 代表当前时刻，T_s为采样时间。

综上，本节所设计的预测模型综合考虑了车辆的侧向及横摆运动，以及四个车轮的滑移状态，并且通过面向控制的复合滑移 LuGre 轮胎模型将轮胎纵滑-侧偏对轮胎力的共同影响引入预测模型中，可以更为准确地对冰雪路面条件下车辆的运动状态进行预测，从而为冰雪路面条件下车辆稳定协同优化控制性能的提升提供了可能。

$$\tilde{\boldsymbol{A}}=\left[\begin{array}{cc:c}
0 & -\dfrac{V_x\gamma_m}{V_{ym}} & \\
0 & 0 & \boldsymbol{O}_{10\times4} \\
\dfrac{L_f\cos\delta_f}{I_z}\dfrac{F_{yfm}}{\gamma_m} & \dfrac{\cos\delta_f}{m}\dfrac{F_{yfm}}{V_{ym}} & \\
-\dfrac{L_r}{I_z}\dfrac{F_{yrm}}{\gamma_m} & \dfrac{1}{m}\dfrac{F_{yrm}}{V_{ym}} & \\
\hdashline
\multicolumn{2}{c:}{\boldsymbol{O}_{2\times4}} & \boldsymbol{O}_{10\times4} \\
\hdashline
\dfrac{\left(L_f\sin\delta_f-\dfrac{d}{2}\cos\delta_f\right)}{I_z}\dfrac{F_{xm}}{\gamma_m} & \dfrac{\sin\delta_f}{m}\dfrac{F_{xm}}{V_{ym}} & \\
\dfrac{\left(L_f\sin\delta_f-\dfrac{d}{2}\cos\delta_f\right)}{I_z}\dfrac{F_{xm}}{\gamma_m} & \dfrac{\sin\delta_f}{m}\dfrac{F_{xm}}{V_{ym}} & \boldsymbol{O}_{10\times4} \\
-\dfrac{d}{2I_z}\dfrac{F_{xm}}{\gamma_m} & 0 & \\
\dfrac{d}{2I_z}\dfrac{F_{xm}}{\gamma_m} & 0 &
\end{array}\right]^{\mathrm{T}} \tag{7-22}$$

$$
\boldsymbol{M}=\left[\begin{array}{cccc:cccc:c}
1 & 0 & 0 & 0 & 0 & 0 & 0 & 0 & \\
0 & 1 & 0 & 0 & 0 & 0 & 0 & 0 & \boldsymbol{O}_{4\times4} \\
-h_{fq}^{\gamma}\dfrac{\gamma_m}{F_{yfm}} & -h_{fq}^{v}\dfrac{V_{ym}}{F_{yfm}} & 1 & 0 & -\tilde{f}_{1fl}\dfrac{v_{rxm}}{F_{yfm}} & -\tilde{f}_{1fr}\dfrac{v_{rxm}}{F_{yfm}} & 0 & 0 & \\
-h_{rq}^{\gamma}\dfrac{\gamma_m}{F_{yrm}} & -h_{rq}^{v}\dfrac{V_{ym}}{F_{yrm}} & 0 & 1 & 0 & 0 & -\tilde{f}_{1rl}\dfrac{v_{rxm}}{F_{yrm}} & -\tilde{f}_{1rr}\dfrac{v_{rxm}}{F_{yrm}} & \\
\hdashline
 & \boldsymbol{O}_{4\times4} & & & & \boldsymbol{I}_{4\times4} & & & \boldsymbol{O}_{4\times4} \\
\hdashline
-g_1\dfrac{\gamma_m}{F_{xm}} & -g_2\dfrac{V_{ym}}{F_{xm}} & 0 & 0 & -g_3\dfrac{v_{rxm}}{F_{xm}} & 0 & 0 & 0 & \\
-g_4\dfrac{\gamma_m}{F_{xm}} & -g_5\dfrac{V_{ym}}{F_{xm}} & 0 & 0 & 0 & -g_6\dfrac{v_{rxm}}{F_{xm}} & 0 & 0 & \boldsymbol{I}_{4\times4} \\
-g_7\dfrac{\gamma_m}{F_{xm}} & -g_8\dfrac{V_{ym}}{F_{xm}} & 0 & 0 & 0 & 0 & -g_9\dfrac{v_{rxm}}{F_{xm}} & 0 & \\
-g_{10}\dfrac{\gamma_m}{F_{xm}} & -g_{11}\dfrac{V_{ym}}{F_{xm}} & 0 & 0 & 0 & 0 & 0 & -g_{12}\dfrac{v_{rxm}}{F_{xm}} &
\end{array}\right] \tag{7-23}
$$

$$
\tilde{\boldsymbol{B}}_d=\left[\begin{array}{c:c:c}\boldsymbol{O}_{1\times4} & -\dfrac{R_eT_m}{v_{rxm}}\dot{V}_x\boldsymbol{I}_{1\times4} & \boldsymbol{O}_{1\times4}\end{array}\right]^{\mathrm{T}} \tag{7-24}
$$

$$
\tilde{\boldsymbol{B}}_u=\left[\begin{array}{cccc}
\dfrac{(2L_f\sin\delta_f-L\cos\delta_f)T_m}{2I_zR_e\gamma_m} & \dfrac{(2L_f\sin\delta_f+L\cos\delta_f)T_m}{2I_zR_e\gamma_m} & \dfrac{-dT_m}{2I_zR_e\gamma_m} & \dfrac{dT_m}{2I_zR_e\gamma_m} \\
\dfrac{\sin\delta_fT_m}{mR_eV_{ym}} & \dfrac{\sin\delta_fT_m}{mR_eV_{ym}} & 0 & 0 \\
\hdashline
 & \boldsymbol{O}_{2\times4} & & \\
\hdashline
\dfrac{R_eT_m}{I_wv_{rxm}} & 0 & 0 & 0 \\
0 & \dfrac{R_eT_m}{I_wv_{rxm}} & 0 & 0 \\
0 & 0 & \dfrac{R_eT_m}{I_wv_{rxm}} & 0 \\
0 & 0 & 0 & \dfrac{R_eT_m}{I_wv_{rxm}} \\
\hdashline
 & \boldsymbol{O}_{4\times4} & &
\end{array}\right] \tag{7-25}
$$

以上系统矩阵中，$\boldsymbol{O}_{m\times n}$表示 m 行 n 列的全零矩阵，$\boldsymbol{I}_{n\times n}$表示 n 阶的单位矩阵，系统矩阵 $\boldsymbol{M}$ 中的 h_{fq}^{γ}、h_{fq}^{v}、h_{rq}^{γ}、h_{rq}^{v}计算见表 7.1，其中下标 $q\in\{1,2,3,4\}$ 根据轮胎的驱制动情况选择确定，$\tilde{f}_{1ij}$也根据轮胎驱制动情况分别代表f_{1ij}或$\bar{f}_{1ij}$；系统矩阵 $\boldsymbol{M}$ 中的部分元素参数计算见表 7.2。

表 7.2　系统矩阵 M 中的元素参数计算

参数	计算公式	参数	计算公式
g_1	$\tilde{f}_{2fl}^{x}k_{fl}^{\gamma}$	g_7	$\tilde{f}_{2rl}^{x}k_{rl}^{\gamma}$
g_2	$\tilde{f}_{2fl}^{x}k_{fl}^{v}$	g_8	$\tilde{f}_{2rl}^{x}k_{rl}^{v}$
g_3	$\tilde{f}_{1fl}^{x}$	g_9	$\tilde{f}_{1rl}^{x}$
g_4	$\tilde{f}_{2fr}^{x}k_{fr}^{\gamma}$	g_{10}	$\tilde{f}_{2rr}^{x}k_{rr}^{\gamma}$
g_5	$\tilde{f}_{2fr}^{x}k_{fr}^{v}$	g_{11}	$\tilde{f}_{2rr}^{x}k_{rr}^{v}$
g_6	$\tilde{f}_{1fr}^{x}$	g_{12}	$\tilde{f}_{1rr}^{x}$

在表 7.2 中，$\tilde{f}_{1ij}^{x}$ 和 $\tilde{f}_{2ij}^{x}$ 根据轮胎驱制动情况分别代表 f_{1ij}^{x} 或 $\tilde{f}_{1ij}^{x}$ 和 f_{2ij}^{x} 或 $\tilde{f}_{2ij}^{x}$，具体计算形式见式（7-16）。

对于车辆的稳定性控制需求，本节在模型预测控制的框架下设计控制器对多控制目标多约束的协同优化问题进行求解。根据 MPC 的主要原理，根据预测模型式（7-21），基于初始状态预测 $\boldsymbol{x}(k)$ 未来状态，将预测的未来状态序列和控制输入序列分别定义如下：

$$\boldsymbol{U}(k)=\begin{bmatrix} u(k) \\ u(k+1\mid k) \\ \vdots \\ u(k+N-1\mid k) \end{bmatrix},\ \boldsymbol{X}(k+1\mid k)=\begin{bmatrix} x(k+1\mid k) \\ x(k+2\mid k) \\ \vdots \\ x(k+N\mid k) \end{bmatrix}$$

式中，N 为预测时域和控制时域，本章所设计控制器的预测时域和控制时域相等，且将在后文的目标函数介绍中；$\boldsymbol{U}(k)$为待优化变量。

7.1.3　控制目标与约束条件

为了实现车辆的侧纵向稳定性控制，在集中式的控制框架下针对控制需求设计目标函数，首先对于车辆的操纵性及侧向稳定性，需要与第 6 章中所设计控制器的控制目标进行相似的考虑，主要体现在对横摆角速度和侧向速度参考信号的跟踪上，具体定义分别如下：

$$J_1=\|\boldsymbol{X}_{\gamma}(k+1\mid k)-\boldsymbol{R}_{\gamma}(k+1\mid k)\|^2 \tag{7-26}$$

$$J_2=\|\boldsymbol{X}_\gamma(k+1|k)-\boldsymbol{R}_\gamma(k+1|k)\|^2 \tag{7-27}$$

式中，$\boldsymbol{R}_\gamma(k+1|k)=\dfrac{\gamma_{ref}(k)}{\gamma_{\max}}\boldsymbol{I}_{N\times1}$和$\boldsymbol{R}_y(k+1|k)=\dfrac{V_{yref}(k)}{V_{y\max}}\boldsymbol{I}_{N\times1}$分别为横摆角速度和侧向速度的参考信号序列；$\boldsymbol{X}_\gamma(k+1|k)$ 为横摆角速度未来 N 步的预测值，描述如下：

$$\boldsymbol{X}_\gamma(k+1|k)=\boldsymbol{S}_{x\gamma}\boldsymbol{x}(k)+\boldsymbol{S}_{u\gamma}\boldsymbol{U}(k)+\boldsymbol{S}_{d\gamma} \tag{7-28}$$

式（7-28）中包含的系统矩阵$\boldsymbol{S}_{x\gamma}$、$\boldsymbol{S}_{u\gamma}$、$\boldsymbol{S}_{d\gamma}$分别计算如下：

$$\begin{cases}\boldsymbol{S}_{x\gamma}=[\boldsymbol{C}_\gamma\boldsymbol{A}\quad \boldsymbol{C}_\gamma\boldsymbol{A}^2\quad \cdots\quad \boldsymbol{C}_\gamma\boldsymbol{A}^N]^{\mathrm{T}}_{N\times1}\\ \boldsymbol{S}_{u\gamma}=\begin{bmatrix}\boldsymbol{C}_\gamma\boldsymbol{B}_u & 0 & 0 & \cdots & 0\\ \boldsymbol{C}_\gamma\boldsymbol{A}\boldsymbol{B}_u & \boldsymbol{C}_\gamma\boldsymbol{B}_u & 0 & \cdots & 0\\ \vdots & \vdots & \vdots & & \vdots\\ \boldsymbol{C}_\gamma\boldsymbol{A}^{N-1}\boldsymbol{B}_u & \boldsymbol{C}_\gamma\boldsymbol{A}^{N-2}\boldsymbol{B}_u & \cdots & \cdots & \boldsymbol{C}_\gamma\boldsymbol{B}_u\end{bmatrix}_N\\ \boldsymbol{S}_{d\gamma}=\left[\boldsymbol{C}_\gamma\boldsymbol{B}_d\quad \boldsymbol{C}_\gamma\boldsymbol{A}\boldsymbol{B}_d+\boldsymbol{C}_\gamma\boldsymbol{B}_d\quad \cdots\quad \sum_{i=1}^{N}\boldsymbol{C}_\gamma\boldsymbol{A}^{i-1}\boldsymbol{B}_d\right]^{\mathrm{T}}_{N\times1}\end{cases} \tag{7-29}$$

其中，输出矩阵$\boldsymbol{C}_\gamma=[1,\boldsymbol{O}_{1\times11}]$。相似地，可以定义车辆侧向速度未来 N 步的预测值 $\boldsymbol{X}_y(k+1|k)$ 如下：

$$\boldsymbol{X}_y(k+1|k)=\boldsymbol{S}_{xy}\boldsymbol{x}(k)+\boldsymbol{S}_{uy}\boldsymbol{U}(k)+\boldsymbol{S}_{dy} \tag{7-30}$$

其中，系统矩阵$\boldsymbol{S}_{xy}$、$\boldsymbol{S}_{uy}$、$\boldsymbol{S}_{dy}$的计算与式（7-29）类似，不过此时的系统输出矩阵为$\boldsymbol{C}_y=[0,1,\boldsymbol{O}_{1\times10}]$，代替式（7-29）中的$\boldsymbol{C}_\gamma$进行$\boldsymbol{S}_{xy}$、$\boldsymbol{S}_{uy}$、$\boldsymbol{S}_{dy}$的计算。

对于车辆的纵向稳定需求，需要对轮胎的纵向滑移情况进行控制，在本章的集中式控制架构中，状态量轮胎滑移量 v_{rx}用于反映轮胎滑移状态，于是为了避免车辆在冰雪路面条件下打滑抱死，设计目标函数描述如下：

$$\begin{aligned}J_3&=\|\boldsymbol{X}_v(k+1|k)\|^2\\&=\sum_{i=1}^{N}\left[v_{rxfl}^2(k+i|k)+v_{rxfr}^2(k+i|k)+v_{rxrl}^2(k+i|k)+v_{rxrr}^2(k+i|k)\right]\end{aligned} \tag{7-31}$$

对轮胎滑移量的未来预测为：

$$\boldsymbol{X}_v(k+1|k)=\boldsymbol{S}_{xv}\boldsymbol{x}(k)+\boldsymbol{S}_{uv}\boldsymbol{U}(k)+\boldsymbol{S}_{dv} \tag{7-32}$$

其中，系统矩阵$\boldsymbol{S}_{xv}$、$\boldsymbol{S}_{uv}$、$\boldsymbol{S}_{dv}$的计算仍与式（7-29）相似，此时的系统输出矩阵替换为$\boldsymbol{C}_v=[\boldsymbol{O}_{4\times4},\boldsymbol{I}_{4\times4},\boldsymbol{O}_{4\times4}]$。

此外，在第 6 章中所设计的分层式控制架构中，无法将执行器的可执行范围在控制系统中集成优化考虑，导致控制动作变化幅度剧烈，很容易影响驾驶的舒适性。于是在本章所设计的集中式控制策略中，在保证车辆稳定性的前提下，设计关于控制量优化的目标函数，既能使车辆控制量变化平稳又能降低能量消耗，具体目标函数形式如下：

$$\begin{aligned} J_4 &= \| \boldsymbol{U}(k) \|^2 \\ &= \sum_{i=0}^{N-1} \left[\Delta T_{fl}^2(k+i|k) + \Delta T_{fr}^2(k+i|k) + \Delta T_{rl}^2(k+i|k) + \Delta T_{rr}^2(k+i|k) \right] \end{aligned} \tag{7-33}$$

在低附着路面条件下的车辆稳定性控制中，对于约束条件应主要考虑行驶的安全性和执行器的饱和度。首先，本章所设计控制器的第一项约束条件与操控性能和侧向安全有关，由于当车辆的侧向速度超过一个特定值时，车辆就会很难操纵。因此，考虑对侧向速度的状态约束如下：

$$-\boldsymbol{I}_{N\times 1} \leqslant \boldsymbol{X}_y(k+1|k) \leqslant \boldsymbol{I}_{N\times 1} \tag{7-34}$$

需要注意的是，在本章节所设计的控制器中对各控制目标均进行了归一化处理，所以状态量及控制量的约束均被统一为 $[-1,1]$。

然后，需要对行驶纵向安全约束进行考虑，过大的纵向滑移将导致轮胎磨损，而且根据轮胎摩擦椭圆的规定，轮胎的侧向力和纵向力会互相影响，且轮胎的侧向力会对纵向力造成一定程度的衰减，需要给侧向轮胎力留下足够的余量，于是对轮胎的纵向滑移进行约束以间接影响轮胎纵向力的变化范围，具体描述如下：

$$-\boldsymbol{I}_{4N\times 1} \leqslant \boldsymbol{X}_v(k+1|k) \leqslant \boldsymbol{I}_{4N\times 1} \tag{7-35}$$

最后，将执行器可执行范围也以系统约束的形式限制如下：

$$-\boldsymbol{I}_{4N\times 1} \leqslant \boldsymbol{U}(k) \leqslant \boldsymbol{I}_{4N\times 1} \tag{7-36}$$

7.1.4 优化问题构建及求解

综合 7.1.3 节中所设计的稳定性目标函数及约束条件，以加权的形式构建优化问题如下：

$$\begin{aligned} &\min_{\boldsymbol{U}(k)} J(\boldsymbol{x}(k), \boldsymbol{U}(k), N) \\ &J(\boldsymbol{x}(k), \boldsymbol{U}(k), N) = J_1 + \boldsymbol{\Gamma}_y J_2 + \boldsymbol{\Gamma}_v J_3 + \boldsymbol{\Gamma}_u J_4 \\ &\text{s.t.} \quad (7\text{-}32), (7\text{-}34), (7\text{-}35), (7\text{-}36) \end{aligned} \tag{7-37}$$

其中 $\boldsymbol{\Gamma}_y$、$\boldsymbol{\Gamma}_v$和 $\boldsymbol{\Gamma}_u$分别为各项目标函数的权重系数，其具体的选择和确定在后续章节中进行介绍。优化问题式（7-37）可以推导描述为一个序列二次规划（Quadprog）问题，具体形式如下：

$$\begin{aligned} &\min_{\boldsymbol{U}(k)} \frac{1}{2} \boldsymbol{U}(k)^{\mathrm{T}} \boldsymbol{H} \boldsymbol{U}(k) - \boldsymbol{g}(k+1|k)^{\mathrm{T}} \boldsymbol{U}(k) \\ &\text{s.t.} \quad \boldsymbol{A}_u \boldsymbol{U}(k) \geqslant \boldsymbol{b}(k+1|k) \end{aligned} \tag{7-38}$$

其中，相关系数矩阵的具体计算如下：

$$
\begin{aligned}
&\boldsymbol{H}=2(\boldsymbol{S}_{u\gamma}^{\mathrm{T}}\boldsymbol{S}_{u\gamma}+\boldsymbol{S}_{uy}^{\mathrm{T}}\boldsymbol{\Gamma}_{y}^{\mathrm{T}}\boldsymbol{\Gamma}_{y}\boldsymbol{S}_{uy}+\boldsymbol{S}_{uv}^{\mathrm{T}}\boldsymbol{\Gamma}_{v}^{\mathrm{T}}\boldsymbol{\Gamma}_{v}\boldsymbol{S}_{uv}+\boldsymbol{\Gamma}_{u}^{\mathrm{T}}\boldsymbol{\Gamma}_{u})\\
&\boldsymbol{g}(k+1\mid k)=-(\boldsymbol{S}_{u\gamma}^{\mathrm{T}}\boldsymbol{S}_{u\gamma}\boldsymbol{E}_{p\gamma}+\boldsymbol{S}_{uy}^{\mathrm{T}}\boldsymbol{\Gamma}_{y}^{\mathrm{T}}\boldsymbol{\Gamma}_{y}\boldsymbol{S}_{uy}\boldsymbol{E}_{py}+\boldsymbol{S}_{uv}^{\mathrm{T}}\boldsymbol{\Gamma}_{v}^{\mathrm{T}}\boldsymbol{\Gamma}_{v}\boldsymbol{S}_{uv}\boldsymbol{E}_{pv})\\
&\boldsymbol{E}_{p\gamma}(k+1\mid k)=\boldsymbol{R}_{r}(k+1\mid k)-\boldsymbol{S}_{x\gamma}\boldsymbol{x}(k)-\boldsymbol{S}_{d\gamma}\\
&\boldsymbol{E}_{py}(k+1\mid k)=\boldsymbol{R}_{y}(k+1\mid k)-\boldsymbol{S}_{xy}\boldsymbol{x}(k)-\boldsymbol{S}_{dy}\\
&\boldsymbol{E}_{pv}(k+1\mid k)=-\boldsymbol{S}_{xv}\boldsymbol{x}(k)-\boldsymbol{S}_{dv}\\
&\boldsymbol{A}_{u}=[\boldsymbol{S}_{uy}\quad -\boldsymbol{S}_{uy}\quad \boldsymbol{S}_{uv}\quad -\boldsymbol{S}_{uv}]^{\mathrm{T}}\\
&\boldsymbol{b}(k+1\mid k)=\begin{bmatrix}-\boldsymbol{S}_{xy}\boldsymbol{x}(k)-\boldsymbol{S}_{dy}+\boldsymbol{I}_{N\times1}\\ \boldsymbol{S}_{xy}\boldsymbol{x}(k)+\boldsymbol{S}_{dy}+\boldsymbol{I}_{N\times1}\\ -\boldsymbol{S}_{xv}\boldsymbol{x}(k)-\boldsymbol{S}_{dv}+\boldsymbol{I}_{4N\times1}\\ \boldsymbol{S}_{xv}\boldsymbol{x}(k)+\boldsymbol{S}_{dv}+\boldsymbol{I}_{4N\times1}\end{bmatrix}
\end{aligned}
\tag{7-39}
$$

通过求解上述优化问题，得到最优控制序列 $\boldsymbol{U}^*(k)$，将该控制序列的第一个元素 $\boldsymbol{u}^*(k)=[1\quad 0\quad \cdots\quad 0]\boldsymbol{U}^*(k)$ 作为该时刻的控制输入，应用于控制系统，其中 $\boldsymbol{u}^*(k)$ 为一组向量，包含了四个附加电机转矩。

7.2　基于模型预测控制的集中式侧纵向稳定效果验证

在本节中，对所提出的集中式控制方案进行了仿真验证与分析，同样在 CarSim 和 MATLAB/Simulink 联合仿真以及硬件在环（HiL）系统下进行控制效果验证。控制策略设计中所涉及的参数见表 7.3，同样选择低附着冰雪路面条件下的易导致车辆失稳的换道及转向工况对控制效果进行验证，性能评价指标见表 7.4。

表 7.3　仿真验证控制器参数设置

符号	定义	数值
μ	路面摩擦系数	0.35
T_m	最大附加电机转矩	800N · m
F_{yfm}	最大前轴轮胎侧向力	2000N
F_{yrm}	最大后轴轮胎侧向力	1500N
F_{xm}	最大轮胎纵向力	500N
N	预测时域和控制时域	10
T_s	采样时间	10ms

表 7.4 性能评价指标

性能指标	数学描述
操纵能力	$\gamma_p = \dfrac{\int_0^{t_T} \lvert \gamma(t) - \gamma_{ref}(t) \rvert \mathrm{d}t}{t_T \gamma_{\max}}$
侧向速度抑制能力	$V_{yp} = \dfrac{\int_0^{t_T} \lvert V_y(t) \rvert \mathrm{d}t}{t_T V_{y\max}}$
轮胎纵向滑移抑制能力	$v_{rxp} = \dfrac{\int_0^{t_T} \lvert \boldsymbol{I}_{4\times4} \cdot v_{rx}(t) \rvert \mathrm{d}t}{4 t_T v_{rxm}}$
乘坐舒适性	$T_p = \dfrac{\int_0^{t_T} \lvert \boldsymbol{I}_{4\times4} \cdot \Delta T(t) \rvert \mathrm{d}t}{4 t_T \Delta T_{\max}}$

7.2.1 控制器权值选取确定

首先，为了验证控制策略的有效性与可靠性，基于 CarSim 和 MATLAB/Simulink 进行联合仿真。加权矩阵 $\boldsymbol{\Gamma}_y$、$\boldsymbol{\Gamma}_v$和 $\boldsymbol{\Gamma}_u$系数的不同选择会影响整体的控制性能，对于本章节设计的控制策略，这些性能指标见表 7.5，以便更好地为权值系数调整提供指导。此外，各项性能指标数学描述计算出的数值越小，说明该项性能越好，在权重调节中也应注意各项性能指标的平衡。

表 7.5 仿真验证控制器参数设置

符号	定义	数值
μ	路面摩擦系数	0.35
T_m	最大附加电机转矩	800N · m
F_{yfm}	最大前轴轮胎侧向力	2000N
F_{yrm}	最大后轴轮胎侧向力	1500N
F_{xm}	最大轮胎纵向力	500N
N	预测时域和控制时域	10
T_s	采样时间	10ms

表 7.6 列出了在纵向速度为 60km/h 的 DLC 工况中，通过调整不同加权系数对四个指标的评估结果，相应的指标计算结果也随着权重系数的增大或减小而变化。从表中结果可以看出，当 $\boldsymbol{\Gamma}_y = 0.02 \cdot \boldsymbol{I}_{N\times N}$时，与 $\boldsymbol{\Gamma}_y = 0.5 \cdot \boldsymbol{I}_{N\times N}$相比，只是牺牲了一点侧向稳定性，但其他性能都得到改善。另一方面，当 $\boldsymbol{\Gamma}_y = 0.005 \cdot \boldsymbol{I}_{N\times N}$时，侧向速度评价指标 V_{yp}的值会增大，但其他的性能影响不大。同样地，对不同 $\boldsymbol{\Gamma}_v$和 $\boldsymbol{\Gamma}_u$的评估结果也进行分析，最后基于多组评估实验对比，选择权重系数 $\boldsymbol{\Gamma}_y = 0.02 \cdot \boldsymbol{I}_{N\times N}$、$\boldsymbol{\Gamma}_v = 0.05 \cdot \boldsymbol{I}_{4N\times4N}$、$\boldsymbol{\Gamma}_u = 0.1 \cdot \boldsymbol{I}_{4N\times4N}$，

以平衡车辆的整体性能。下节将给出控制策略在该权重选择下的控制结果。

表 7.6 不同权重系数的评价结果

权重矩阵	系数	γ_p	V_{yp}	v_{rxp}	T_p
Γ_y	0.005	0.1094	0.1469	0.0277	0.0386
	0.02	0.1110	0.0722	0.0252	0.0385
	0.5	0.1263	0.0654	0.1002	0.0848
Γ_v	0.005	0.1168	0.1211	0.0412	0.0458
	0.05	0.1110	0.0722	0.0252	0.0385
	0.2	0.1336	0.0928	0.0236	0.0350
Γ_u	0.05	0.1369	0.1476	0.0382	0.7656
	0.1	0.1110	0.0722	0.0252	0.0385
	0.25	0.2352	0.4619	0.0686	0.0088

7.2.2 仿真验证结果与分析

在确定控制器权重系数后，首先在速度为 60km/h 的双移线工况下验证了所设计集中式控制器的控制效果，仿真结果如图 7.3 所示。从图 7.3a 和图 7.3b 中可以看出，在控制器关闭的情况下，车辆的侧向稳定性和操控性能难得到保证，而当控制器开启时，车辆的横摆角速度可以有效跟踪其参考信号，并且侧向速度也得到有效的抑制。另一方面，车轮的纵向滑移量也被抑制在 0.2m/s 的小区域内，从而防止车轮打滑抱死，提高车辆在冰雪路面条件下行驶的纵向稳定性。

控制器计算得到的附加电机转矩如图 7.3d 所示，集中式的控制策略可以将控制量在优化时集成考虑，与分层式控制策略相比，所得到的附加电机转矩更为连续且变化平稳，从而保证驾驶舒适。另外，附加转矩大多为负且不对称，通过四个电机的配合在控制轮胎滑移状态时不影响车辆的行驶速度。

此外，为了更好地验证集中式控制策略在连续转向时的控制效果，在与分层式控制策略验证时相同的蛇行行驶工况下也进行了验证，同样初始纵向速度设定为 80km/h，仿真验证结果如图 7.4 所示。与分层式控制策略的控制效果进行对比，可以看出在图 7.4d 所示的控制量的影响下，车辆的横摆角速度也可以对其参考信号准确快速跟踪，且在前期的转向过程中，侧向速度可以被更好地抑制，轮胎的纵向滑移率也可以保持在较小的范围内。仿真结果表明，所设计的集中式控制策略可以在连续剧烈转向的冰雪路面条件下，有效提高车辆的操纵性及侧纵向稳定性，保证了车辆的整体行驶安全，并且对分层式控制策略中的控制量达到饱和值且大范围频繁波动的情况进行了改善，一定程度上提高了车辆的驾驶舒适性。

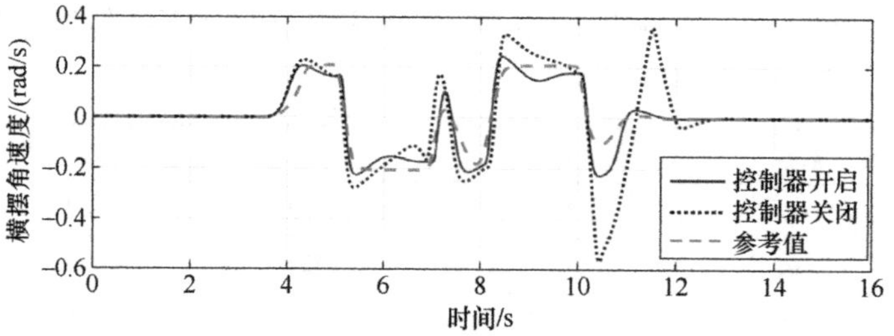

a) 横摆角速度

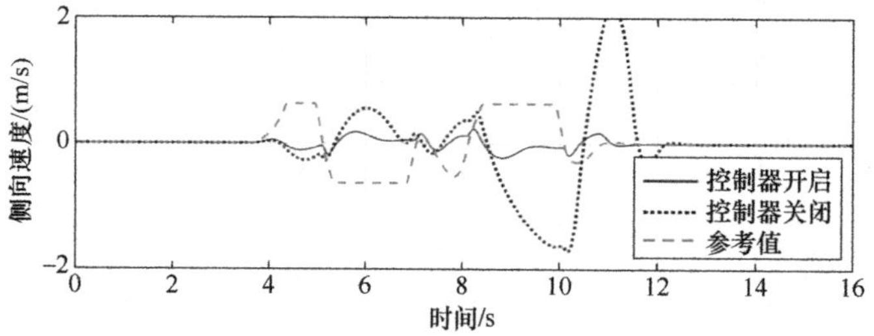

b) 侧向速度

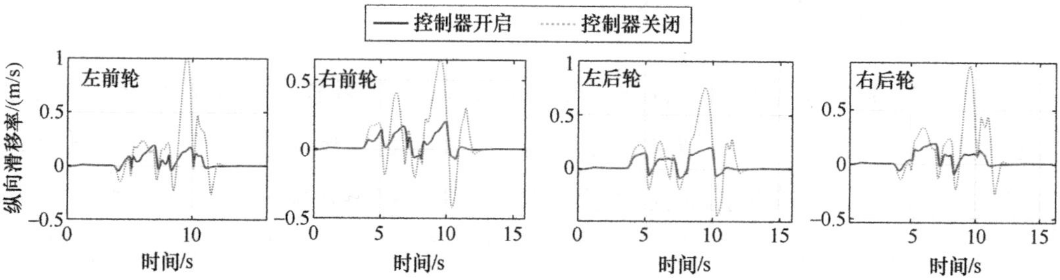

c) 轮胎纵向滑移率

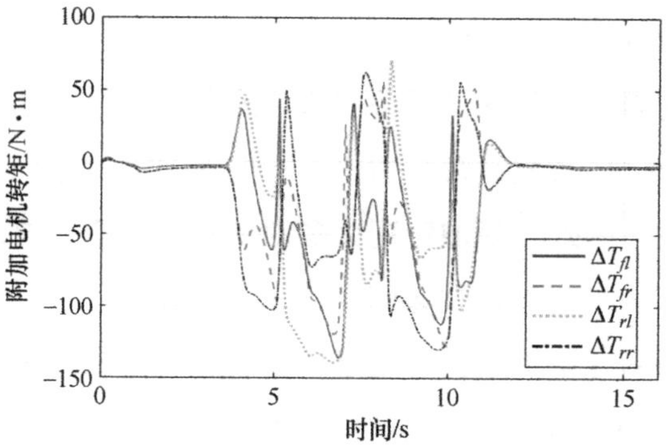

d) 附加电机转矩

图 7.3　集中式控制策略双移线工况下仿真验证结果

7.2.3　硬件在环实验验证结果与分析

在硬件在环仿真环境下对集中式控制策略进行验证，硬件在环实验平台设置与 6.3.4 节中所介绍的相同。需要注意的是，在仿真验证环节，对优化问题［式（7-37）］的求解是基于二次规划函数 Quadprog 实现的，但该函数无法在进行硬件在环实验实时在

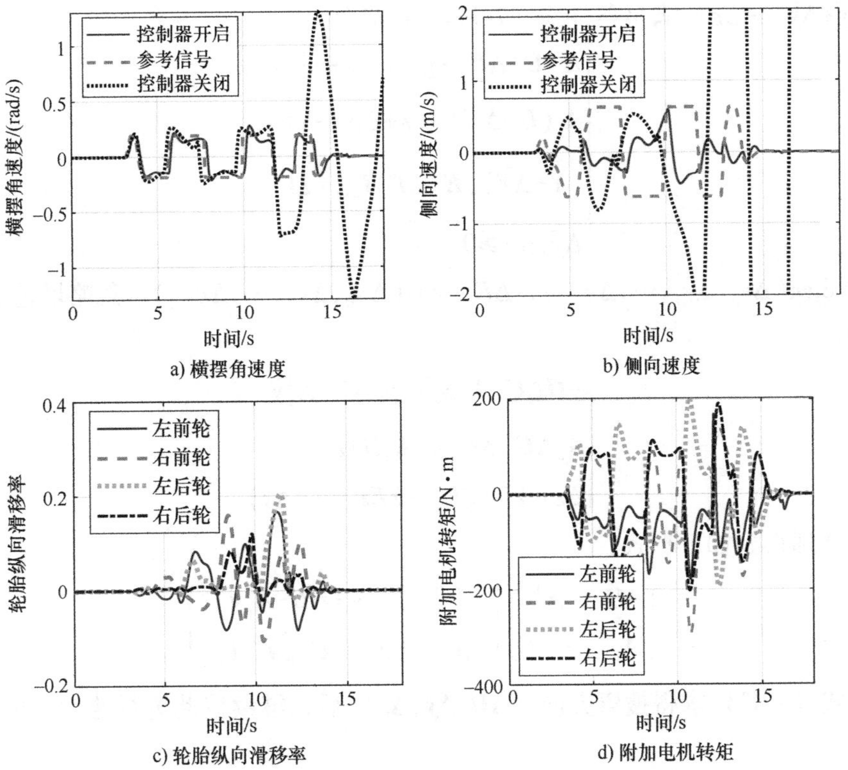

a) 横摆角速度　b) 侧向速度　c) 轮胎纵向滑移率　d) 附加电机转矩

图 7.4　集中式控制策略蛇行工况下仿真验证结果

线计算。于是为了满足控制策略硬件实现条件，采用基于 C 语言的内点法对优化问题［式（7-37）］进行求解。

在优化问题［式（7-37）］中，由于本章所设计控制策略的预测时域和控制时域均设置为 10，因此 $\boldsymbol{H}$ 为一个 40 阶的正定矩阵，$\boldsymbol{g}$ 为 40 维的列向量，$\boldsymbol{A}_u$ 为 100×40 的矩阵，表明该优化问题有 100 个约束条件，$\boldsymbol{b}$ 为 100 维的列向量。$\boldsymbol{U}$ 为最优解的充分必要条件为存在 Lagrange 乘子 $\bar{\boldsymbol{y}}=[\bar{y}_0,\bar{y}_1,\bar{y}_2,\cdots,\bar{y}_{n-1}]^{\mathrm{T}}(n=100)$ 以及松弛变量 $\boldsymbol{\varepsilon}=[\varepsilon_0,\varepsilon_1,\varepsilon_2,\cdots,\varepsilon_{n-1}]^{\mathrm{T}}$，使得松弛 KKT 条件成立，即有：

$$\begin{cases}\boldsymbol{HU}-\boldsymbol{g}-\boldsymbol{A}_u^{\mathrm{T}}\bar{\boldsymbol{y}}=0\\ \boldsymbol{A}_u\boldsymbol{U}-\boldsymbol{\varepsilon}-\boldsymbol{b}\geqslant 0\\ \bar{\boldsymbol{Y}}\boldsymbol{E}\boldsymbol{I}_{n\times 1}=\zeta\boldsymbol{I}_{n\times 1}\\ \bar{\boldsymbol{y}},\boldsymbol{\varepsilon}\geqslant 0\end{cases} \tag{7-40}$$

其中，$\bar{\boldsymbol{Y}}=\mathrm{diag}(\bar{y}_0,\bar{y}_1,\bar{y}_2,\cdots,\bar{y}_{n-1})$，$\boldsymbol{E}=\mathrm{diag}(\varepsilon_0,\varepsilon_1,\varepsilon_2,\cdots,\varepsilon_{n-1})$。对于实数 $\zeta>0$，式（7-40）存在唯一的 $\boldsymbol{U}(\zeta)$、$\bar{\boldsymbol{y}}(\zeta)$、$\boldsymbol{\varepsilon}(\zeta)$，将其组成的集合 $\{\boldsymbol{U}(\zeta),\bar{\boldsymbol{y}}(\zeta),\boldsymbol{\varepsilon}(\zeta)\mid\zeta>0\}$ 称为中心路径。确定中心路径后，取任意 $\bar{\boldsymbol{y}}\geqslant 0$、$\boldsymbol{\varepsilon}\geqslant 0$，为求方向 $\{\Delta\boldsymbol{U},\Delta\bar{\boldsymbol{y}},\Delta\boldsymbol{\varepsilon}\}$ 使得

$\{\boldsymbol{U}+\Delta\boldsymbol{U},\bar{\boldsymbol{y}}+\Delta\bar{\boldsymbol{y}},\boldsymbol{\varepsilon}+\Delta\boldsymbol{\varepsilon}\}$ 满足条件式（7-40），即满足：

$$\begin{cases}\boldsymbol{H}(\boldsymbol{U}+\Delta\boldsymbol{U})-\boldsymbol{g}-\boldsymbol{A}_u^{\mathrm{T}}(\bar{\boldsymbol{y}}+\Delta\bar{\boldsymbol{y}})=0\\ \boldsymbol{A}_u(\boldsymbol{U}+\Delta\boldsymbol{U})-(\boldsymbol{\varepsilon}+\Delta\boldsymbol{\varepsilon})-b\geqslant 0\\ (\bar{\boldsymbol{Y}}+\Delta\bar{\boldsymbol{Y}})(\boldsymbol{E}+\Delta\boldsymbol{E})\boldsymbol{I}_{n\times1}=\zeta\boldsymbol{I}_{n\times1}\\ \Delta\bar{y},\Delta\varepsilon\geqslant 0\end{cases}\tag{7-41}$$

其中 $\Delta\bar{\boldsymbol{Y}}=\mathrm{diag}(\Delta\bar{y}_0,\Delta\bar{y}_1,\cdots,\Delta\bar{y}_{n-1})$，$\Delta\boldsymbol{E}=\mathrm{diag}(\Delta\varepsilon_0,\Delta\varepsilon_1,\cdots,\Delta\varepsilon_{n-1})$。忽略增量的二次项，可以得到：

$$\begin{cases}-\boldsymbol{H}\Delta\boldsymbol{U}+\boldsymbol{A}_u^{\mathrm{T}}\Delta\bar{\boldsymbol{y}}=\boldsymbol{g}+\boldsymbol{H}\boldsymbol{U}-\boldsymbol{A}_u^{\mathrm{T}}\bar{\boldsymbol{y}}\\ \boldsymbol{A}_u\Delta\boldsymbol{U}-\Delta\boldsymbol{\varepsilon}=\boldsymbol{b}-\boldsymbol{A}_u\boldsymbol{U}+\boldsymbol{\varepsilon}\\ \Delta\boldsymbol{\varepsilon}=\bar{\boldsymbol{Y}}^{-1}(\zeta\boldsymbol{I}_{n\times1}-\bar{\boldsymbol{Y}}\boldsymbol{E}\boldsymbol{I}_{n\times1}-\boldsymbol{E}\Delta\bar{\boldsymbol{y}})\end{cases}\tag{7-42}$$

对其进行整理得到如下形式：

$$\begin{bmatrix}-\boldsymbol{H} & \boldsymbol{A}_u^{\mathrm{T}}\\ \boldsymbol{A}_u & \bar{\boldsymbol{Y}}^{-1}\boldsymbol{E}\end{bmatrix}\begin{bmatrix}\Delta\boldsymbol{U}\\ \Delta\bar{\boldsymbol{y}}\end{bmatrix}=\begin{bmatrix}\boldsymbol{g}+\boldsymbol{H}\boldsymbol{U}-\boldsymbol{A}_u^{\mathrm{T}}\bar{\boldsymbol{y}}\\ \boldsymbol{b}-\boldsymbol{A}_u\boldsymbol{U}+\zeta\bar{\boldsymbol{Y}}^{-1}\boldsymbol{I}_{n\times1}\end{bmatrix}\tag{7-43}$$

于是根据式（7-43）求得搜索方向 $\{\Delta\boldsymbol{U},\Delta\bar{\boldsymbol{y}},\Delta\boldsymbol{\varepsilon}\}$ 后，继续按此进行迭代，最终寻找到最优解 $\boldsymbol{U}$。

综上，基于此方法对控制问题进行优化，验证所提出的集中式控制方案在硬件在环实验环境下的控制效果。另外，本章所设计控制器基于的预测模型中应用的复合滑移 LuGre 轮胎模型，综合考虑了车辆的侧纵向运动耦合特性，以更为准确地对未来车辆状态进行预测。在本节的硬件在环实验验证中，在同一控制框架下设计另一控制器作为对比，该控制器所基于的预测模型将车辆在冰雪路面条件下的侧纵向运动耦合特性忽略，即轮胎力的计算分别基于纯纵滑和纯侧偏模型，其预测模型可描述如下：

$$\boldsymbol{M}_{ps}(t)\dot{\boldsymbol{x}}(t)=\tilde{\boldsymbol{A}}(t)\boldsymbol{x}(t)+\tilde{\boldsymbol{B}}_u(t)\boldsymbol{u}(t)+\tilde{\boldsymbol{B}}_d(t)\tag{7-44}$$

式中的系统矩阵 $\tilde{\boldsymbol{A}}$、$\tilde{\boldsymbol{B}}_u$ 和 $\tilde{\boldsymbol{B}}_d$ 见式（7-22）、式（7-25）和式（7-24），$\boldsymbol{M}_{ps}$ 见式（7-45）。

$$\boldsymbol{M}_{ps}=\left[\begin{array}{cccc|c|c}1 & 0 & 0 & 0 & \boldsymbol{O}_{4\times4} & \boldsymbol{O}_{4\times4}\\ 0 & 1 & 0 & 0 & & \\ -h_{fq}^{\gamma}\dfrac{\gamma_m}{F_{yfm}} & -h_{fq}^{v}\dfrac{V_{ym}}{F_{yfm}} & 1 & 0 & & \\ -h_{rq}^{\gamma}\dfrac{\gamma_m}{F_{yrm}} & -h_{rq}^{v}\dfrac{V_{ym}}{F_{yrm}} & 0 & 1 & & \\ \hline \multicolumn{4}{c|}{\boldsymbol{O}_{4\times4}} & \boldsymbol{I}_{4\times4} & \boldsymbol{O}_{4\times4}\\ \hline \multicolumn{4}{c|}{\boldsymbol{O}_{4\times4}} & \dfrac{v_{rxm}}{F_{xm}}\mathrm{diag}(-g_3,-g_6,-g_9,-g_{12}) & \boldsymbol{I}_{4\times4}\end{array}\right]\tag{7-45}$$

基于模型式（7-44），在同样的模型预测控制框架下设计控制器，将此控制器定义为控制器 B，与本章设计的控制器 A 在同一测试工况下的控制效果进行验证对比。首先在初始速度为 60km/h 的双移线工况进行了硬件在环实验，验证结果如图 7.5 所示，两控制器都能协助车辆通过既定的工况。从图 7.5a 和图 7.5b 可以看出，在控制器 A 的辅助下，车辆的横摆角速度相比控制器 B 可以更好地跟踪参考信号，特别是当时间>8s 时，控制器 A 可以使车辆的侧向速度始终被限制在一个较小的区域内，约为±0.2m/s。在图 7.5d 中，控制器 A 可使车轮的滑移率在冰雪路面条件上被有效降低，而控制器 B 对其的抑制效果不明显。控制量附加电机转矩如图 7.5e 所示，与控制器 A 相比，控制器 B 产生的附加电机转矩几乎是对称的，不够准确的预测模型忽略了车辆侧纵向运动间的耦合，会影响控制量的计算以及控制性能，使得在冰雪路面条件下难以对车辆的运动行为进行有效调整。

当纵向速度为 70km/h 时，对比结果如图 7.6 所示，此时控制器 B 无法保证车辆的操纵性和侧向稳定，而控制器 A 仍然可以通过施加附加电机转矩来及时调整车辆姿态，虽然轮胎出现了一定的滑移，但在控制过程中也能尽量的收敛。此外，硬件在环仿真实验的控制器求解计算时间如图 7.7 所示，在整体控制中均小于采样周期，证明所设计的控制器能够满足实时求解性能。

综上所述，通过硬件在环实验，对本章所提出的集中式控制策略的有效性和实时性进行了验证。而且根据对比结果可以看出，随着冰雪路面条件下车辆行驶速度的增大以

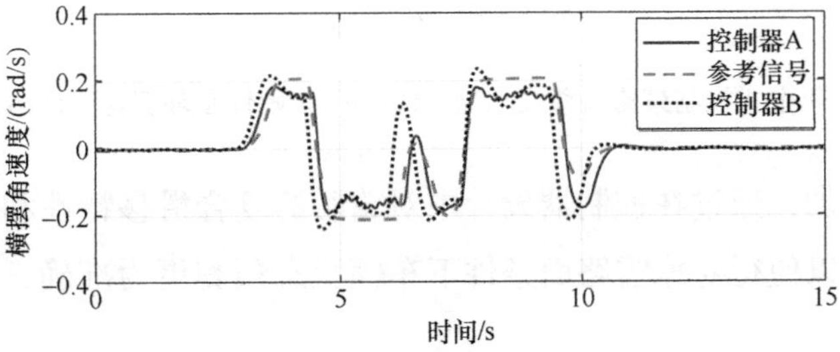

a) 横摆角速度

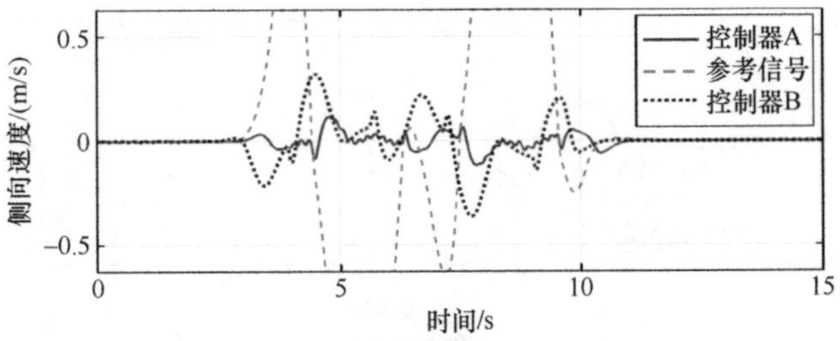

b) 侧向速度

图 7.5　集中式控制策略双移线工况（60km/h）硬件在环实验验证结果

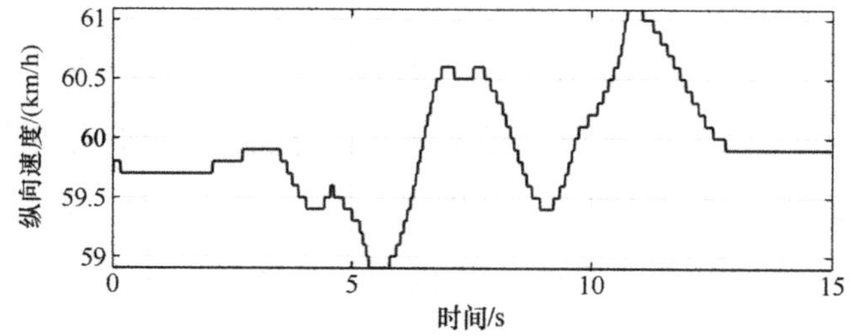

c) 纵向速度

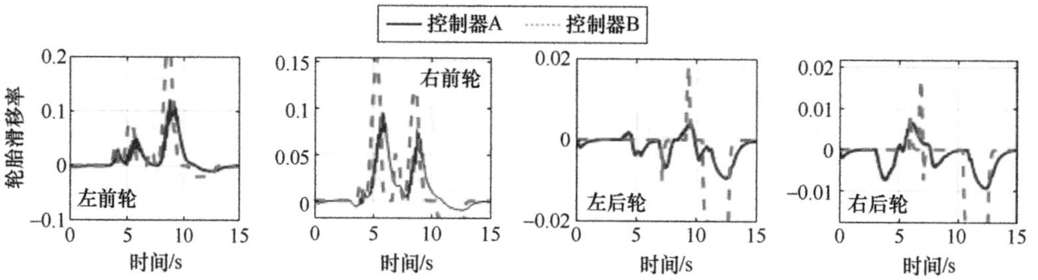

d) 轮胎滑移率

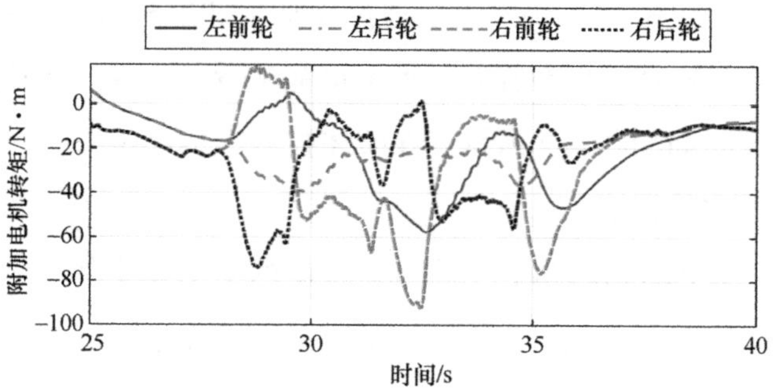

e) 附加电机转矩

图 7.5　集中式控制策略双移线工况（60km/h）硬件在环实验验证结果（续）

及非线性程度的增加，通过在控制器设计中对轮胎的复合滑移特性和车辆运动的耦合非线性进行考虑，可以使得对冰雪路面条件下车辆状态预测更为准确，从而实现更好的稳定性控制性能。

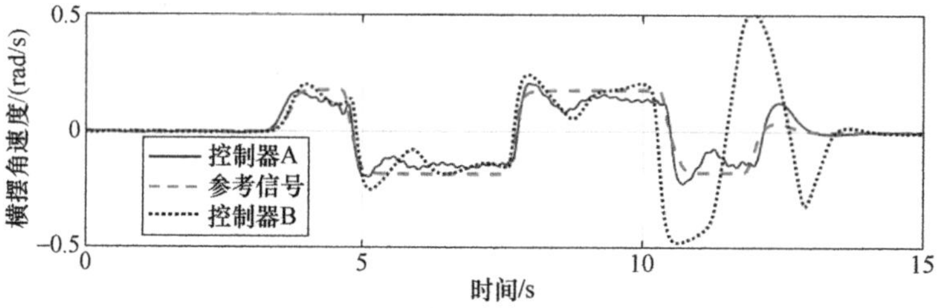

a) 横摆角速度

图 7.6　集中式控制策略双移线工况（70km/h）硬件在环实验验证结果

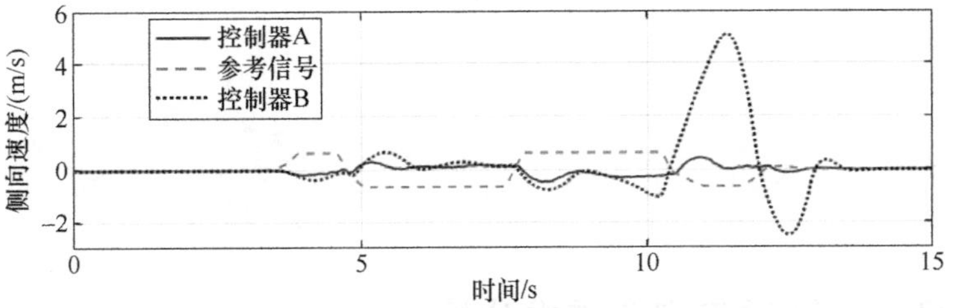

b) 侧向速度

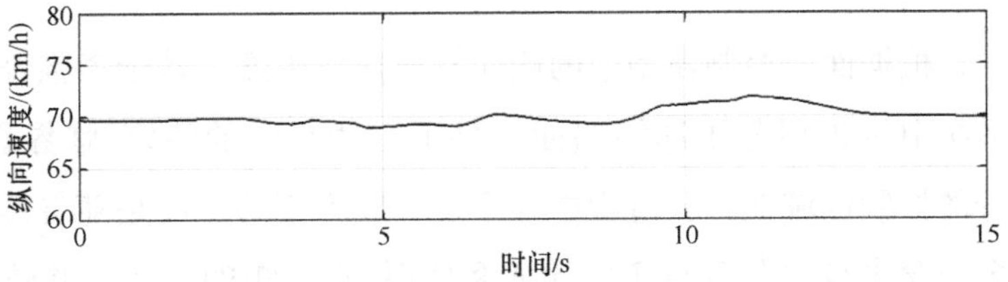

c) 纵向速度

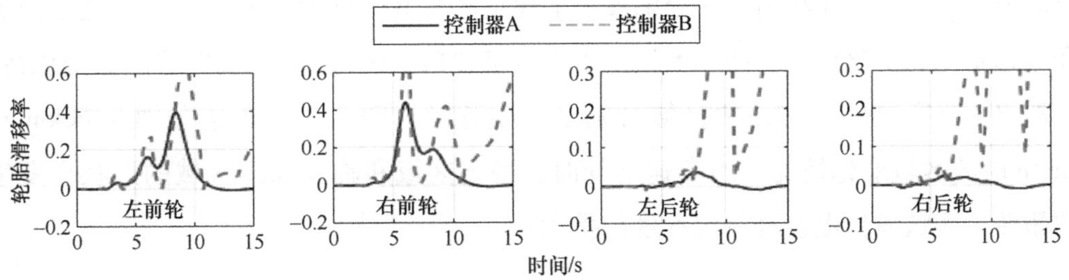

d) 轮胎滑移率

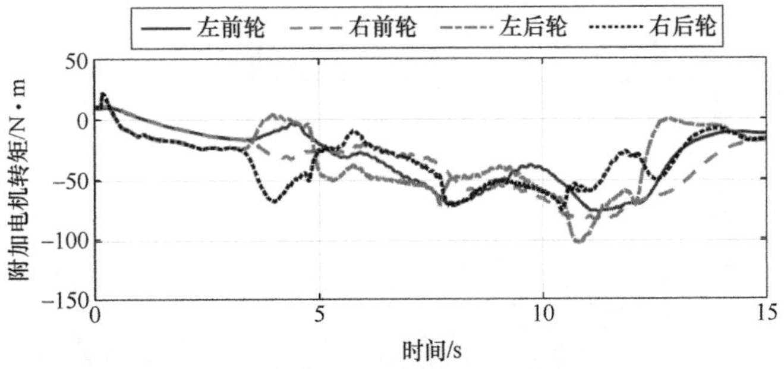

e) 附加电机转矩

图7.6　集中式控制策略双移线工况（70km/h）硬件在环实验验证结果（续）

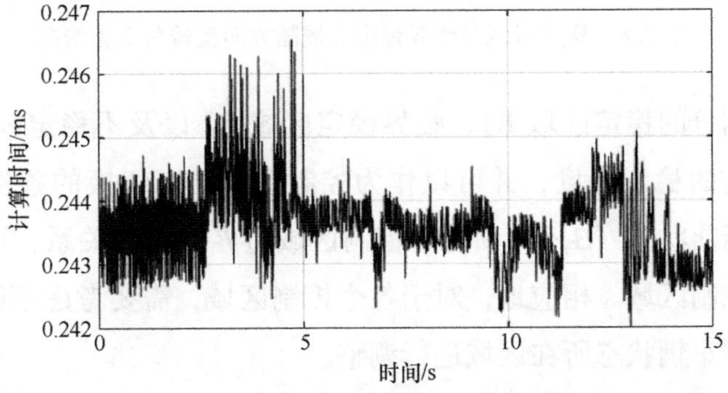

图7.7　集中式控制策略求解计算时间

7.3 基于稳定区域的汽车侧纵向集中协同控制器设计及验证

7.3.1 稳定区域对应安全需求分析

在 3.2 节中，根据面向控制模型中的侧向及横摆自由度，基于李雅普诺夫稳定性理论，在β-γ 相平面中辨识划分了冰雪路面条件下车辆行驶的稳定/临界稳定/不稳定区域。但是所划分的控制区域在行驶过程中并不是一成不变的，而是随着驾驶员的操作实时变化的，主要包含来自方向盘转角的输入和驱/制动转矩的输入，并映射到前轮转角和纵向速度上。图 7.8 和图 7.9 分别展示了稳定区域 R1 和临界稳定区域 R2 随方向盘转角和车速变化的变化情况。图 7.8 给出了方向盘转角分别为 20°和−20°的区域变化情况，可以看出，当车辆转向时，两区域会随之发生移动；图 7.9 为车速分别为 60km/h 和 80km/h 时的区域变化情况，当车速增加时，稳定区域和临界稳定区域的形状会发生一定的扭转，区域面积也会有一定程度的扩大。

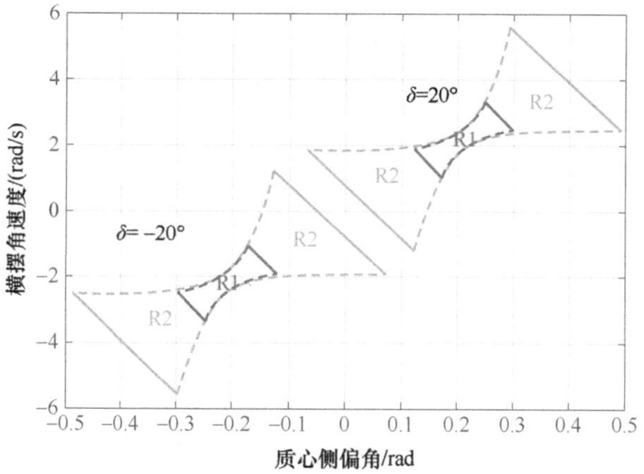

图 7.8　稳定区域与临界稳定区域随方向盘转角变化情况

根据所辨识划分的稳定区域 R1、临界稳定区域 R2 以及不稳定区域 R3，可以判断评估车辆状态当前的稳定程度，并可以作为控制目标动态切换的条件应用于控制系统中。根据车辆的当前状态（β,γ）和每个控制区域边界之间的关系，可以判断出车辆当前具体处于哪个控制区域。相应地，对于各个控制区域，需要考虑不同的控制目标，从而将控制目标根据车辆状态所在区域进行调整。

车辆状态和具体控制区域之间的关系可以描述为：①如果车辆状态（β,γ）$\in \Omega_{\text{in}}$，

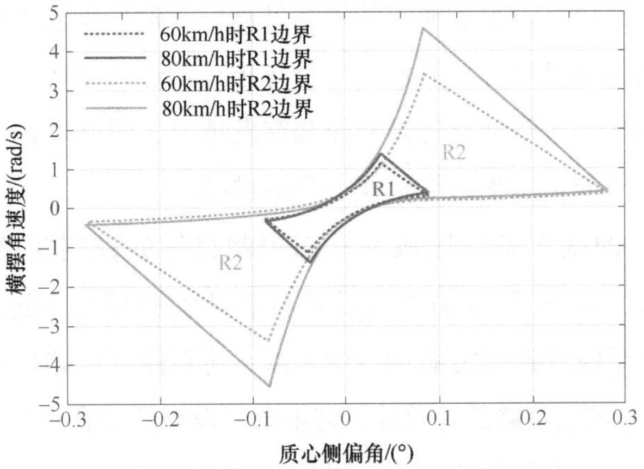

图 7.9　稳定区域与临界稳定区域随车速变化情况

车辆处于稳定区域 R1；②如果车辆状态 $(\beta,\gamma)\notin\Omega_{in}$ 且 $(\beta,\gamma)\in\Omega_{mid}$，车辆处于临界稳定区域 R2；③如果车辆状态 $(\beta,\gamma)\notin\Omega_{mid}$ 即 $(\beta,\gamma)\in\Omega_{out}$，车辆处于不稳定区域 R3。在上述关系中，车辆的横摆角速度和侧向速度 β、γ 是随时间变化的，而且各区域的边界也是动态的。因此，对于车辆所处区域的判断是实时的，从而为不同区域的控制目标切换提供基础。如前所述，对于所划分的稳定/临界稳定/不稳定区域，需要考虑不同区域的相应安全要求。若已知当前车辆状态 $(\beta,\ \gamma)$ 所处区域，则在各区域关于车辆稳定性的设计控制目标变化见表 7.7。

表 7.7　基于车辆状态的控制目标设定

车辆状态位置	控制目标
稳定区域 R1	轮胎纵向防滑，转矩能量消耗，乘坐舒适性
临界稳定区域 R2	操纵稳定性↑，侧向稳定性↑，轮胎纵向防滑↓，转矩能量消耗↓，乘坐舒适性↓
不稳定区域 R3	操纵稳定性，侧向稳定性

根据表 7.7，结合第 7 章中所设计集中式控制器所考虑的多项控制目标，对各控制区域的动态控制目标设置解释如下：在稳定区域 R1，此时车辆的操纵性和侧向稳定性均已得到保证，故在该区域可着重考虑其他控制性能，防止轮胎打滑抱死，并考虑乘坐舒适性以及能量消耗；当车辆状态进入临界稳定区域 R2 时，应尽可能地保证车辆状态能够回到稳定区，故增加关于操纵稳定性和侧向稳定性的控制目标，且随着车辆状态在 R2 中逐渐远离 R1，对轮胎纵向防滑、乘坐舒适性以及能量消耗的目标重心也应逐渐转移；而在不稳定区域 R3 中时，首要的控制目标则为保证操纵稳定性和侧向稳定性从而保证驾驶安全。

综上，为各控制区域都设置了相应的控制目标，并根据车辆当前状态进行实时动态切换，从而提高车辆整体稳定性，另外，尽量防止车辆进入不稳定区域。由于在冰雪路面条件下，很容易出现一些驾驶员的误操作和突发情况，因此车辆的状态也会在各区域之间迅速变化，但这个变化过程始终是连续和渐进的。

为了验证所设计的基于稳定区域和动态控制目标的控制策略的有效性，同样在MATLAB/Simulink 和 CarSim 联合仿真以及硬件在环实验环境下进行了控制效果验证。测试车辆模型及行驶环境设置与之前章节中相同，仿真验证中路面摩擦系数统一设置为0.35。为了更好地证明控制策略的有效性，将本章所设计的带有自适应调节的控制器（控制器 A），与 7.2 节中固定参数的集中式控制器（控制器 B）的控制效果进行了对比。

7.3.2 基于稳定区域的车辆侧纵向稳定协同控制器

在 7.1 节所设计的冰雪路面条件下车辆侧纵向稳定性集中式控制策略的基础上，结合所辨识的稳定边界及控制区域划分结果，设计基于稳定区域和的侧纵向稳定控制策略，通过引入稳定区域，结合车辆自身状态，以自适应调节控制器中目标函数权重系数及约束条件的形式，实现车辆不同稳定程度下控制目标的动态切换。基于稳定区域和动态控制目标的车辆侧纵向稳定协同控制策略，其控制器部分与 7.1 节中的集中式控制策略相同，在模型预测控制的框架下，结合基于驾驶员行为和路面信息实时变化的控制区域，将各区域中的安全目标映射到目标函数权重系数以及约束条件中从而对其动态调整，图 7.10 所示的控制框图描述了控制器与控制区域之间的关系。

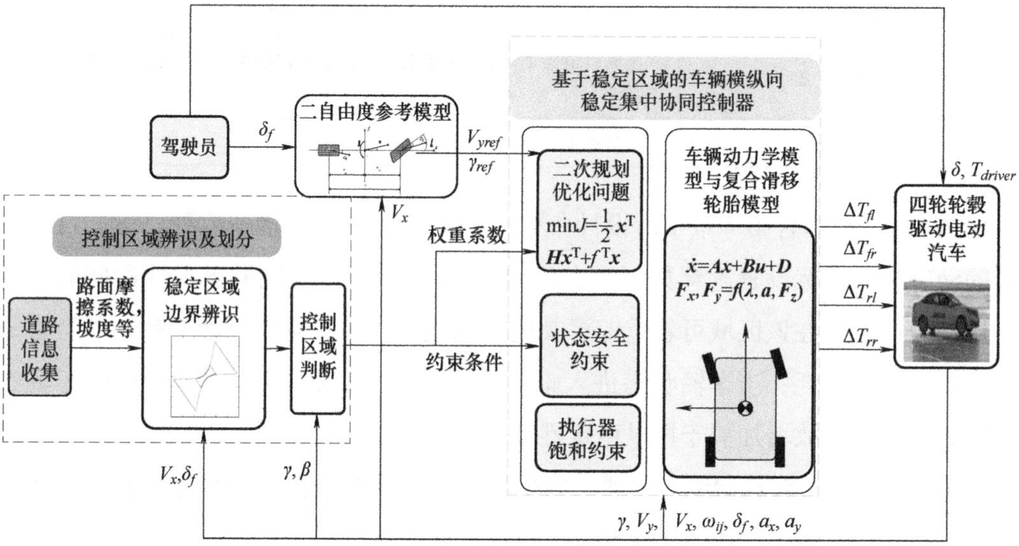

图 7.10 基于稳定区域的车辆侧纵向稳定协同控制框图

7.3.1 节所设计的车辆侧纵向稳定性集中式控制策略，对多个控制目标集成地进行优化，而为了能够根据车辆状态实现控制目标自适应调整，更好地提高车辆在冰雪路面条件下的整体稳定控制性能，需要在控制策略中结合控制区域对安全控制目标进行动态切换。根据 7.2.3 节所设计的优化问题［式（7-44）］，将其再次描述为如下形式：

$$
\begin{aligned}
&\min_{\boldsymbol{U}(k)} J=\|\boldsymbol{X}_\gamma(k+1|k)-\boldsymbol{R}_\gamma(k+1|k)\|_{\boldsymbol{\Gamma}_\gamma}^2+\|\boldsymbol{X}_y(k+1|k)-\boldsymbol{R}_y(k+1|k)\|_{\boldsymbol{\Gamma}_y}^2+\\
&\qquad\|\boldsymbol{X}_v(k+1|k)\|_{\boldsymbol{\Gamma}_v}^2+\|\boldsymbol{U}(k)\|_{\boldsymbol{\Gamma}_u}^2\\
&\text{s.t.}\quad (7\text{–}21)\\
&|u(k)|\leqslant \boldsymbol{I}_{4\times 1}\\
&|V_y(k)|\leqslant V_{y\text{lim}}\\
&|x_v(k)|\leqslant v_{rx\text{lim}}\boldsymbol{I}_{4\times 1}
\end{aligned}
\tag{7-46}
$$

式中的符号及其表征含义与 7.1 节和 7.2 节中相同，$\boldsymbol{\Gamma}_\gamma$、$\boldsymbol{\Gamma}_y$、$\boldsymbol{\Gamma}_u$、$\boldsymbol{\Gamma}_v$分别为各控制目标的权重矩阵；$V_{y\text{lim}}$和 $v_{rx\text{lim}}$分别为车辆侧向速度和轮胎纵向滑移量的约束值。以上的权重矩阵和约束值需要根据车辆状态及稳定系数实时地变化，以实现基于稳定/临界稳定/不稳定区域的控制目标动态切换。

在 7.1 节中确定了不同控制区域下的控制目标，并随着车辆当前所处控制区域的不同而动态变化。如前所述，变化的安全目标可以通过控制结构中的加权系数和约束值进行动态调整，从而反映各控制目标的优先级。为了能够更直接地表达车辆状态在控制区域的位置和安全目标之间的关系，设计了稳定系数 ξ 对车辆的稳定性进行量化，图 7.11 和图 7.12 具体展示了稳定系数 ξ 在不同控制区域中的变化。

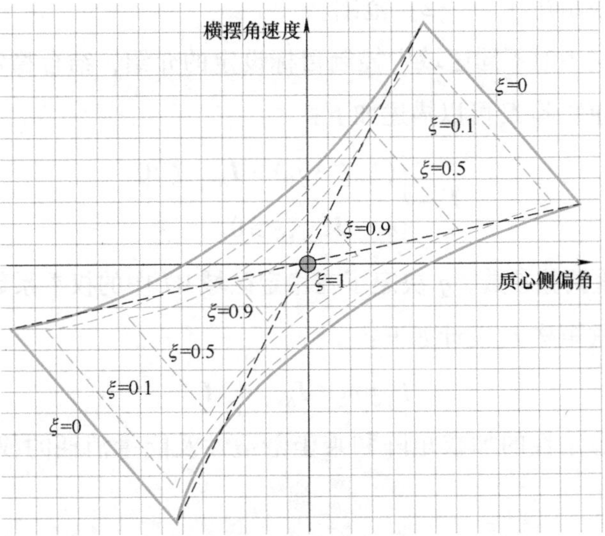

图 7.11　稳定系数在稳定区域 R1 中变化示意图

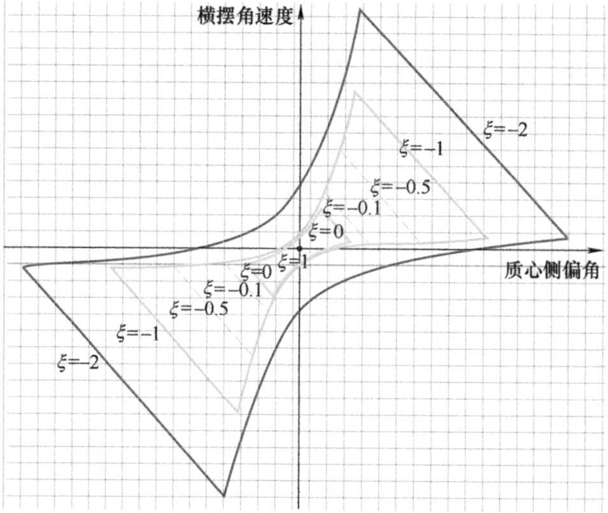

图 7.12　稳定系数在临界稳定区域 R2 和不稳定区域 R3 中变化示意图

首先如图 7.11 所示，当车辆状态定位在稳定区域 R1 中时，如果位于稳定区域 R1 的中心，则稳定系数 ξ 取为 1，并且 ξ 的值随着车辆状态逐渐远离 R1 而减小。如果车辆状态（β,γ）的位置在稳定区域 R1 的边界上，则稳定系数 ξ 为 0。接下来，对于稳定系数 ξ 在临界稳定区域 R2 和不稳定区域 R3 中的变化，图 7.12 中的黄线部分为稳定系数 ξ 在临界稳定区域 R2 中不同位置的变化，稳定系数 ξ 从 0 到-1 分别对应于从 R1 的边界到 R2 的边界的位置。另一方面，当车辆状态定位在不稳定区域 R3 时，稳定系数 ξ 设置为小于-1，如图 7.12 中红线部分所示。需要说明的是，为了避免由稳定系数 ξ 的大幅变化带来的权重系数抖动以影响控制性能，当车辆状态位置处于不稳定区域 R3 时，稳定系数 ξ 的变化被限制在（-1,-2］范围。

首先，基于上文中对不同区域中控制目标设定的介绍，结合稳定系数 ξ，车辆的侧向稳定性目标的权重矩阵 $\boldsymbol{\Gamma}_y$ 可以描述如下：

$$\boldsymbol{\Gamma}_y=\begin{cases}(k_{c1}\xi^2+q_1)\cdot \boldsymbol{I}_{N\times N},\xi<0\\ q_1\cdot \boldsymbol{I}_{N\times N},\xi\geqslant 0\end{cases} \tag{7-47}$$

式中，k_c 和 q_1 为权重调整参数，q_1 决定了在稳定区域 R1 中的权重系数。相应地，关于车辆操纵稳定性的权重矩阵 $\boldsymbol{\Gamma}_\gamma$ 设计如下：

$$\boldsymbol{\Gamma}_\gamma=q_2\cdot \boldsymbol{I}_{N\times N}-k_{c2}\boldsymbol{\Gamma}_y \tag{7-48}$$

同样地，对于纵向稳定性的加权矩阵和乘坐舒适性及能量消耗的权重矩阵，分别设计如下：

$$\boldsymbol{\Gamma}_u=q_4\cdot \boldsymbol{I}_{4N\times 4N}-k_{c4}\mathrm{diag}(\boldsymbol{I}_{4N\times N}\boldsymbol{\Gamma}_y\boldsymbol{I}_{N\times 4N}) \tag{7-49}$$

$$\boldsymbol{\Gamma}_v = q_3 \cdot \boldsymbol{I}_{4N\times 4N} - k_{c3}\boldsymbol{\Gamma}_y \mathrm{diag}(\boldsymbol{I}_{4N\times N}\boldsymbol{\Gamma}_y \boldsymbol{I}_{N\times 4N}) \tag{7-50}$$

对于上述所设计的各控制目标的权重系数，图7.13所示为其在不同稳定系数ξ下的变化示意图。绿色、黄色和红色的背景分别对应稳定区域R1、临界稳定区域R2和不稳定区域R3。通过稳定系数ξ的引入，将所有的权重系数都与所划分的控制区域建立了联系。图7.13中各权重系数的变化也与表7.7中设定的动态控制目标相对应，能够反映出权重系数自适应调节时各控制目标优先次序的变化。需要注意的是，在示意图中展示的是各权重调节参数k_c为相同的情况，但在控制系统中，对于各权重该值的选择是不同的。

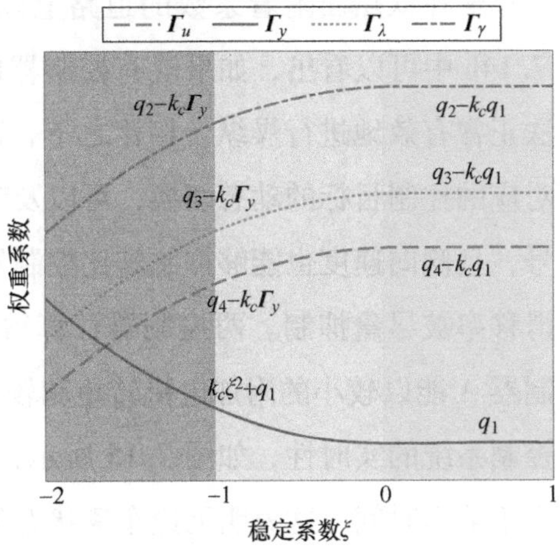

图7.13　权重系数变化示意图

此外，所设计的控制器中还考虑了车辆的侧向速度和轮胎滑移的约束，以保证驾驶安全。在本章中，上述约束值在各控制区域中基于稳定系数ξ，按照S型函数进行切换，对车辆侧向速度的约束$V_{y\mathrm{lim}}$可以描述如下：

$$V_{y\mathrm{lim}} = \begin{cases} C_{y\mathrm{in}}, & \xi \geqslant 0 \\ \dfrac{C_{y\mathrm{in}} - C_{y\mathrm{out}}}{\mathrm{e}^{\left(\frac{20}{0.7(k_2-k_1)}\xi - \frac{10(k_2+k_1)}{k_2-k_1}\right)}}, & -1 \leqslant \xi < 0 \\ C_{y\mathrm{out}}, & \xi < -1 \end{cases} \tag{7-51}$$

式中，$C_{y\mathrm{in}}$和$C_{y\mathrm{out}}$分别代表在稳定区域R1和不稳定区域R3中侧向速度的约束值，调节参数$k_1=0.1$、$k_2=7$。同样，轮胎滑移量的约束$v_{rx\mathrm{lim}}$也按照式（7-52）随稳定系数ξ呈S函数形式变化，定义$C_{v\mathrm{in}}$和$C_{v\mathrm{out}}$分别为区域R1和R3中轮胎滑移量的约束值，具体约束如下：

$$v_{rx\mathrm{lim}} = \begin{cases} C_{v\mathrm{in}}, & \xi \geqslant 0 \\ \dfrac{C_{v\mathrm{in}} - C_{v\mathrm{out}}}{\mathrm{e}^{\left(\frac{20}{0.7(k_2-k_1)}\xi - \frac{10(k_2+k_1)}{k_2-k_1}\right)}}, & -1 \leqslant \xi < 0 \\ C_{v\mathrm{out}}, & \xi < -1 \end{cases} \tag{7-52}$$

综上，通过引入稳定系数，建立了控制器权重系数和约束条件与控制区域间的联系，在控制系统中，可以根据车辆状态确定稳定系数从而实现控制目标的动态自适应切换。

7.3.3　硬件在环实验结果及分析

接下来，在硬件在环实验下继续对所设计控制策略进行验证。本章控制策略为满足硬件在环环境的实时求解问题，采用与 7.2.3 节中相同的基于 C 语言的内点法进行优化问题求解。在硬件在环实验中的验证工况为冰雪路面条件下的高速行驶双移线工况，仍然对控制器 A 与控制器 B 在相同驾驶条件下的性能进行比较，对比验证结果如图 7.14 所示。

车辆在低路面附着系数的道路上以图 7.14c 所示的速度行驶。首先从图 7.14a 和图 7.14b 中可以看出，如果没有控制器的辅助，车辆会直接失稳，完全偏离既定工况，无法正常有效地进行操纵。相比之下，7.2.3 节所设计的控制器 A，考虑了与车辆状态相对应的控制目标的动态切换，可以及时控制车辆行驶姿态，使横摆角速度跟踪其参考信号，且侧向速度也能够抑制到比控制器 B 更小的范围内。此外，如图 7.14d 所示，车轮滑移率被尽量抑制。两控制器计算得到的附加电机转矩如图 7.14e 和图 7.14f 所示，控制器 A 能以较小的附加电机转矩和较少的能量消耗实现更好的车辆整体稳定性能。对于控制系统的实时性，如图 7.15 所示，上述硬件在环仿真实验中的策略求解计算时间均小于采样时间，这表明无论车辆状态处于哪个控制区域，所设计的控制策略求解都能够满足实时计算性能。

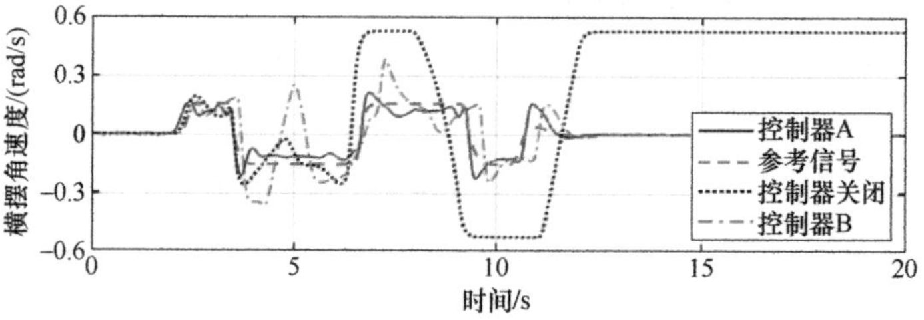

a) 横摆角速度

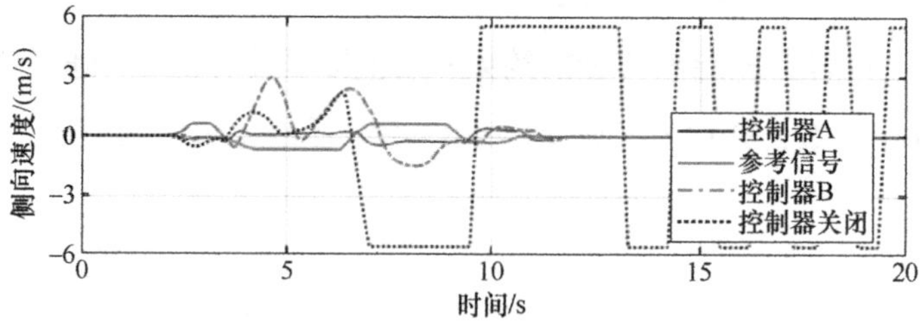

b) 侧向速度

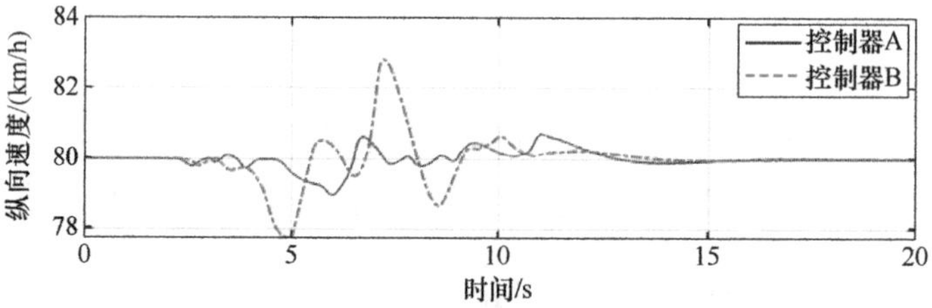

c) 纵向速度

图 7.14　双移线工况硬件在环实验验证结果

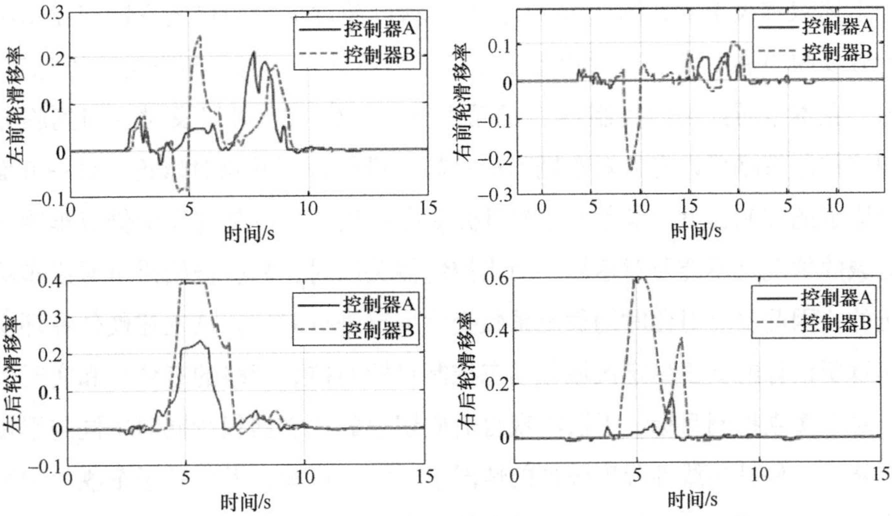

d) 轮胎滑移率

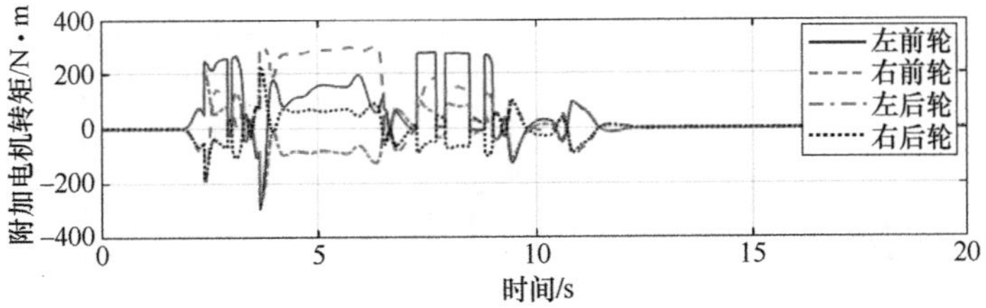

e) 控制器A作用下附加电机转矩

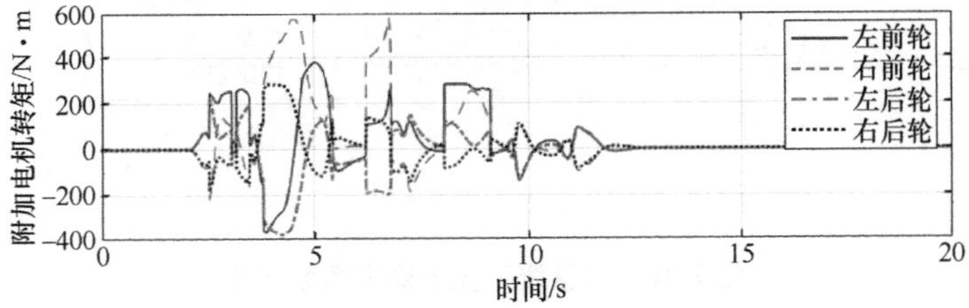

f) 控制器B作用下附加电机转矩

图 7.14　双移线工况硬件在环实验验证结果（续）

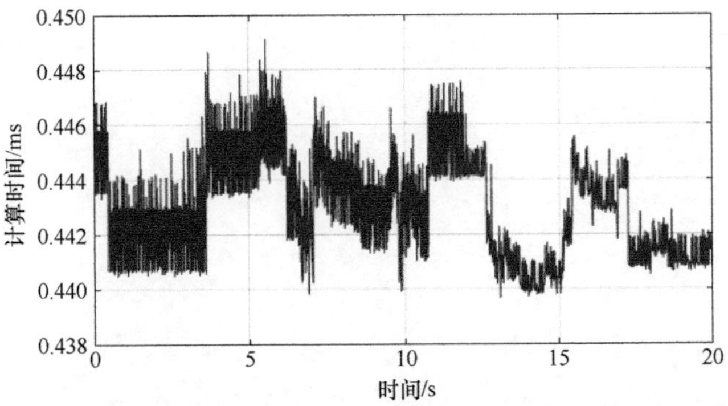

图 7.15　基于稳定区域的车辆侧纵向稳定性控制策略求解时间

对于上述双移线工况，图 7.16 所示为车辆行驶过程中的稳定系数变化情况，通过其可以有效反映控制策略使车辆状态恢复稳定的有效性。当车辆有进入不稳定区域 R3 的趋势时，在本章所提出的控制器 A 的帮助下，车辆状态可以及时返回到临界稳定区域，证明该控制策略可以有效对车辆不稳定趋势进行预测并及时修正。另一方面，目标函数权重固定的控制器 B，未考虑控制目标动态切换，在控制过程中仍有车辆状态进入不稳定区域的情况且不能及时返回。而当控制器关闭时，从验证结果可看出车辆状态总是不稳定的，因此没有对此时的稳定系数变化情况进行对比。从上述硬件在环实验结果来看，本章所设计的基于稳定区域和动态控制目标的控制策略的有效性和实时性可以得到证明。对于多项控制目标，无法实现自适应切换的控制器很难同时协同与平衡，尤其是在冰雪路面条件且非线性程度较高的情况下。综上可知，考虑基于车辆稳定程度的控制目标设定，可以更有效地保证车辆的整体稳定与安全性能。

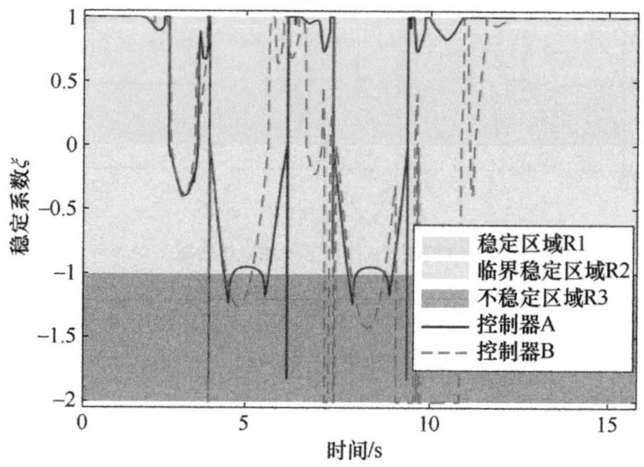

图 7.16　双移线工况下稳定系数变化

参考文献

[1] 李永，宋健. 车辆稳定控制技术［M］. 北京：机械工业出版社，2013.

[2] 陈虹，郭露露，宫洵，等. 智能时代的汽车控制［J］. 自动化学报，2020，46（7）：1313-1332.

[3] 陈虹. 模型预测控制［M］. 北京：科学出版社，2013.

[4] 胡寿松，王执铨，胡维礼. 最优控制理论与系统［M］. 南京：东南大学出版社，1994.

[5] GUO K，ZHUANG Y，LU D，et al. A study on speed-dependent tire-road friction and its effect on the force and the moment［J］. Vehicle System Dynamics，2005，43：329-340.

[6] HARNED J L，JOHNSTON L E，SCHARPF G. Measurement of tire brake force characteristics as related to wheel slip（antilock）control system design［C］//1969 International Automotive Engineering Congress and Exposition.［S. l.：s. n.］，1969.

[7] GILLESPIE T D. Fundamentals of vehicle dynamics［M］. Warrendale：SAE International，1992.

[8] 张向文，王飞跃，高彦臣. 轮胎稳态模型的分析综述［J］. 汽车技术，2012（3）：1-7，57.

[9] 赵永强. 四轮轮毂驱动电动汽车扭矩优化分配方法的研究［D］. 长春：吉林大学，2021.

[10] 谷成，刘浩，陈辛波. 基于效率优化的四轮独立驱动电动车转矩分配［J］. 同济大学学报（自然科学版），2015，43（10）：1550-1556.

[11] 孟彬. 四轮毂电机驱动电动汽车转矩优化分配研究［D］. 西安：长安大学，2019.

[12] 余卓平，张立军，熊璐. 四驱电动车经济性改善的最优转矩分配控制［J］. 同济大学学报（自然科学版），2005（10）：79-85.

[13] 尤兵，李修森. 基于轮毂电机驱动平台的转矩矢量分配技术的研究［J］. 汽车文摘，2019（1）：1-4.

[14] JO J S，YOU S H，JOENG J Y，et al. Vehicle stability control system for enhancingsteerabilty，lateral stability，and roll stability［J］. International Journal of Automotive Technology，2008，9（5）：571.

[15] TRACHTLER A. Integrated vehicle dynamics control using active brake，steering and suspension systems［J］. International Journal of Vehicle Design，2004，36（1）：1-12.

[16] ANWAR S. Generalized predictive control of yaw dynamics of a hybridbrake-by-wire equipped vehicle［J］. Mechatronics，2005，15（9）：1089-1108.

[17] AZADI S，NAGHIBIAN M，KAZEMI R. Adaptive integrated control design forvehicle dynamics using phase-plane analysis［J］. Journal of Mechanical Science and Technology，2015，29（6）：2477-2485.

[18] SIRAMDASU Y，TAHERI S. Discrete tyre model application for evaluation of vehiclelimit handling performance［J］. Vehicle System Dynamics，2016，54（11）：1554-1573.

[19] LIU H，ZHANG L，LI S，et al. A safety requirements adaptive NMPC strategy for electric vehicle stability control with computationally efficient optimization［J］. IEEE Transactions on Transportation Electrification，2023，10（2）：3991-4005.

[20] CHELI F, CIMATTI F, DELLACHA P, et al. Development and implementation of a torque vectoring algorithm for an innovative 4WD driveline for a high-performance vehicle [J]. Vehicle System Dynamics, 2009, 47 (2): 179-193.

[21] KIM J, PARK C, HWANG S, et al. Control algorithm for an independent motor-drive vehicle [J]. IEEE Transactions on Vehicular Technology, 2010, 59 (7): 3213-3222.

[22] GE Y H, CHANG C. A novel yaw stabilization control system for in-wheel motor driven electric vehicle [C]//2011 6th IEEE Conference on Industrial Electronics and Applications. [S. l.]: IEEE, 2011: 1293-1296.

[23] SONG Y T, SHU H Y, CHEN X B, et al. Direct-yaw-moment control of four-wheel-drive electrical vehicle based on lateral tyre-road forces and sideslip angle observer [J]. IET Intelligent Transport Systems, 2019, 13 (2): 303-312.

[24] YU Z P, Yuan F, LU X, et al. Review on vehicle dynamics control of distributed drive electric vehicle [J]. Journal of Mechanical Engineering, 2013, 49 (8): 105-114.

[25] CHOI M, CHOI S B. Model predictive control for vehicle yaw stability with practical concerns [J]. IEEE Transactions on Vehicular Technology, 2014, 63 (8): 3539-3548.

[26] BEAL C E, GERDES J C. Gerdes. Model predictive control for vehicle stabilization at the limits of handling [J]. IEEE Transactions on Control Systems Technology, 2013, 21 (4): 1258-1269.

[27] BARBARISI O, PALMIERI G, SCALA S, et al. LTV-MPC for yaw rate control and side slip control with dynamically constrained differential braking [J]. European Journal of Control, 2009, 15 (3-4): 468-479.

[28] FUNKE J, BROWN M, ERLIEN S M, et al. Collision avoidance and stabilization for autonomous vehicles in emergency scenarios [J]. IEEE Transactions on Control Systems Technology, 2017, 25 (4): 1204-1216.

[29] TAVERNINI D, METZLER M, GRUBER P, et al. Explicit nonlinear model predictive control for electric vehicle traction control [J]. IEEE Transactions on Control Systems Technology, 2019, 27 (4): 1438-1451.

[30] NAHIDI A, KHAJEPOUR A, KASAEIZADEH A, et al. A study on actuator delay compensation using predictive control technique with experimental verification [J]. Mechatronics, 2019, 57: 140-149.

[31] SAKAI S, SADO H, HORI Y. Motion control in an electric vehicle with four independently driven in-wheel motors [J]. IEEE/ASME Transactions on mechatronics, 1999, 4 (1): 9-16.

[32] FRASCH J V, GRAY A, ZANON M, et al. An auto-generated nonlinear MPC algorithm for real-time obstacle avoidance of ground vehicles [C]//2013 European Control Conference (ECC). [S. l.]: IEEE, 2013: 4136-4141.

[33] NANAO M, OHTSUKA T. Nonlinear model predictive control for vehicle collision avoidance using C/GMRES algorithm [C]//2010 IEEE International Conference on Control Applications. [S. l.]: IEEE, 2010: 1630-1635.

[34] SIAMPIS E, VELENIS E, GARIUOLO S, et al. A real-time nonlinear model predictive control strategy for stabilization of an electric vehicle at the limits of handling [J]. IEEE Transactions on Control Systems Tech-

nology, 2018, 26 (6): 1982-1994.

[35] KARER G, SKRJANC I. Predictive approaches to control of complex systems [M]. Berlin: Springer-Verlag, 2013.

[36] QIN J H, GAO H J. A sufficient condition for convergence of sampled-data consensus for double-integrator dynamics with nonuniform and time-varying communication delays [J]. IEEE Transactions on Automatic Control, 2012, 57 (9): 2417-2422.

[37] SHEN C, SHI Y, BUCKHAM B. Path-following control of an AUV: A multiobjective model predictive control approach [J]. IEEE Transactions on Control Systems Technology, 2018, 27 (3): 1334-1342.

[38] FALCONE P, BORRELLI F, ASGARI J, et al. Predictive active steering control for autonomous vehicle systems [J]. IEEE Transactions on Control Systems Technology, 2007, 15 (3): 566-580.

[39] PACEJKA H. Tyre and vehicle dynamics [M]. Oxford: Butterworth Heinemann, 2012.

[40] WU J C, CHENG S, LIU B H, et al. A human-machine-cooperative-driving controller based on AFS and DYC for vehicle dynamic stability [J]. Energies, 2017, 10 (11): 17-37.

[41] ZHANG L, DING H T, HUANG Y J, et al. An analytical approach to improve vehicle maneuverability via torque vectoring control: Theoretical study and experimental validation [J]. IEEE Transactions on Vehicular Technology, 2019, 68 (5): 4514-4526.

[42] DENOVELLIS L, SORNIOTTI A, GRUBER P, et al. Comparison of feedback control techniques for torque-vectoring control of fully electric vehicles [J]. IEEE Transactions on Vehicular Technology, 2014, 63 (8): 3612-3623.

[43] CHEN H, GUO L L, DING H T, et al. Real-time predictive cruise control for eco-driving taking into account traffic constraints [J]. IEEE Transactions on Intelligent Transportation Systems, 2019, 20 (8): 2858-2868.

[44] BERA T K, BHATTACHARYA K, SAMANTARAY A K. Bond graph model-based evaluation of a sliding mode controller for a combined regenerative and antilock braking system [J]. Proceedings of the Institution of Mechanical Engineers, Part I: Journal of systems and control engineering, 2011, 225 (7): 918-934.

[45] ZHANG L Q, WU Y, LI B Y, et al. A novel manoeuvre stability controller based on vehicle state prediction and intellectual braking torque distribution [J]. Proceedings of the Institution of Mechanical Engineers, Part D: Journal of Automobile Engineering, 2020, 234 (1): 136-151.

[46] OH K, JOA E, LEE J, et al. Yaw stability control of 4WD vehicles based on model predictive torque vectoring with physical constraints [J]. International Journal of Automotive Technology, 2019, 20: 923-932.

[47] MAYNE D Q, RAWLINGS J B, RAO C V, et al. Constrained model predictive control: Stability and optimality [J]. Automatica, 2000, 36 (6): 789-814.

[48] ZHANG X D, GÖHLICH D, LI J Y. Energy-efficient toque allocation design of traction and regenerative braking for distributed drive electric vehicles [J]. IEEE Transactions on Vehicular Technology, 2017, 67 (1): 285-295.

[49] LI B, GOODARZI A, KHAJEPOUR A, et al. An optimal torque distribution control strategy for four-independent wheel drive electric vehicles [J]. Vehicle System Dynamics, 2015, 53 (8): 1172-1189.

[50] GUO N Y, LENZO B, ZHANG X, et al. A real-time nonlinear model predictive controller for yaw motion optimization of distributed drive electric vehicles [J]. IEEE Transactions on Vehicular Technology, 2020, 69 (5): 4935-4946.

[51] ENGLERT T, VÖLZ A, MESMER F, et al. A software framework for embedded nonlinear model predictive control using a gradient-based augmented Lagrangian approach (GRAMPC) [J]. Optimization and Engineering, 2019, 20: 769-809.

[52] KPERNICK B, GRAICHEN K. The gradient based nonlinear model predictive control software GRAMPC [C]//2014 European Control Conference (ECC). [S. l.]: IEEE, 2014: 1170-1175.

[53] ATAEI M, KHAJEPOUR A, JEON S. Model predictive control for integrated lateral stability, traction/braking control, and rollover prevention of electric vehicles [J]. Vehicle System Dynamics, 58 (1): 49-73.

[54] OH K, SEO J. Model predictive control-based approach for assist wheel control of a multi-axle crane to improve steering efficiency and dynamic stability [J]. Proceedings of the Institution of Mechanical Engineers, Part D: Journal of Automobile Engineering, 2019, 233 (4): 948-960.

[55] INAGAKI S, KUSHIRO I, YAMAMOTO M. Analysis on vehicle stability in critical cornering using phase-plane method [J]. Jsae Review, 1995, 2 (16): 216.

[56] MANNING W J, Crolla D A. A review of yaw rate and sideslip controllers for passenger vehicles [J]. Transactions of the Institute of Measurement and Control, 2007, 29 (2): 117-135.

[57] JOHANSEN T A, FOSSEN T I. Control allocation—A survey [J]. Automatica, 2013, 49 (5): 1087-1103.

[58] CHO W, CHOI J, KIM C, et al. Unified chassis control for the improvement of agility, maneuverability, and lateral stability [J]. IEEE Transactions on Vehicular Technology, 2012, 61 (3): 1008-1020.

[59] 初长宝，陈无畏. 汽车底盘系统分层式协调控制 [J]. 机械工程学报，2008 (2): 157-162.

[60] GUO N Y, ZHANG X D, ZOU Y, et al. A fast model predictive control allocation of distributed drive electric vehicles for tire slip energy saving with stability constraints [J]. Control Engineering Practice, 2020, 102: 104554.

[61] ZHOU H L, JIA F J, JING H H, et al. Coordinated longitudinal and lateral motion control for four wheel independent motor-drive electric vehicle [J]. IEEE Transactions on Vehicular Technology, 2018, 67 (5): 3782-3790.

[62] BEAL C E, GERDES J C. Model predictive control for vehicle stabilization at the limits of handling [J]. IEEE Transactions on Control Systems Technology, 2012, 21 (4): 1258-1269.